KB180287

밤의 안부를 묻습니다

밤의 안부를 묻습니다

상담사 치아 지음

나를 잃지 않고
더 사랑하고
더 행복해지는
관계의 기술

FIKA

"자세하게 들여다본 적 있냐고요? 글쎄요. 부끄러워서요."

상담을 하면서 자기 외음부를 들여다본 적이 있느냐고 물으면 다수의 여성은 이렇게 답을 합니다. 당연합니다. 한국에서는 아주 오랫동안 유교를 숭상해왔고 여성의 외음부는 당연히 감춰야 하는 부끄러운 부위라고 세뇌당해왔으니까요. 아마 들여다볼 시도조차 해보지 않은 사람이 훨씬 더 많을 겁니다.

하지만 당연하게 생각했던 이 고정관념으로 우리는 많은 것을 잃어야 했습니다. 나조차도 내 몸을 잘 모르는 사람이 되어버렸고 덕분에 내 연인은 더욱더 내 몸을 알 수 없었죠. 그렇게 내 몸을 잘 알지도 못하는 내 연인이, 내가 행복해하는 방법으로 내 몸을 애무하는 건 애초에 불가능한 일입니다.

"에이, 본 적은 없어도 배운 게 있으니 내 몸은 내가 잘 알죠."

그런가요? 그럼 클리토리스가 발기하면 얼마나 커지는지 알고 있나요? 손가락 한 마디 정도? 엄지손가락 길이 정도? 손바닥 전체 크기? 아니, 클리토리스가 음경처럼 발기한다는 사실 자체는 알고 있나요?

내 외음부가 어떻게 생겼고, 흥분하면 어떤 색을 띠는지는 알고 있나요? 여러분이 '잘 아는' 건 아마 몸을 세로로 이등분하면 보이는 단면의 구조와 기능 정도일 것입니다. 우리는 그런 해부학적 이미지를 통해 임신, 출산, 성폭력 예방 등이 주목적인 성교육을 받아왔으니까요.

하지만 진정 행복하고 싶다면 나부터 내 몸을 알아야 하고 그만큼 상대의 몸 역시도 알아야 합니다. 그래야 상대를 행복하게 해줄 수 있고, 그래야 상대도 나를 행복하게 해줄 수 있으니까요. 많은 사람이 이 부분을 무시한 채 무작정 사랑을 시작합니다. 그게 우리가 사랑하면서도 쉽게 행복해질 수 없는 이유입니다.

내 몸을 아는 것도 중요하지만 내 몸을 사회의 기준에 맞춰야

●

한다는 강박에서 벗어나는 것도 중요합니다. 다수가 선호하는 몸의 조건이기에 일단 만들 수만 있다면 아름다워 보이겠죠. 그런데 그 미의 기준에 나도 합의한 게 맞나요? 남의 눈치를 보느라 괜히 고생하고 있는 건 아니냐는 질문입니다. 당대에는 아름다움의 기준이었던 인상파 화가 르누아르의 그림 속 여성이 현대의 기준으로는 뚱뚱하다는 평가를 받는 것처럼, 누가, 언제, 왜 만드느냐에 따라 천차만별로 달라지는 미의 기준이 나를 바꾸는 이유여도 괜찮은 걸까요?

"그래도 날씬해지면 기분도 좋고 뿌듯하잖아요. 왠지 자존감이 높아지는 느낌까지 들고요."

타인의 기준을 바탕으로 높아지는 감정은 자존감이 아니라 자신감에 불과합니다. 진짜 자존감은 그냥 내가 나인 게 진심으로 뿌듯한 거죠. 타인의 평가 때문이 아닌, 그냥 나라서 자랑스럽고 나라서 뿌듯한 거 말입니다. 내가 여자라서, 아니면 여자임에도 여자를 사랑할 수 있어서, 아니면 키가 작아서, 심지어 똥배가 나와서, 이도 저도 아니라면 그냥 아무 이유도 없이 무조건 내가 자랑스럽고 사랑스러우면 됩니다.

"에이, 그 정도면 거의 나르시시스트 아닌가요?"

맞습니다. 사실 자신이 미치도록 사랑스러운 경험은 웬만한 나르시시스트가 아니면 여간해서 하기 힘들죠. 그래서 쉽게 오를 수 있는 경지가 아닙니다. 하지만 그렇게 해서 자존감이 충만해질 수만 있다면, 나르시시스트가 아니라 그 할아버지라도 될 필요가 있죠.

사실 내 몸을 구석구석 진지하게 바라본 적도 없는 우리이니 자랑스러워하기는커녕 부끄러워하지만 않아도 다행이긴 합니다. 대개 우리는 내 몸을 평가하는 타인의 한마디에도 온 정신을 난도질당하기 일쑤니까요.

"뭐? 내가 뚱뚱하다고? 미친 거 아냐?"

처음에는 이렇게 반항해보지만 결국 혼자 남는 시간이 오면 그 말이 맞는지 확인하기 위해 "정말 그런가?"를 되뇌며 체중계에 오르곤 하죠. 체중계에 나타난 수치는 나를 혼란스럽게 만들고 그때부터 본격적으로 몸을 개조할 계획을 세우기 시작합니다. 그야

•

말로 마리오네트가 되어버리는 순간이죠.

앞으로는 근거 없는 상대의 평가에 멘털이 난도질당하는 그런 순간이 오면 오히려 이렇게 되뇌어야 합니다.

"멀쩡하게 잘 사는데 왠 시비야? 남의 일에 신경 꺼!"

내가 엄마 배 속에서부터 여자로 태어나게 해달라고 한 것도 아닌데, 여자라는 이유로 이런 모습이어야 하고, 저런 건 하지 말아야 하고 이거 좀 그렇잖아요. 엄연히 내 몸인데. 남녀 차이라는 것도 그냥 누군 들어간 곳이 누군 나오고, 누군 나온 곳이 누군 들어간 것뿐이잖아요. 어차피 시간 지나 특정 나이가 되면 머리카락만 사기 쳐도 성별 구분도 안 될 몸인데, 그걸 기준으로 뭘 그리도 원하는 게 많고 평가에 재단질까지 해대는 건지.

심지어 우리는 타인을 비난하는 건 미안해하고 조심하면서도 자신을 비판하는 것에는 엄청나게 잔인하고 혹독할 뿐만 아니라 죄책감조차 없습니다. 세상 멋진 걸 가지고도 그걸 다른 사람과 비교하면서 바꾸고 싶어 할 만큼 말이죠. 이건 좀 아니지 않나요?

스스로 정의하고 스스로 결정해서 주체적으로 모든 구속으로부터 해방된 경험을 해본 적이 있나요? 이제, 고정관념이나 선입견, 세상의 시선 등의 모든 허물을 벗을 시간입니다. 나는 나일 뿐이잖아요. 당당하게 걸어 다니자고요. 뭐 어때요? 내 인생의 주인공은 '나'인데.

제가 무슨 이야기가 하고 싶어서 이런 글로 시작했는지는 잠시 후면 알게 됩니다. 지금부터 우리는 주체적으로 시작하고, 주체적으로 사랑하며, 주체적으로 헤어질 거니까요. 이 책을 다 읽고 나면 이제, 필요하면 말하고, 원하는 건 참지 않고, 요구하면 해주는 게 아니라 그냥 해버리는 주체적 사랑을 할 수 있을 것입니다. 그러고 나서 다시 냉정하게 비교하고 평가해보자고요. 주체적 사랑이 좋았는지, 아니면 그전의 익숙하게 길들었던 사랑이 좋았는지 말입니다.

"잠시 길들었을 뿐, 사실 우리는 본능적으로 주체적입니다."

절대 잊지 않았으면 좋겠습니다.

CHAPTER

1

단단한 관계를
시작하는 방법

섹스도
관계다

•

사랑을 시작하기 전에
반드시 외울 것

"이제 1년 정도 만난 20대 커플이에요. 한창때다 보니 여자 친구와 많이 사랑하고 사랑받고 싶은데 여자 친구가 섹스를 별로 좋아하지 않아요. 그래서 자주 하지 못하니 은근히 섭섭하네요. 여자 친구에게 조르는 것도 한두 번이고…. 어떻게 해야 할까요?"

이 20대 남성의 사연은 "여자 친구를 뿅 가게 하는 스킬을 알려주세요"라는 요청으로 끝났습니다. 아무래도 자신이 섹스에 서툴러서 여자 친구가 섹스하고 싶은 마음이 생기지 않는다고 생각한 듯합니다. 이 사연에 대한 제 답장은 "섹스도 관계입니다"로 시작합니다. 화려한 스킬을 알려달라는데, 갑자기 관계요? 답장을 읽는 내담자가 이게 무슨 자다가 봉창 두드리는 소리냐고 생각했을지도 모릅니다. 다음 질문에는 더 당황했을지도 모르겠네요. "여자 친구와 속 깊은 이야기를 일주일에 몇 번이나 나누나요?" "마지막으로 사랑한다고 말한 건 언제였죠?" "여자 친구가 좋아하는 데이트 장소는 알고 있나요?"

섹스도
인간관계다

섹스는 몸의 관계이기 전에 근본적으로는 인간관계의 연장선상에 있습니다. 섹스의 우리말이 성관계인 것도 이런 이유에서일 것입니다. 서로의 낯선 모습을 마주했을 때나 의견 충돌이 있을 때 그 갈등을 원활하게 조율하는 커플일수록 섹스 만족도가 높은 것 역시 이 논리의 방증이죠.

"제 남자 친구는 자기가 섹스를 정말 잘한다고 생각해요. 자존심 상할까 봐 말은 못 하지만 그다지 잘한다는 생각은 안 드는데 말이에요."

섹스를 잘한다는 건 단순히 삽입 후에 오랫동안 왕복운동이 가능하다거나 연인을 오르가슴에 도달하게 하는 기가 막힌 기술을 지니고 있다거나 빨리 흥분하고 충분한 양의 애액이 흐른다거나 잘 조여주는 질 근육을 소유하고 있다는 것을 의미하는 게 아닙니다. 평소 속 깊은 대화를 나누고, 그 덕분에 상대를 나만큼이나 잘 알고, 가능하면 상대의 입장에서 배려하고, 상대 역시 그 노력을 인지하고 있다는 걸 의미하죠. 그런 사이라면 당연히 섹스도 행복해집니다.

> "여자는 맨날 하고 싶은 게 아니라 하고 싶을 때가 있잖아요. 제 남자 친구는 그걸 몰라요. 여자는 남자처럼 365일, 24시간 성욕으로 충만한 게 아니거든요."

남성도 그렇겠지만, 특히 여성에게 충만한 섹스는 마음속 깊이 '하고 싶어야' 가능하고, 그 '하고 싶은' 마음이 생기려면 상대를 향한 호감이 충분히 선행되어야 합니다. '연인'이라는 조건도 이 과정을 생략해도 좋다는 걸 의미하지 않습니다. 오히려 연인일수록 상대의 감정을 더 세심하게 살펴야 하죠.

두 사람 간의 주체적인 합의는 섹스의 기본 조건이며, 사랑하는 연인이라면 더 중요합니다. 이때의 '합의'는 단순히 성관계를 해도 좋은지에 관한 동의만을 의미하지 않습니다. 동의 이전에 '정서적 공감'이 필요하죠. 상대와 섹스하고 싶다는 정서적 공감을 서로 강하게 느끼는 것이 연인간의 합의이며, 이 합의가 건강한 연인 관계를 만들어주는 기본 조건입니다. 왜냐하면 동의와 합의는 곧 '사랑과 배려'를 의미하거든요.

> "오래된 커플입니다. 별로 하고 싶지 않은데도 남자 친구 때문에 어쩔 수 없이 하고, 별로 좋지 않은데도 미안해서 좋은 척 연기할 때가 있어요. 그런데 그럴 때마다 성매매 업소에서 일하는 여자가 된 것 같은 기분이 들 정도로 우울해져요."

정서적 공감에는 상대를 이해하고 배려하는 것뿐만 아니라, 상대로부터 마음의 상처를 받지 않는 것까지도 포함됩니다. 마음에 상처를 입으면 섹스 따위는 하고 싶지도 않거든요. 반면 모든 것을 솔직하게 이야기하고, 서로의 감정을 있는 대로 털어놓으며, 서로의 욕망을 보여주고, 갈등의 순간에도 상대를 이해하려고 노력할 뿐만 아니라 대화를 통해 갈등을 해결하는 커플은 섹스에서도 최고의 오르가슴을 경험합니다. 정서적 공감 하나하나가 짜릿한 성감대가 되어 두 사람 모두를 흥분시키기 때문입니다.

다시 한번 말하지만, 섹스를 잘하기 위해서는 '기술'을 배워야 하는 게 아니라 '관계'부터 배워야 합니다. 상대와 대화하는 순간부터 이미 섹스를 시작한 것이고, 그 관계가 업그레이드되면 진짜 섹스로 이어질 수 있습니다. 서로를 이해하는 관계에서 시작해 자연스럽게 이어지는 섹스는 세상에서 가장 짜릿하고 행복한 경험이 될 것입니다.

"평소 여자 친구와 저는 야한 이야기를 많이 합니다. 그래서 더 쉽게 오르가슴을 느끼는 것 같은데, 맞나요?"

맞긴 합니다. 다만 야한 이야기만 하는 건 문제가 있습니다. 다수의 커플과 진행하는 집단상담에서 "섹스는 관계입니다. 그러니 대화를 나누며 서로가 원하는 것을 공유하세요. 지금부터 해볼까요?"라고 하면 처음에는 서먹한 분위기가 이어지다가 한두 커플씩 자신이 알고 있는 성적인 이야기로 대화를 시작합니다. '연인과의 대화'를 무조건 '야한 이야기'로 이해한 거죠.

내가 좋아하는 애무 방법은 무엇이고, 어디를 만져주면 행복하며, 어떤 자세로 섹스하는 게 가장 오르가슴을 깊게 느낄 수 있는지 등에 관해 마음 편히 대화하다 보면 섹스에 더 만족하게 되는 건 사실입니다. 대화로 시뮬레이션하고 약간의 흥분까지 더해지면 실전은 누워서 떡 먹기죠.

하지만 제가 말한 대화는 야한 이야기만을 뜻하는 게 아닙니다. 서로가 지닌 모든 종류의 욕망과 욕구, 즉 갈증에 관한 이야기입니다. 성적이건 아니건 사랑하는 사람과 나눌 수 있는 모든 이야기 말입니다. 그렇게 서로를 알아가고, 서로를 이해하면, 사랑도 더 깊어지고 섹스도 더 행복해지니까요.

"다 좋죠. 그런데 뭐, 애인이 있어야 대화도 하죠."

그렇네요. 구슬이 서 말이라도 꿰어야 보배라고 연인이 없다면 대화고 뭐고 소용없는 소리일 뿐이겠죠. 그럼 우리, 먼저 연인부터 만들어볼까요?

관계의
시작은
미러링부터

●

사랑하고 싶은 사람이 있다면
일단 따라 하자

"저는 스물여섯의 모태 솔로예요. 그 흔하다는 썸도 없어
서 남자 손도 잡아본 적이 없어요. 최근 좋아하는 사람이
생겼는데, 도무지 가까이 갈 수가 없어요. 어떻게 다가가
야 할지도 모르겠고…. 저 좀 도와주세요."

좋아하는 사람에게 다가가기 위한 가장 좋은 방법은 미러링
(Mirroring)입니다. 미러링은 다른 사람의 외모, 행동, 말투 등을 모
방하는 행위를 말하죠. 연예인을 닮고 싶어서 그들이 입은 옷을
따라 사거나 행동이나 습관 등을 따라 하는 것이 대표적입니다.
그렇게 자신을 연예인과 동일시하는 과정에서 마치 자신이 선망

하는 그들이 된 듯한 만족감을 경험할 수 있죠. 반대로 상대의 호감을 얻고 싶어서 일부러 또는 무의식적으로 따라 하는 행위도 미러링입니다. 이 두 번째 미러링이 우리가 연인을 만들기 위해 수행해야 하는 첫 번째 전략이죠.

본능적으로
느껴졌어

심리상담사가 내담자를 만나면 반드시 라포(rapport)를 형성하는 과정이 필요합니다. 라포는 상담사와 내담자 간 신뢰 관계를 말하는데, 서로를 단단하게 믿는 신뢰 관계가 형성되면 상담이 성공적으로 수행될 가능성이 높아지기 때문입니다. 이때 심리상담사가 라포를 형성하기 위해 실행하는 것도 바로 이 미러링입니다.

상담사는 처음으로 내담자와 만나면 외모, 태도, 말투 등 수집할 수 있는 가능한 한 많은 정보를 빠르게 포착한 뒤 내담자와 가까운 태도로 대화를 시작합니다. 내담자가 고개를 갸우뚱하는 습관이 있으면 상담사도 약간 고개를 기울이고, 마음의 상처를 말하며 내담자의 표정이 절망으로 일그러지면 상담사도 표정을 일그러뜨립니다. 물론 감정이 동화되어 자신도 모르게 그런 표정을 짓기도 하지만요.

상담사는 내담자를 마주한 그 순간만큼은 개인의 가치관이나 철학을 모두 배제한 채 내담자의 마음에 공감합니다. 평소 상담사가 양다리나 불륜은 부도덕한 행위라고 생각했어도 내담자가 불륜을 하고 있다면 자신의 가치관을 버리고 내담자의 욕망을 이해하고 공감하려고 노력해야 하죠. 상담사가 자신과 조금씩 닮아 보일 때, 비로소 내담자는 경계심을 풀고 속 깊은 이야기를 털어놓을 수 있습니다.

좋아하는 사람과 나 사이에도 미러링의 기적이 만들어진다면 무관심하거나 비호감이 아닌 한, 작은 떨림이 시작될 것입니다. 사람은 본능적으로 자신과 비슷한 대상에게 친근감을 느끼거든요.

2009년 EBS에서 방영한 〈다큐프라임-인간의 두 얼굴 2〉에는 흥미로운 실험 하나가 등장합니다. 방에 몇몇 이성의 사진을 걸어두고 참가자에게 가장 호감이 가는 사진을 고르게 한 실험입니다. 놀라운 건 참가자 전부가 자기 얼굴과 이성의 얼굴을 교묘하게 합성한 사진을 골랐다는 것입니다. 사실을 안 참가자들은 모두 깜짝 놀랐고 저도 그들만큼 놀랐죠. 단 한 명의 예외도 없었기 때문입니다. 이론성으로는 익히 알고 있지만 미러링이 이렇게 큰 힘을 발휘할지는 몰랐습니다.

우리는 본능적으로 자신을 좋아합니다. 그러니 얼굴뿐만 아니라 취향, 철학, 기호까지 같다면 그 상대에게 호감을 느낄 수밖에 없을 것입니다. 이것이 바로 미러링 전술을 추천하는 이유입니다.

한 단계 더 나아간
미러링, 공감

"미러링을 실험해보고 싶은데 친해지기 전에는 그 사람이 좋아하는 걸 알 수가 없잖아요. 뭘 알아야 미러링이라도 해볼 텐데 스토킹을 할 수도 없고 어떻게 하면 좋을까요?"

맞습니다. 그 사람이 좋아하는 작가, 응원하는 스포츠 구단, 선호하는 옷 스타일, 좋아하는 대화 방식까지, 모두 그 사람과 친해지면 자연스럽게 알 수 있지만 문제는 친해지기 전에는 알기 어렵다는 겁니다. 뭐라도 알아야 미러링을 해서 좀 더 가까워질 텐데 말입니다. 하지만 방법이 전혀 없는 건 아닙니다. 우리에게는 '답변 따라 하기' 기술이 있으니까요.
"우리 영화 볼래? 넌 어떤 영화 좋아해?"
"영화는 역시 SF지."

"어? 나도 SF 좋아하는데, 가장 좋아하는 SF영화는 뭐야?"

"〈매트릭스〉지. 아마 열 번도 더 봤을걸."

"아, 〈매트릭스〉 진짜 명작이지."

"너도 그렇게 생각해? 와, 우리 통하는 데가 많은데."

상대와의 대화에서 SF와 〈매트릭스〉라는 요소를 자연스럽게 뽑아내 미러링하는 기술이 보이나요? 어쩌면 저 사람은 SF영화에 관심이 없을지도 모릅니다. 그저 상대의 대답에 능숙하게 미러링한 것일지도요.

'공감'은 더 고급 영역의 미러링입니다. 공감을 한 단계 높은 영역으로 분류하는 이유는 기계적인 리액션도 통하는 일반 미러링과 달리 진심이 필요하기 때문입니다. 누구나 공감의 스킬을 장착해두면 이성 관계뿐만 아니라 인간관계도 원활해질 것입니다.

"오빠! 내가 말했나? 미진이는 이번 여름에 남자 친구랑 태국으로 여행 간대. 대박이지?"

"그 금수저하고 아직도 사귄대?"

"금수저는 무슨 금수저야. 미진이도 남자 친구도 돈 모아서 가는 거래."

"그걸 믿냐? 다 부모 돈으로 가는 거지."

"오빠는 왜 매사가 그렇게 부정적이야?"

"내가? 부정적? 와! 나 그런 말 너한테 처음 듣거든."

"내가 얘기하면 그냥 '좋겠네' 이러면 안 돼?"

"넌 그럼 내가 친구 여자 친구가 예쁘다고 하면 기분 좋겠냐?"

"내가 언제 부럽다고 했어? 그냥 소식 전한 거잖아."

"와, 가슴에 손 얹고 말해볼래? 그게 그냥 소식 전한 거야? 부러워 미치겠다는 말이지."

좋은연애연구소 김지윤 소장은 공감을 이야기하면서, 여자와의 대화는 "진짜?" "정말이야?" "웬일이야" "헐" 네 개면 충분하다고 했습니다. 얼핏 기계적으로 미러링하는 것 같기도 하지만 숨은 의도를 의심하거나 시시비비를 따지는 것보다는 훨씬 낫죠.

"오빠는 내가 많이 참는 거 모르지? 오빠는 매사에 너무 이기적이야."

"이기적? 내가? 너는 아니고?"

"내가 뭐가 이기적이야?"

"저번에 나 아파죽겠는데, 데리러 오라고 했어, 안 했어?"

"아, 그랬어? 그게 그렇게 싫었어? 말하지 그랬어?"

"관두자. 뭐가 이기적이냐고 물어놓고, 말하면 무조건 아니라고 하고."

"내가 서운하다고 하면 그냥 미안하다고 해주면 안 돼? 꼭 그렇게 따져야 속이 시원해?"

타인의 고통스러운 상처보다 내 손가락에 박힌 가시가 더 아픈 건 당연합니다. 타인의 고통은 내가 느낄 수 없지만 내 손가락의 가시는 선명하게 그 아픔을 느낄 수 있으니까요. 보통의 연인은 두 사람 모두에게 일정 정도 책임이 있는 다툼과 갈등에서도 상대의 서운함에 공감하기보다는 내가 상대에게 서운했던 점, 상대가 잘못한 일, 그로 말미암아 내가 받은 고통만을 주로 이야기합니다. 상대의 말을 들어도 상대가 받았을지도 모를 상처까지 깊이 공감하기는 어렵죠. 오히려 본능적으로 대응 논리를 만들어 반박하는 경우가 대부분입니다. 그저 "그랬구나. 몰랐어. 아팠겠다. 미안해"로 해결될 상황에서도 말입니다.

인간의 본성이 그렇기에 공감은 남녀 관계를 단단하게 굳혀줄 신의 한 수입니다. 누구도 쉽게 할 수 없는 걸 능숙하게, 그것도 연인에게 해준다면 감동하지 않을 수 없겠죠. 언제나 감동은 관심을, 관심은 애정을 만듭니다.

미러링으로 시작하고
공감으로 발전하기

"여자 친구는 제가 섹스에만 관심이 있다고 합니다. 여자 친구가 오해하지 않게 노력도 많이 했는데 결국은 원점이

더라고요. 저는 성욕이 크고 여자 친구는 성욕이 별로 없는데 그걸 극복할 방법이 없네요. 거절당할 때마다 자존심이 상했는데 이제는 여자 친구의 모든 게 싫어지기까지 해요. 결국 헤어지는 것 말고는 방법이 없을까요?"

페미니즘, 성인지감수성 등 남녀 사이의 문제가 사회적 이슈로 떠오르는 요즘, 종종 그런 생각을 합니다. '남녀가 각자의 성(性) 때문에 겪는 상황을 바꿔서 경험할 수만 있다면, 화성인과 금성인 모두 지구인으로 귀화해 행복하게 어울려 살 수 있지 않을까?'

예를 들어, 여성이 단 일주일이라도 진짜 남성이 되어볼 수 있다면 더는 성욕을 이유로 남성을 짐승이나 야만인으로 생각하지 않게 될 것입니다. 살면서 한 번도 경험해보지 못했던 강렬하고도 지속적인 성욕을 경험할 수 있을 테니까요. 인간의 성욕을 만드는 주요 호르몬인 테스토스테론은 남성에게서 월등하게 많이 분비되거든요.

반대로 남성이 단 한 번이라도, 불편하고 아프고 냄새나는 것도 힘들어죽겠는데, 심지어 티 나지 않게 신경 써야 하는 생리를 직접 경험해볼 수 있다면 생리 중인데도 섹스하자고 덤비는 터무니없는 요구는 절대 하지 않을 겁니다. 그럴 때 남자 친구가 얼마나 꼴 보기 싫은지 알게 될 테니 말입니다.

또 호르몬의 영향으로 감정이 예민해지는 걸 나보고 어떡하라고 하면서 핀잔하거나 자기밖에 모른다고 비난하지 않고 훨씬 잘 이해할 수 있을 테고, 여성의 고통과 불편을 이해해주는 것만으로도 얼마나 남자 친구가 사랑스럽게 느껴지는지 알게 될 테니 말입니다.

행동, 취향, 생각을 따라 하는 미러링을 통해 상대의 호감을 얻고, 상대의 상황과 감정을 가슴 깊이 공감하면서 그 사람의 마음을 얻는 비법. 만약 누군가를 짝사랑하고 있거나 호기심을 가지고 바라보고 있는데 쉽게 다가가지 못하고 있다면, 또 누군가와 친하게 지내고 싶은데 그 방법을 몰라 힘들다면, 꼭 한번 시도해보기 바랍니다.

관계를
단단하게
하는 힘,
동의

배려 가득한 동의는 감동을 만들고,
감동은 연애하고 싶은 마음을 만든다

"20대 여성입니다. 친한 남자 사람 친구가 있는데요, 얘
가 가끔 여자들과 원나잇을 한 이야기를 하면 너무 불편
해요. 같이 잔 여자 중에는 술에 만취해서 정신을 잃은 여
자도 있었다고 해서 제가 그 상태로 관계하는 건 성폭력
이라고 했더니, 할 생각이 없었으면 스킨십은 왜 하고, 숙
소까지는 왜 왔겠냐고 되묻더라고요. 이런 애와 계속 친
구 해도 괜찮은 걸까요?"

'미러링'이 상대의 관심을 나에게 돌리는 기술이고, '공감'이 상
대의 마음을 얻기 위한 기본 원칙이라면, '동의'는 둘의 관계를 더

욱 단단하게 만들어주는 강력한 연애 철학입니다. 상대와 나를 동등한 연애의 주체로 존중하는 관계의 예절이라고도 볼 수 있죠.

원칙적으로 동의에는 의견 차이가 존재할 수 없습니다. 왜냐하면 동의는 남녀의 문제가 아니라 인간관계의 철칙이기 때문입니다. 지하철에서 맞은편 승객이 든 최신 핸드폰이 부러워 그걸 달라고 말할 수는 있습니다. 터무니없는 요구지만 말하는 건 자유니까요. 하지만 상대가 어이없어하면서 화를 내면 그걸로 끝입니다. 동의가 이루어지지 않았으니까요. 그럼에도 불구하고 동의 없이 상대의 물건을 빼앗았다면 이후 법적 처벌이 뒤따를 것입니다.

친구와 함께 클럽에 갔습니다. 입장료도 내고 술도 시키고 이제 좀 놀아보려고 하는데, 친구가 갑자기 배가 아프다며 집에 가겠다고 합니다. 이때 선택할 수 있는 결정은 두 가지입니다. 아쉽지만 친구와 함께 클럽을 나오거나 친구를 보내고 혼자 즐기거나. 둘 다 친구가 동의해줄 수 있는 상황입니다. 하지만 아픈 친구를 윽박질러 너도 동의해서 여기까지 왔으니 무조건 놀아야 한다고 말하면 아마 친구가 동의해주지 않을 겁니다. 이것이 동의입니다. 이렇듯 일반적인 사례를 예로 들면 너무도 쉽게 이해되는 동의라는 개념에 남녀 간 의견 차이가 생기는 이유는 어이없게도 관습 때문입니다.

"좋아하던 사람과 출장을 가게 됐습니다. 저녁때 같이 술을 마시다가 그 사람이 자기 숙소에서 더 마시자고 했고 저는 그에 대해 좀 더 알고 싶어서 흔쾌히 응했습니다. 그런데 방에 들어가자마자 갑자기 스킨십을 하는 거예요. 너무 놀라 방어하는 과정에서 그 사람의 뺨을 때렸는데 그게 기분이 상했나 봅니다. 그날 이후로 연락이 없어요. 이대로 끝내고 싶지는 않은데 어떡하면 좋죠?"

이 사연의 내담자는 아예 섹스할 의도조차 없었지만, 설사 처음에는 그럴 의도였다고 하더라도 사람의 마음은 언제든 변할 수 있고 그건 모두의 권리입니다. 호텔을 예약했다가도 마음이 변하면 취소할 수 있고 취소 가능 기간이 지난 것만 아니라면 온전히 환불해주는 것이 소비자를 존중하는 호텔의 바람직한 태도인 것처럼 말입니다. 마찬가지로 상대를 존중하고 사랑한다면 상대의 변심도 인정해야 합니다. 하지만 위 내담자의 사연을 읽은 다수의 남성은 아마 어이없다고 말할지도 모르겠네요.

"아니, 호텔까지 따라온 거면 자기도 하고 싶었던 거 아니에요?

아니면 왜 따라온 거래요? 괜히 오해하게." 많은 남성이 이렇게 생각할 테고, 그들의 이런 생각에는 관습적 교육과 사회 분위기가 큰 역할을 했을 것입니다. 과거에는 남녀 사이의 관계를 규정하는 데 '동의'라는 절차가 중요하지 않을 만큼 여성 인권에 관한 이해가 부족했으니까요. '여성이 호텔에 함께 들어간다'라는 사실은 어떤 의도로 행동했느냐와 무관하게 '여자도 성관계할 생각이 있어서 그랬다'라는 남성 중심의 논리로 이어졌고, 그렇게 생각하고 행동해도 사회에서 비판받는 일은 없었습니다. 심지어 같은 여성조차 그 여성을 비난하기도 했죠. "스스로 조심했어야지. 자업자득 아니야? 처신이 그게 뭐야."

이런 비인권적 사고방식이 자연스럽게 용인되었던 또 하나의 이유는 이런 행위의 가치를 판단하는 행정부나 사법부의 집행관들이 대개 남성으로 구성되어 가해자인 남성에게 암묵적으로 감정이입을 했기 때문입니다.

가해자를 이해해주는 일방적인 판결이 사회적으로 용인받고, 구성원 하나하나의 뇌에 단단하게 각인된 상태로 세대를 거듭하며 전해져 내려왔을 테니, 아직도 그런 구시대적 가치관이 남은 사람에게는 '어떤 상황에서도 남녀 상호 간 관계에서는 반드시 동의라는 절차가 필요하다'라는 가치관이 익숙하지 않고 불편할 것입니다. 이 불편한 감정은 다양한 방법으로 저항을 만들고, 그 저항은 다시 여성의 반발로 이어지는 악순환의 고리를 만들죠.

　이 악순환의 고리를 끊어내려면, 남성은 주체적으로 배우고 이해하려고 노력하고, 여성은 포기하지 말고 그들을 끊임없이 일깨워야 합니다. 물론 성별이 뒤바뀐 반대의 상황도 얼마든지 있을 수 있으니 배우고 이해하거나 일깨우는 노력이 어느 한쪽만의 의무는 아니겠죠.

　"결국 연인도 모든 행위를 사전에 허락받고, 계약서에 사인받은 후에 해야 하는 살벌한 세상이 됐다는 뜻 아닌가요? 서로 사귀는 사이고 좋아서 모텔에 가놓고는, 헤어지게 되자 여자가 남자를 강간으로 고소한 일도 있다던데요. 이게 상담사님이 말하는 동의인가요?"

　세상 모든 일에는 어김없이 예외라는 게 있는 법이죠. 그러니 이 세상 어딘가에서는 남성이 억울한 사건이 있을 수 있습니다. 남성은 모두 성인지감수성이 낮은, 동물 같은 종족일 리 없고, 마찬가지로 여성이라고 해서 모두 정의로운 건 아니니까요. 따라서 그 사건 하나가 마치 남녀 관계의 본질인 양 확대되고 과장되고 왜곡되는 건 바람직하지 않습니다.

　중요한 건, 어떤 사례가 있었냐 없었냐, 남자의 주장이 맞냐, 여자의 주장이 맞냐가 아니라 동의는 인간관계의 기본 예의라는 사실을 받아들여야 한다는 것입니다. 그래야 미러링과 공감을 통해 힘들게 구축한 연인 관계를 허탈하게 날려버리지 않고 단단한 신뢰를 바탕으로 평생의 인연으로 업그레이드할 수 있으니까요.

나의 성인지감수성은
몇 점일까?

이쯤에서 동의와 관련된 성인지감수성을 평가해볼까요? 아래 질문에 "그렇다"와 "아니다"로 답하면 됩니다.

1. 말로는 안 된다고 했지만, 신체적으로는 나를 거부하지 않는 것 같았다면(예를 들어, 음부가 애액으로 젖었다거나 등) 섹스해도 좋다는 뜻으로 받아들여도 된다.

2. 맑은 정신에 "그래요, 나도 당신하고 섹스하고 싶어요"라고 말했다면, 이후 술이나 마약에 취해 판단력을 잃고 의사 표현을 하지 못하더라도 그 동의는 유효한 것이다.

3. 과거에 나와 동의하고 섹스한 사람은 지금도, 앞으로도, 나와의 섹스에 동의한 것으로 본다.

4. 섹스에 동의하고 함께 호텔까지 와서 옷까지 다 벗었는데 갑자기 마음이 바뀌었다고 뒤로 물러서는 건 진심이 아니라 밀당일 가능성이 크다.

5. 다분히 도발적이거나 야한 옷을 입고 나왔다면 이는 곧 섹스하고 싶다는 암묵적인 사인일 수 있다.
6. 나에게 관심을 보이거나 유혹하거나 은근히 스킨십을 시도한다면 나와 섹스하고 싶어 하는 거라고 생각해도 무방하다.
7. 상대가 스킨십을 거부하지 않는다면 굳이 동의를 얻지 않아도 '나를 만져도 좋다'라는 의미로 생각해도 된다.
8. 결혼했다면, 혹은 결혼 전이라고 해도 일단 사귀기 시작했고 한 번이라도 성관계를 했다면 연인 간(혹은 부부간) 성관계는 의무다.

위의 질문에 "아니다"라는 답변을 몇 개나 했나요? 답변의 개수가 많으면 많을수록 성인지감수성이 높은 것입니다. 그리고 성인지감수성이 높다면 당신은 동의의 진짜 의미를 알고 있다는 뜻이고요. 몇 개까지 "아니다"라고 답해야 하는지 궁금해하기보다 모두 "아니다"라고 말할 수 있을 만큼 동의에 관해 진지하게 고민해보면 좋겠습니다.

동의를 절차나 합의라고 생각하는 사람은 사랑에도 계약서가 필요하냐고 질문할 수 있습니다. 하지만 동의는 절차도 아니고, 합의도 아닙니다. 동의는 말 그대로 '같은 뜻'입니다. 인간관계에서 같은 뜻이라는 걸 확인하기 위해 굳이 계약서 같은 형식이 필요하지 않죠. 두 사람이 같은 뜻이면 된다는 말입니다. 다만, '같은 뜻'은 언제든지 '다른 뜻'이 될 수 있기에 계속 같은 뜻인지를 살펴야 합니다. 그렇게 이루어진 동의가 곧 존중이자 사랑입니다.

상대를 존중하는 동의

"남자 친구가 있는데 다른 남자와 원나잇을 하려고 했습니다. 남자 친구한테 정말 미안하고 죄책감이 느껴져요. 하지만 더 큰 문제는 그 남자를 좋아하게 됐다는 거예요. 그 사람이 대단한 기술을 가졌다거나 속궁합이 맞아서가 아닙니다. 오히려 방에 들어간 후 제가 술이 깨서 관계를 거부했고 결국 하지 못했어요. 그런데도 그는 저를 존중하고 배려했습니다. 감동이었어요. 남자 친구와 헤어지고 이 남자를 만나면 안 될까요?"

서로 합의하고 호텔에 갔더라도 상대의 마음이 비뀌었다면 기꺼이 존중해주고 배려해주는 동의는 그 자체로 상대에게 감동을 줄 수 있습니다. 사귀는 건 아니지만 섹스는 하는 친구를 의미하는 FWB(Friends with Benefits)나 하룻밤 사랑인 ONS(One Night Stand)에서도 콘돔만큼 중요한 건 동의입니다.

FWB나 ONS가 연애와 다른 점은 책임감이 적다는 것입니다. 하지만 책임감이 부족하다고 상대를 함부로 해도 된다는 것을 의미하는 건 아닙니다. 오히려 책임감이 부족한 만큼 상호 간 동의가 그 어떤 관계보다 중요합니다. 둘 사이의 관계를 건강하게 지켜주는 거의 유일한 원칙일 수 있죠.

사실 FWB나 ONS에서 동의의 중요성을 말하는 사람은 많지 않습니다. FWB나 ONS를 단순히 성욕의 해소나 자랑스러운 메달쯤으로 생각하는 사람에게 동의에 관한 이야기는 선뜻 공감하기 어려우니까요. 하지만 우리 사회에서 FWB나 ONS도 '남녀가 함께 즐길 수 있는 건강한 섹스 문화'로 자리 잡으려면 동의가 무엇보다 중요합니다.

동의는 상대를 존중하는 마음을 바탕으로 형성되기에 그 순간만큼은 서로에게 진심으로 사랑받는다고 느끼게 해줍니다. 내 몸이 상대에게 단순히 소비되는 것이 아니라 존중과 배려를 바탕으로 한 진심 어린 사랑을 받고 있다고 느끼면 애무는 더 깊이 뇌를 자극할 것이고, 그 자극만큼 남성도 여성도 훨씬 더 행복한 섹스를 경험하게 될 것입니다. 이왕 섹스할 거면 오르가슴까지 가야죠. FWB나 ONS를 허탈하고 공허한, 혹은 후회스럽고 죄책감 가득한 경험으로 만들고 싶지 않다면 남녀 모두 건강한 동의를 장착해야 합니다.

주체적
연애

●

주인공이 되어
주체적으로 사랑하기

　'미러링'으로 좋아하는 사람에게 자연스럽게 다가가고, '공감'으로 상대의 마음을 얻은 후, '동의'로 관계를 단단하게 만들었다면, 드디어 '주체적 연애'를 할 차례입니다.

　"생일 축하해. 평생 너를 지켜줄게."

　"왜 네가 나를 지켜?"

　"어?"

　"왜 힘들게 나까지 지키냐고. 나는 내가 지킬 테니까 걱정 마. 그래서 지금 권투도 배우잖아. 잽잽."

　진형민 작가의 동화책《사랑이 훅!》에 등장하는 초등학교 5학년 남자아이와 여자아이의 대화입니다. 남자아이는 어딘가에서

"남자는 여자를 지켜줘야 해"라는 말을 들은 적이 있었을 겁니다. 아니면 드라마 같은 데서 "지켜줄게"라는 말을 들은 여성이 행복해하는 모습을 봤을지도 모르죠. 아마 그 말이 무슨 뜻인지 정확하게 알 수는 없었겠지만, '저렇게 말하면 여자가 좋아하는구나'라고 생각했겠죠. 그래서 여자 친구에게 멋지게 말해본 것 같네요.

하지만 아직 이 사회가 만든 불평등의 틀에서 버텨본 적이 없을 여자아이는 남자 친구가 왜 저런 말을 하는지 이해할 리가 없습니다. 그러니 저 말이 로맨틱할 수도 있다는 사실은 상상하지 못할 것입니다. 참 귀여운 모습이지만 한편으로는 씁쓸하기도 합니다. 언제부터 여자는 남자가 지켜줘야 하는 존재가 됐고, 남자가 지켜준다고 말하면 로맨틱하며, 그 말을 들은 여자는 행복하다고 생각하게 됐을까요?

능동적으로
움직이기

"데이트를 하다가 갑자기 성욕이 솟아올라 관계했다가 덜컥 임신하고 말았습니다. 아이를 책임질 수 없는 상황이었기에 임신중절을 선택할 수밖에 없었어요. 수술 다음

날 남자 친구가 불같이 화를 내는 거예요. 너는 무슨 여자가 그렇게 이기적이냐고요. 자기하고 상의도 안 하고 수술을 했다고 그러는데, 제가 정말 이기적인가요? 내 몸과 건강과 미래를 스스로 결정할 권리도 없나요?"

성평등이나 성인지감수성을 말할 때, 우리는 주로 남성의 가치관과 행동 양식을 지적합니다. 남자는 머릿속에서 '여자라서 안 돼', '여자가 무슨'이라는 생각을 지워야 한다, 일상의 모든 기회가 성별 불문하고 능력 위주로 공평하게 부여되어야 한다, 성희롱이나 성폭력을 포함해 여성을 성적으로 대상화하는 말이나 행동을 조심해라, 남자와 여자의 성역할을 고정하는 사고방식을 지양해야 한다고 말입니다.

물론 모두 옳은 말입니다. 오랫동안 사회가 남성을 중심으로 흘러왔기에 어느 정도 달라졌다고 해도 우리 사회 곳곳에서는 남녀를 차별하고, 여성을 성적 대상화하며, 여성의 권리보다는 의무를 강조하는 게 현실이니까요. 그리고 그 주체는 대개 남성입니다.

하지만 성평등은 남성만의 노력으로 성취할 수 있는 게 아닙니다. 성평등을 쟁취하기 위한 노력에도 성평등이 적용되어야 합니다. 남성뿐만 아니라 여성도 생각을 바꾸고 노력해야 한다는 뜻입니다. 여성이 노력해야 하는 건 간단합니다. 수동적인 생각과 행동을, 능동적인 생각과 행동으로 바꾸는 것입니다.

> "동거 중인 커플입니다. 여자 친구는 육체적으로 힘든 일을 해야 할 때는 언제나 저에게 부탁합니다. 당연히 할 수 있습니다. 저는 남자고, 힘도 더 세니까요. 그러면 제 부탁도 들어줘야 하는 거 아닌가요? 왜 항상 저만 여자 친구의 부탁을 들어주는 것 같죠?"

남녀는 모든 면에서 같은 '인간'이어야 합니다. 남자와 여자가 아니라 생물학적으로 같은 종인 '인간' 말입니다. 그것이 진정한 평등입니다. 여자가 남자에게 "남자라면 이렇게 해야지", "이런 건 남자가 하는 거 아니야?"라고 수동적으로 요구하는 사람이 되어버리면, 남성들은 자연스럽게 이런 생각을 할 수밖에 없습니다. "여자는 항상 무언가를 요구하거나 받으려고만 하는 거 같아요. 그러면서도 남녀가 평등해야 한다고 주장하는 건 조금 모순 아닌가요?"

먼저 데이트를 신청하고, 먼저 스킨십을 시도하며, 먼저 선물도 해보고, 먼저 여행 계획을 짜서 남자 친구를 놀라게도 해줍시다. 섹스하고 싶으면 하자고 요구하고, 호텔도 콘돔도 먼저 준비하는 적극적인 모습을 보인다면 남자도 여자 친구를 집에 초대해 요리하고 설거지할 뿐만 아니라, 여자 친구의 이야기를 공감하면서 차분히 들어줄 줄 아는 습관이 생길 것입니다. 자주 알려주고 보여주면, 그걸 따라 하면서 주체적으로 표현할 줄 아는 사람이 되거든요.

앞으로는 '남자'의 역할과 '여자'의 역할을 나누지 말고 목마른 사람이 우물을 파는 건 어떨까요? 이것이 바로 주체적 연애이며, 이 주체적 연애는 섹스에도 적용됩니다.

남녀의 성욕

"남자 친구는 성욕이 너무 강해요. 가끔은 변태가 아닐까 싶을 정도로 관계를 요구해요. 저는 성욕이 별로 없지만 가끔은 삐칠까 봐 그냥 해줄 때도 있어요. 언제까지 하기 싫은 섹스를 해줘야 하는지 고민이에요."

해준다고요? 해준다는 말에는, 사랑하는 마음과 하고 싶은 마음이 있어야 섹스가 가능한 여성과는 달리, 남성은 아무 때나 하고 싶어 한다는 전제하에 관계 유지를 위해서 섹스를 한다는 의미가 담겨 있습니다. 물론 어느 정도는 맞습니다. 아무래도 남성 호르몬인 테스토스테론이 강하게 분비되는 남성이 여성보다 성욕이 강한 건 사실이니까요. 하지만 정말 여성은 사랑하는 마음이나 하고 싶은 마음이 있어야만 성욕이 생길까요?

여성은 생리가 시작되고 9일이 지나면 배란기에 접어듭니다. 배란기 여성의 몸에서는 여성호르몬이 왕성하게 분비되죠. 배란기에는 남성호르몬인 테스토스테론의 수치도 함께 높아집니다. 여성에게 남성호르몬이 분비된다는 사실이 낯설 수도 있지만 대표적인 남성호르몬인 테스토스테론은 여성의 몸에서도 분비되며, 대표적인 여성호르몬인 에스트로겐 역시 남성의 몸에서도 분비됩니다. 다만 남성에게서 더 많이 분비되는 호르몬이 있고, 여성에게서 더 많이 분비되는 호르몬이 있어서 편의상 남성호르몬과 여성호르몬이라고 이름을 붙인 것이죠.

하여간 이 호르몬 덕분에 배란기의 여성은 남성에 버금가는 성욕을 경험하게 됩니다. 절대 일시적이라고 무시할 수 있는 수준이 아닙니다. 성관계의 가능성을 높여 임신하기 위해 일어나는 신체 반응이기에 더 강할 수밖에 없겠죠. 하지만 일부 여성은 그 반응을 성욕으로 인지하지 못하거나 성욕 자체에 수치심을 가져 애써서 외면하기도 합니다. 그렇기에 여성의 성욕은 있는 그대로 인정받지 못하는 게 사실입니다.

"오늘 친구가 클리토리스 모형을 보여줬는데, 제 엄지손가락보다 컸어요. 이런 게 제 몸속에 있다는 거예요. 물론 존재 자체를 몰랐던 건 아니지만, 쌀알 크기의 음핵 정도가 클리토리스라고 생각했기에 완전히 놀랐습니다. 클리토리스에 대해 좀 더 자세하게 알려주세요."

여성의 성욕이 남성보다 약하지 않다는 또 하나의 증거는 클리토리스입니다. 클리토리스는 오로지 성적 쾌감을 경험하기 위해 존재하는 신체 기관입니다. 클리토리스의 머리 부분(음핵)에는 음경의 귀두보다도 두 배 이상 많은 1만 개 이상의 감각신경이 있어서 약한 자극에도 강한 성적 쾌감을 경험합니다. 자위할 때 손으로, 기구로, 때로는 샤워기 물줄기로 자극하는 부위가 바로 클리토리스의 머리 부분입니다.

클리토리스는 음경과 상동기관(相同器官)이라 흥분하면 혈액이 차올라 통통하게 발기합니다. 상동기관이란 남녀로 분화되기 전인 배아기 때는 하나의 기관이었다가 남녀로 구분되면서 다른 모양으로 발달한 기관을 말합니다. 많은 사람이 오해하고 있는데, 음경의 상동기관은 질이 아니라 클리토리스입니다. 그러니 당연히 클리토리스도 발기하겠죠.

음경의 발기처럼 클리토리스 발기 또한 접촉을 통해 전달되는 성적 자극을 언제라도 뇌로 전달할 수 있도록 만반의 준비를 하고 있습니다. 질에 음경이 삽입되면 클리토리스는 이 자극을 바로 뇌로 올려보내죠. 음경이 사정액이나 소변 배출의 역할도 하는 반면, 클리토리스는 온전히 자극을 기다리다가 느끼고 뇌에 전달하는 쾌락 기능만을 수행합니다. 이토록 완벽하게 쾌락만을 위해 존재하는 기관을 가진 여성인데 어떻게 성욕이 약할 수 있을까요? 오로지 성욕만을 위한 기관이 있으니 그만큼 여성의 성욕도 강할 수 있다는 게 합리적인 추론일 것입니다.

역사적으로 억압되었던 여성의 성욕

이토록 완벽한 기관을 지녔음에도 여성의 성욕이 남성보다 낮다는 고정관념이 확고하게 자리 잡은 이유 중 하나는 여성의 성욕이 역사적으로 억압되고 왜곡되었기 때문입니다. 우리는 대개 학교 교육을 통해 농경사회 이전 수렵사회의 남성은 생존을 위해 동물을 사냥했고, 여성은 식물의 열매나 뿌리를 채집했다고 배웠습니다. 남성이 여성보다 근력이 강하니 남성과 여성의 역할이 분담되어 있었을 거라는 가설에 근거하죠.

하지만 2020년 미국 데이비스 캘리포니아대 인류학과 교수팀

이 남아메리카 안데스산맥의 고산지대인 페루 윌라마야 파트샤 유적에서 발굴한 9,000년 전 사냥꾼의 무덤을 보면 이 가설에 의문이 생깁니다. 치아와 골격 분석을 통해 밝혀진 무덤의 주인은 17~19세의 여성이었습니다. 또 약 13만 년 전에서 8,000년 전에 만들어진 아메리카 대륙의 고인류 무덤 전체를 조사한 결과, 107개 유적지에서 발견된 429명의 무덤 중 사냥도구와 함께 묻힌 사람은 27명이었고 그중 11명이 여성이었죠. 이 결과를 통해 연구팀은 사냥꾼 중 30~50%가 여성이었다고 계산했고, 그 결과는 국제학술지 〈사이언스 어드밴시스〉에 실렸습니다. (출처: 〈동아사이언스〉 2024.5.15. 여성도 사냥했다?… 고고학 통념 뒤집기)

오랫동안 남성은 '남성은 주인공, 여성은 조력자'의 관계를 유지하며 우위를 점하려 했습니다. 여성은 성욕이 없다거나 있어도 표현해서는 안 된다는 고정관념 역시, 여성을 소유물로 만들어 남성의 영역 밖으로 탈출하는 것을 막기 위한 전술이었죠.

역사적으로 남성은 여성의 주체적인 성욕이 자신의 지위에 방해가 되는 요소라고 판단했습니다. 남성이 권력을 얻었거나 금전적으로 성공했더라도 여자가 성적으로 만족하지 못해 다른 남자에게 떠나간다면 입장이 초라해질 수밖에 없으니 그런 상황이 오기 전에 막아야 했던 거죠. 여성들이 성욕에 관한 깨달음을 얻기 전에, 여성이 성욕을 느끼는 것은 나쁜 것이라 규정하고 성욕이 강한 여자에게는 음탕하다는 굴레를 씌워 남성의 지위를 지키려고 했던 것입니다.

여성의 성욕이 남성에 의해 억압되고 왜곡된 대표적인 사례는 중세의 마녀사냥입니다. 15세기에서 18세기에 이르는 긴 기간 동안 중세 유럽의 마녀 사냥꾼들은 "악마와 결탁해 어둠의 마법을 시행했다"라는 누명을 씌워 50만 명 이상의 여성을 처형했습니다. 그때 사냥꾼들이 마녀를 감별한 어이없고도 다양한 방법 중 하나가 '마녀의 젖꼭지'라고 부른 클리토리스였습니다. 마녀의 성기에는 선한 여성에게서는 찾을 수 없는 젖꼭지가 있어서 악마가 이를 빨며 마녀와 섹스했다는 논리죠. 종교와 남성의 권위를 세우기 위해 공포를 퍼트리는 행위가 여성을 억압했을 뿐만 아니라, 클리토리스의 존재 자체를 감추는 이유가 됐던 것입니다.

여전히 지속되는 성욕에 대한 고정관념

"얼마 전 상담사님의 강연에서 여자의 성욕은 남자와는 다르다는 이야기를 들었습니다. 남자는 본능이지만, 여자는 사랑이 있어야 섹스하고 싶다고 하셨거든요. 일견 일리는 있지만 다 그런 건 아닌 거 같아요. 저만 해도 배란기에는 주체할 수 없는 성욕 때문에 힘이 들 정도예요. 상담사님 말씀대로라면 제 몸이 비정상인 건가요?"

제가 강연에서 하루에도 몇 번씩 별다른 이유도 없이 성욕이 치솟는 남성과 달리 여성은 사랑하고 싶은 마음이 있어야 성욕이 생긴다고 말하는 이유는 실제 남성과 여성의 성욕 차이 때문이 아니라, 많은 여성이 사회의 가치관에 길들여져 그런 상황에서만 성욕을 경험하기 때문이고, 그런 말이라도 해서 남녀 간의 성욕 갈등을 메꿔보려는 노력 때문입니다. 그렇게 배운 남성이라면 강한 성욕을 주체하지 못해 연인에게 다가갈 때도 무조건 스킨십부터 하기보다는 먼저 사랑을 채우려고 노력할 테니까요. 그것이 이 사회에서 남녀 갈등을 조금이나마 줄일 수 있는 방법이 아닐까 합니다.

사실 저는 남성의 성욕이 여성보다 강하다고 생각하지 않습니다. 오히려 남녀 성욕 차이는 학습되고 주입된 고정관념이라고 생각하죠. 그 증거 중 하나가 사랑 없이도 섹스할 수 있는 성매매입니다. 흔히 남성의 성매매를, 넘치는 성욕 때문에 어쩔 수 없이 형성된 사회적 상황이라고 말하지만, 사실은 남성이 이 사회의 지배자라는 증거일 뿐입니다. 만약 여성이 이 사회의 권력을 차지하고 남성을 지배했다면 남성이 몸을 파는 성매매가 활성화되었을 것입니다. 일부 여성은 그 시장에서 돈을 지불하고 얼마든지 사랑 없이도 섹스할 수 있다는 것을 증명하겠죠. 그런 세상이 온다면 "여성과 섹스하고 싶다면 먼저 그 여성의 마음을 움직여라"라는 말은 "남성과 섹스하고 싶다면 먼저 그 남성의 마음을 움직여라"라는 말로 바뀌게 될 것입니다.

> "남편이 바람을 피웠습니다. 차라리 성매매를 했다면 힘들더라도 용서는 할 수 있을 것 같아요. 그건 육체적인 관계일 뿐이고, 사랑이라기보다는 배설에 가깝잖아요."

흔히 "남성은 배우자의 육체적인 외도에 더 분노하고, 여성은 배우자의 감정적인 외도에 더 분노한다"라고 말합니다. 사실 이런 편견 역시 왜곡된 권력 구조에 의해 만들어졌을 가능성이 큽니다. 남녀 모두 육체적인 외도에 분노할 수밖에 없습니다. 내가 사랑하는 사람이 다른 이성과 섹스했다는 걸 이해할 수 있는 사람은 없으니까요.

다만 역사적으로 권력 구조의 상층에 있었던 남성에게 여성은 '소유'의 대상이었습니다. 내 여자가 다른 남자와 섹스했다는 건 곧 소유권이 넘어갔다는 걸 의미하므로 그 사실을 용납할 수 없었겠죠. 하지만 소유되어야 생존할 수 있었던 여성은 어떻게 해서든 외도한 배우자를 용서할 이유가 필요했을 겁니다. 고통받지 않기 위해 스스로를 속여야 했을 테고요. 그렇게 만들어진 이유가 바로 "육체적 외도는 용서할 수 있다"라는 말입니다. 남자는 한 마디만 하면 모든 상황을 원래대로 돌려놓을 수 있죠. "그 여자는 성욕의 대상이었을 뿐이야. 내가 사랑하는 건 오직 너뿐이야." 이 말을 들은 여성은 자신을 세뇌합니다. "그래, 남자는 성욕이 강하니까 어쩔 수 없어. 이건 바람이 아니라 한때의 실수일 뿐이야."

"TV 예능프로에서 한 여자 출연자가 함께 출연한 남성 연예인의 벗은 몸을 상상하며 침대에서는 어떨지 궁금하다고 말하는 장면을 보았습니다. 만약 그 장면에서 남녀가 바뀌었다면 어땠을까 생각하니 순간 소름이 끼치더군요. 여자는 성인지감수성에서 예외인가요?"

당연히 아닙니다. 성인지감수성은 남녀를 구분하지 않고 적용되어야 하는 게 맞습니다. 하지만 너무 오랜 기간 여성이 일방적으로 피해자의 처지에 있었기에, 그 기울어진 운동장을 돌려놓는 과정에서 반대의 일들이 너무도 자연스럽게 펼쳐지곤 합니다.

이 기울어진 운동장의 시작은 심지어 학교 성교육입니다. 임신과 출산 그리고 성폭력 예방에 집중된 지금의 학교 성교육에서는 "여성의 몸은 소중하니까 절대 함부로 보여주거나 만지게 해서는 안 된다"라고 가르칩니다. 당연히 옳은 말이지만, 더 정확하게 하려면 이 문장 속 '여성'이라는 단어를 '인간'으로 바꿔야 합니다. 남자의 몸도 여자의 몸만큼 소중하고, 모든 인간의 몸은 함부로 보여주거나 만져서는 안 되니까요.

하지만 학교에서는 남성에게 "여성의 몸은 소중하니까 절대 허락 없이 보거나 만져서는 안 된다"라고 가르치지만, 자기 몸도 소중하게 생각하라고는 가르치지 않습니다. 현재는 성폭력 예방을 위해 활용할 수밖에 없는 문장이지만, 언젠가 이 문장 속 '여성'이 '인간'으로 바뀌지 않는 한 이 문장은 의도했건 의도하지 않았건 남성의 성욕은 여성보다 강하다는 고정관념을 세뇌하는 문장일 수밖에 없습니다.

"어려서부터 클리토리스 자위를 오랫동안 해서 이제는 거의 중독인 것 같아요. 어떤 날은 자위하고 싶어서 온통 그 생각만 할 때도 있습니다. 요새는 너무 심한 게 아닌가 싶어서 멈추고 싶다는 생가도 듭니다. 지, 변태인가요?"

자위에 관한 고정관념도 남녀의 성욕 차이를 조장하는 대표적인 편견 중 하나입니다. 남자아이가 자위한다고 하면 "건강 해치지 않을 정도로만 적당히 해라"라고 하는데, 여자아이가 자위한다고 하면 무슨 귀신이라도 들러붙은 것처럼 화들짝 놀랍니다.

가정에서뿐만 아니라 친구 사이에서도 남녀가 자위를 소비하는 방식은 다릅니다. 남성들은 자위 경험을 친구와 자유롭게 공유합니다. 하지만 여성들은 자위 경험을 친구와 공유할 수 없습니다. 그런 이야기를 꺼내는 것 자체를 "나는 음탕한 여자야"라고 고백하는 것으로 생각하는 사람도 있죠. 그런 왜곡된 가치관이 여성의 건강한 성욕 표출을 가로막는 원흉입니다.

이제라도 주체적으로
표현하는 성욕

자, 다 필요 없습니다. 지금까지 여성의 성욕이 억압되고 왜곡되었다면 부활시키면 그만이죠. 지금부터 대안을 찾아봅시다. 맛있는 음식도 먹어본 사람이 먹을 줄 아는 법입니다. 지금까지 자신의 성욕에 관해 고민해본 적이 없다면 이제부터라도 내 성욕이 얼마나 강한지, 내 성감대는 어디인지, 어떻게 하면 더 짜릿하게 느낄 수 있는지 적극적으로 고민하고 개발하려고 노력해보세요. 그리고 기다리기보다는 먼저 다가가 실행하면 됩니다. 아직도 유튜브에서 야한 이야기를 마음껏 펼치는 여성을 보며 "나중에 결혼하면 어쩌려고 저러지?"라고 걱정하고 있다면 도리도리 털어내고 오히려 따라 하면서 노력해보라는 말입니다.

이런 주체적인 노력 없이 "난 한 번도 오르가슴을 느낀 적이 없어"라고 말하는 건 복권을 구매하지도 않고 "난 한 번도 복권에 당첨된 적이 없어"라고 말하는 것과 같습니다. 일단 복권을 구매해야 당첨될 가능성이 생기는 것처럼 우선 내 성욕을 확인하고 적극적으로 개발해야 나에게 성욕이 있는지 없는지, 오르가슴에 도달할 수 있는지 없는지를 확인할 수 있는 거죠. 확신하건대, 그런 노력을 거치고 나면 섹스할 때마다 오르가슴을 경험할 확률은 거의 100퍼센트에 달한다는 사실을 깨닫게 될 것입니다.

앞으로는 야한 꿈을 꾸었거나 야한 상상을 했거나 성욕 때문에 힘들다거나 자위나 연인과의 섹스에 관해 사람들과 말하고 싶으면 먼저 화두를 꺼내보세요. 또 갑자기 성욕이 느껴지는데 함께할 상대가 없다면, 자위는 무엇이고 어떻게 하면 건강하고 안전하게 그리고 행복하게 즐길 수 있는지 고민해보기를 바랍니다. 함께한 연인이 있다면, 어쩔 수 없이 해준다는 수동적인 태도는 버리고, 능동적이고 주체적으로 섹스하기 바랍니다. 섹스는 남녀 모두 하고 싶을 때, 상대의 동의를 얻은 후 함께 즐기는 행복한 의식이어야 하니까요.

ONS도
주체적으로

"남자 친구와 헤어지고 남자 친구와의 섹스가 자꾸 떠올라 매일 자위하게 됩니다. 결국 어제는 클럽에서 만난 남자와 원나잇을 했습니다. 그런데 기분이 좋지 않았어요. 어색했고 배려도 없는 섹스여서 감흥도 없었고 그 남자만 좋은 일 시켜준 거라는 생각을 지울 수 없었거든요. 이 짐승 같은 성욕을 없애는 약은 없을까요?"

　주체적으로 성욕을 표현할 때 우리가 극복해야 하는 또 하나의 과제는 '사랑 없이 성욕만으로 즐기는 섹스'에 관한 금기입니다. 사랑 없이 성욕만으로 즐기는 섹스도, 좋아하는 사람은 자유롭게 즐기고 싫어하는 사람은 안 하면 그만입니다. 하지만 우리는 이를 대단히 부도덕한 행위인 것처럼 다루곤 하죠.
　예전에 참석한 한 학술행사에서 여성단체 대표로 참가한 여성 패널분이 했던 말을 지금도 잊을 수가 없습니다.

"프리섹스를 페미니즘의 기준인 것처럼 주장하는 여자들이 있는데, 그걸 가장 반기는 건 결국 남자입니다. 여자들이 자유분방하게 성행위를 한다는 건 결국 남자들이 더 많은 여자와 부담 없이 자유롭게 섹스할 수 있게 되었다는 뜻이니까요. 여자들의 프리섹스는 남자들의 성욕만 충족해주는 셈이죠."

프리섹스를 즐기는 여성은 남성의 성욕만 충족시켜준 셈이라고요? 여성도 주체적으로 즐긴 프리섹스가 어떻게 남자만 좋은 일로 전락하는 걸까요? 얼핏 설득력 있어 보이는 이 말의 가장 큰 맹점은 가치관의 중심이 여전히 '남성'에 있다는 것입니다. 이 말은 "모르는 남녀가 ONS로 섹스하면 결국 득을 보는 건 남자다"라는 말과 다르지 않습니다. "남녀가 섹스까지 했는데 헤어지게 되면 남자는 한 여성과 섹스한 경험을 얻지만, 여성은 순결을 잃은 것이다"라는 말과도 다르지 않고, "많은 여성과 섹스한 남자는 능력 있는 바람둥이고, 많은 남성과 섹스한 여자는 문란한 창녀다"라는 욕설과도 맥이 닿아 있습니다. 이 모든 표현은 남녀가 섹스하면 남자는 무언가를 얻는 것이고 여자는 무언가를 잃는 것이라는 가치관에서 벗어나지 못한 말이니까요.

이 말이 맞나요? 일방적으로 강요했거나 성매매처럼 왜곡된 섹스가 아닌, 남녀가 합의해서 서로 즐기며 나름 행복한 밤을 보낸 섹스에 왜 어느 한 편은 무언가를 얻고, 어느 한 편은 무언가를 손해 보았다는 가치관이 생기는지 모르겠습니다. 물론 지금까지는 세상이 남성 중심으로 흘러왔기에 이런 가치관이 만들어졌고 그런 생각을 자연스럽게 받아들였다는 사실 자체를 부정하는 건 아닙니다.

하지만 지금은 21세기입니다. 인공지능과 로봇이 활성화된 첨단의 시대죠. '다양성의 인정과 추구'가 가장 바람직한 가치관이 된 이 시대에는 어느 한 편을 강조하는 왜곡된 시선 대신 가능한 한 모든 것을 받아들이는 포용성이 있어야 합니다. 주체적으로 즐겼다면 비록 그 관계가 ONS라도 분명 나에게 선(善)입니다. 사랑보다 성욕을 우선해 이루어진 하룻밤 관계라도 둘 다 그 관계를 통해 어떤 경험을 얻었는가가 훨씬 중요하며, 여성으로서가 아니라 인간으로서 이 행위가 어떤 영향을 미칠까를 고민해야 합니다.

언제나 주체적으로 사고하고, 주체적으로 행동하면 됩니다. 건강한 철학을 바탕으로 실천한 행동이라면 그것이 설사 공동체의 일반적인 가치관에서 벗어나더라도, 설사 타인이 주홍 글씨의 낙인을 찍더라도, 타인에게 피해를 주는 것만 아니라면 "하하, 웃기고 있네" 하고 가볍게 비웃으면 됩니다. 왜냐하면 세상의 주인공은 '나'니까요. 항상 다음의 문장을 잊지 않았으면 합니다.

"적극적인 여자가 오르가슴에 오를 가능성이 더 크다."

"자신의 욕구에 솔직하지 못하면 행복해질 수 없다."

주체적 성관계를
위하여

"남성 상위 체위에서 여자가 할 수 있는 스킬 좀 알려주세요. 남자 친구는 주로 남성 상위를 하는데, 조금 오래 한다 싶으면 많이 힘들어해요. 무릎이랑 손목도 아프다고 하고요. 남자 친구 덜 힘들게 남성 상위 체위에서 같이할 수 있는 스킬 같은 게 있을까요?"

주체적으로 표현해야 하는 건 성욕만이 아닙니다. 성관계 중에도 모든 욕망을 가감 없이 표현해야 오르가슴에 더 가까이 다가갈 수 있습니다. 섹스는 두 사람 모두 주체적으로 참여하고 적극적으로 이끌어갈 때 성적 쾌감도 높아지고 오르가슴에 오를 가능성도 커집니다. 가만히 누워서 자극을 느끼려고만 하기보다는, 나 역시 할 수 있는 것이 있다면 함께하는 것이 좋습니다. 섹스는 함께 만들어가는 행복한 경험이니까요.

남자 위 체위에서 여성이 할 수 있는 행동은 자유로운 두 손으로 남성의 몸을 애무하는 것입니다. 남성도 당연히 애무받는 것을 좋아합니다. 따라서 삽입 후 왕복운동을 하면서 남성이 입으로 여성의 목, 가슴 등을 애무하면 성적 흥분이 더 커지는 것처럼, 여성 역시 남성이 왕복운동을 할 때 가슴이나 등, 허리, 엉덩이 등을 애무해주면 남자 친구의 성적 쾌감이 더 커집니다.

삽입한 지 얼마 되지 않았다면, 엄지와 인지를 동그랗게 말아질 입구에서 왕복운동 중인 남성의 음경을 살짝 감싸 쥐는 것도 좋습니다. 남성의 음경이 여성의 손가락 링을 지나 질로 들어갔다가 나오기를 반복하는 셈이죠. 아직 초반이라서 클리토리스가 충분히 발기하지 않아 음경에 조이는 자극을 주기 어려울 때 인위적으로 조이는 느낌을 줘서 남성의 삽입 만족도가 커집니다. 물론 너무 세게 쥐면 안 됩니다. 반드시 살짝입니다.

사실 남성이 활발하게 왕복운동을 할 때는 그 자연스러운 움직임 덕분에 남성의 몸 어디든 살짝 손바닥을 대는 것만으로도 애무하는 효과를 만들 수 있습니다. 스치듯이 살짝만 대면 됩니다.

왕복운동을 하는 남성의 엉덩이를 양손으로 지그시 누르면서 몸쪽으로 당기는 동작을 리듬감 있게 살짝 진행하는 것도 좋습니다. 이러면 남성이 왕복운동을 훨씬 쉽게 할 수 있거든요. 음경이 더 깊이 들어올 수 있도록 뒤에서 눌러주는 거죠. 그 과정에서 남성의 치골 부위가 클리토리스를 자극해 성적 쾌감이 더 커지는 일거양득의 효과도 얻을 수 있습니다.

또 왕복운동을 할 때 골반을 조금씩 좌우, 위아래, 원형으로 움직이는 것도 좋습니다. 이렇게 하다 보면 기분이 좋은 각도도 찾을 수 있고, 남성도 다채로운 감각을 음경으로 느낄 수 있습니다.

"남자 친구는 애무를 정성껏 해주는 스타일입니다. 저도 남자 친구를 애무해주고 싶은데 그래도 되나 싶어서요. 왠지 애무를 잘하면 경험 많은 여자로 오해받을 것 같습니다. 어떡해야 할까요?"

지위로 누르는 상하 관계에서의 상명하복이나 돈이 오가는 갑을 관계에서의 눈치 보기와 접대를 좋아하는 사람은 없을 것입니다. 열린 문화를 가진 많은 기업에서 직책을 없애고 서로를 이름으로 부르는 이유는 평등한 관계여야 각자가 가진 능력을 편견 없이 인정하며 평가할 수 있고 그래야 좀 더 창의적인 시도가 가능하기 때문일 테고요.

남녀 관계 역시 마찬가지입니다. 남자가 데이트 비용을 전담해야 한다고 생각하고 여자 역시 받는 것에만 익숙한 관계거나 남자는 성 관련 지식이 풍부해서 리드해야 멋있고 여자는 성 지식을 모른 척 숨겨야 사랑받는다고 생각하는 관계라면 오르가슴 같은 감정의 혜택이 모두에게 평등하게 분배될까요?

그럴 리 없습니다. 오르가슴은 표현할수록 커지고, 요구할수록 많아지며, 알려줄수록 분명하게 실현되니까요. 받았으면 받은 만큼 되돌려주고, 받고 싶으면 그만큼 선물하며, 긴 대화와 몸의 언어로 마음껏 표현하면서 관계의 평등을 즐겼으면 좋겠습니다. 즐기는 만큼 오르가슴에 한발 더 가까워지니까요.

사랑도, 애무도, 섹스도 주체적으로 내가 좋아하는 느낌을 찾아가면 그것이 곧 두 사람 모두가 행복해지는 방법입니다. 이런 주체적 연애는 반드시 더 행복한 연애로 당신을 안내해줄 것입니다.

내 몸
자존감

●

내 몸을 있는 그대로 보여주고
이야기할 권리

"여자 친구에게 애무를 해주고 싶은데, 처진 살을 만지다 보면 좀 징그러워요. 제가 날씬한 몸매를 선호해서 그렇기도 하지만 사랑하는 여자 친구라도 처진 살은 좀… 징그럽게만 느껴져요. 어쩔 때는 그 생각에 발기가 죽기도 합니다."

처진 살에 관한 내담자의 이런 생각은 주입된 것일 가능성이 큽니다. 한 뷰티 유튜버의 방송을 본 적이 있습니다. 꽤 많은 팔로워를 가진 인플루언서였는데, 동시 접속자와의 소통을 이어가다가 이내 옷을 갈아입으며 온라인 패션쇼를 하더군요. 거의 바비 인형에 가까운 몸매 덕분에 모든 옷이 잘 어울렸는데, 패션쇼 끝에 그녀의 손에 들린 건 마시면서 살을 빼게 해준다는 다이어트 제품이었습니다.

진짜 아름다움에 관해

유튜브를 비롯한 다양한 소셜네트워크, 심지어 공중파를 보다가도 종종 겁이 날 때가 있습니다. 연예인이나 소위 인플루언서의 모습이 과연 얼마나 '평균'을 대변할 수 있는가 하는 생각이 들어서입니다. 실현 불가능해 보이는 몸을 보여주며 '조금만 노력하면', '이 제품만 사용하면', '작은 도전과 실천만으로도' 성취할 수 있는 평균인 것처럼 말하니까요. 아직 자존감이 형성되지 않은 10대 청소년이나, 성인이지만 자존감이 부족한 사람들에게 얼마나 악영향을 줄지 걱정되지 않을 수 없습니다. 그런 사람을 보면서 허황한 몸의 목표를 설정하고, 결국 목표에 도달하지 못한 자기 모습을 비관하거나 자책하는 이들이 곧 심리상담의 안타까운 수요자가 되거든요.

다이어트뿐만 아니라 화장이나 성형 등 다양한 분야에서 적극적으로 활동하는 수많은 연예인이나 인플루언서는 그들의 의도는 어쨌건 심리상담사의 관점에서는 대중의 자존감을 잔인하게 무너뜨리는 빌런입니다. 그들이 제시하는 모습만이 미의 기준이라고 암묵적으로 대중을 가스라이팅하고 있거든요.

화장은 많은 여성의 얼굴을 아름답게 바꿔주지만, 사실 그 모습은 진짜 내가 아닙니다. "그 모습도 나 아닌가요? 나의 주체적인 노력으로 만들어진 모습이니까요." 네, 맞습니다. 그 모습 역시 내가 노력해서 창조한 나의 모습일 수는 있습니다. 다만 그 모습에 '주체적'이라는 수식어를 붙이고 싶다면 화장하지 않은 모습에도 자신이 있어야 합니다. 둘 다 당당하게 인정할 수 있다면, 그게 바로 '단단한 내 몸 자존감'입니다. 하지만 화장하지 않은 얼굴에는 자신이 없다면 그건 '단단한 내 몸 자존감'이 아닙니다.

미디어는 연일 아름다움의 기준을 제시하고 평가하며, 우리는 그 기준에 맞추려고 노력합니다. 겨드랑이나 다리, 심지어 음부의 털을 미느라 고통을 참고, 봉긋한 가슴선을 위해 온종일 브래지어에 짓눌려야 하죠. 질염 때문에 찾아간 산부인과에서는 "오른쪽 소음순을 조금만 잘라내면 예쁘게 좌우대칭이 되어서 남자친구에게 더 사랑받을 것 같아요"라고 제안하고, 거리의 광고판에서는 포토샵으로 보정된 얼굴과 몸매를 지닌 언예인의 사진이 "나를 좀 봐. 나와 비교해보면 네가 얼마나 못났는지 알 수 있을 거야. 나처럼 예뻐지고 싶어? 그럼 이 제품을 사"라고 속삭입니다.

우리가 '기준'이라고 생각하는 이 조건들은 도대체 누가 정한 걸까요? 여성의 겨드랑이나 다리에 털이 있으면 보기 싫고, 브래지어를 하지 않으면 가슴이 처지거나 유두가 두드러져 이상하다는 기준 말입니다. 분홍색을 띠며 좌우대칭이 선명한 외음부가 사랑받는 몸이고, 우윳빛 피부에 길고 찰랑거리는 머리카락, 군살 하나 없는 날씬한 몸매와 탱탱한 피부가 미의 기준인 것처럼 생각하는 게, 정말 인간이 본능적으로 타고난 아름다움을 향한 욕구일까요?

이제는 우리 모두 '아름다움'의 기준을 다시 한번 생각해보면 좋겠습니다. 내가 가진 몸, 그 자체를 아름다움으로 생각하는, 논쟁할 가치도 없는 이 진리가 바로 '내 몸 자존감'입니다.

역사적으로 억압받았던 다양한 사회적 권리를 현대에 들어와 많은 여성분이 되찾고 있듯, 맨 박스(Man Box)에 갇혀 슬프다, 외롭다는 표현 한마디 못 하고 우울증에 시달리던 남성이 펑펑 울거나 몸을 꾸밀 수 있는 권리를 점차 찾아가듯, 이제는 내 몸의 권리를 되찾았으면 좋겠습니다. 다 함께 힘을 모아 한목소리로 이야기하고 행동해야 비로소 변화가 시작됩니다. 내 기준에 조금 부족해도, 마음에 들지 않아도, 지금의 나는 세상에 하나밖에 없는 나이며, 그것이 곧 아름다움입니다. 여러분은 단단한 내 몸 자존감을 지니고 있나요?

못생긴 사람의
연애

"저는 못생겼습니다. 단순히 자신감이 부족한 게 아니라 객관적으로 못생겼습니다. 보통의 연애는 힘들 것 같아 원나잇을 시도한 적이 있는데 그때도 외모 때문에 거절당했습니다. 저는 진심으로 서로를 사랑해주고 육체적으로도 열정적인 연애를 하고 싶습니다. 하지만 어떤 남자가 제 얼굴과 몸을 보고 흥분할 수 있을까 걱정이 돼요. 제가 원하는 연애는 불가능할까요? 만약 그 소망을 이룰 수 없다면 저는 어떤 마음가짐으로 살아야 할까요?"

외모는 모든 것을 결정짓는 메인 변수일까요? 외모 관련 고민으로 힘들어하는 내담자가 보편적으로 듣게 되는 답변은 두 가지입니다. 그리고 두 가지 답변 모두 강력한 해결책이 될 수 있습니다.

첫 번째는, 좋은 직업을 갖거나 능력을 갖추거나 돈을 많이 모아 사회적으로 성공했다는 평가를 받으면 부족한 외모를 커버할 수 있다는 것입니다. 외모, 직업, 능력, 돈, 인성 모두 사람과의 관계를 돈독하게 하기도 하고, 멀어지게 하기도 하는 조건 중 하나이기에 나머지가 외모의 보완재가 될 수 있습니다. 어느 하나가 부족한 사람이라도, 다른 것을 더 중요하게 생각하는 사람에게는 매력적일 수 있으니까요.

물론 "조건으로 맺어진 사랑은 진실한 사랑이 아니다"라고 말할 수도 있습니다. 하지만 '조건'의 기준을 넓게 보면 어차피 모든 사랑에는 조건이 있습니다. '대화가 잘 맞는 것'도 조건이고, '따뜻한 인성'도 조건이며, 키, 학력, 돈, 직장 모두 조건입니다. 누구는 제복에 관한 판타지가 있고, 누구는 상대의 배려에 호감을 느끼며, 누구는 무조건 돈 많은 사람에게 대시하는데, 이 중 조건이 아닌 게 있을까요? 그러니 이런 조건 중 다수를 갖춘다면 나를 좋아해주는 사람을 곁에 둘 가능성이 커지는 건 당연합니다.

다만, 이런 조건을 외모의 대체재라고는 생각하지 않았으면 좋겠습니다. 연인을 유혹하는 모든 조건은 동등한 지위와 강도를 가집니다. 내가 가진 장점을 보고 나를 선택하고 사랑하는 사람을, 외모의 대체재 때문에 나를 선택한 사람이라고 폄훼하지 마세요. 사람은 매력 있는 사람에게 끌리기 마련이며, 그 매력을 만드는 조건은 정말 다양합니다. 이 세상을 혼자 살아갈 게 아니라면 사람들과 어울려 살아가는 데 필요한 매력을 갖출 필요가 있고, 그것은 대체재가 아니라 그 자체로 나의 가치를 높여줄 것입니다.

두 번째는, 외모보다는 내면의 아름다움이 중요하니 내면의 아름다움을 가꾸라는 것입니다. 예쁜 여자 싫다는 남자 없더라는 말로 까이기도 하는 답변이죠. 하지만 이 말이 지금까지 살아남은 건 다 이유가 있습니다. 사람들은 마음이 못생긴 사람보다 마음이 아름다운 사람에게 무조건 끌리기 때문입니다. 함께하면 즐겁고 행복하며 타인을 배려하는 아름다운 마음을 가진 사람, 타인의 부족함을 지식이나 행동으로 보충해주는 사람, 도움을 요청하기도 전에 먼저 행동하며 상대를 편안하게 해주는 사람이 있다면, 이런 사람을 싫어하는 사람이 세상에 있을까요? 내면의 아름다움은 외모와 무관하게 인간이 갖춰야 하는 필수조건에 가깝습니다.

물론 첫 만남이나 첫인상에서는 외모가 강력한 힘을 발휘합니다. 이것이 외모에 자신 없어 하는 사람들이 소개팅이나 ONS에서 실패를 반복하는 이유입니다. 하지만 외모는 후각과 비슷해서 익숙해지면 상대가 그 강도를 인지하지 못합니다. 외모가 익숙함에 묻히면 그때부터는 인간적인 호감과 정이 두 사람을 단단하게 엮어줄 것입니다. 이건 내면의 아름다움에서 시작하죠.

따라서 외모에는 다소 자신 없지만, 인간적인 매력과 호감을 지닌 사람들은 동료나 친구, 지인 등의 집단에서 연인을 찾는 것이 좋습니다. 안 그러면 내 가치도 알아보지 못하는 사람들 때문에 반복적으로 무너지는 자존감만 경험하게 될 테니까요.

외모라는 조건이 약해도 결국 모든 관계는 내가 만들어갈 수 있습니다. 만약 외모에 자신이 없다면, 무조건 이성이나 연인으로 다가가려 하지 말고 가벼운 인간관계부터 시작하세요. 물리적 거리를 좁히면서 인간관계를 쌓아가면 자연스럽게 나의 매력을 보여줄 수 있고 외모는 점차 무뎌지게 됩니다. 이것이 바로 연애의 전략이자 진정한 '내 몸 자존감'의 활용입니다.

뚱뚱한 사람의 연애

"저는 살면서 단 한 번도 제 몸에 불만을 느끼거나 부끄러운 적이 없었어요. 그런데 얼마 전에 남자 친구에게 뚱뚱하다는 말을 들었습니다. 뚱뚱해서 제가 좋은 거라고는 하지만 무슨 소용인가요? 사랑하는 여자에게 뚱뚱하다는 말을 쉽게 하는 남자 친구에게 너무 실망했습니다. 창피하고 부끄럽고 화도 나서 왜 그러냐는 남자 친구를 길에 두고 집에 와버렸어요. 남자 친구에게 이유를 말해야겠죠? 그래야 다음부터는 그런 말을 하지 않겠죠? 어떻게 하면 좋을지 알려주세요."

평소 내 몸 자존감이 높다고 생각했는데 누군가가 던진 뚱뚱하다는 말 한마디에 상처받았다면, 왜 상처를 받았는지 답을 찾아야 합니다. 그간의 자존감이, 객관적으로 내 몸을 뚱뚱하다고 생각하지 않아서였는지, 아니면 뚱뚱하다고 생각했지만 외부의 평가와 상관없이 내 몸을 바라볼 수 있는 단단한 내 몸 자존감 때문이었는지 말입니다.

타인의 평가는 때로는 마법처럼 나를 들뜨게 하고, 때로는 날카로운 칼날처럼 나를 찢어놓기도 합니다. 예쁘다, 멋있다는 말은 그 자체로 나를 대단한 사람인 것처럼 느끼게 해주고, 반대로 뚱뚱하다, 못생겼다는 말은 그 자체로 나를 마리아나 해구로 추락시키기도 하죠. 너무도 당연한 감정의 변화입니다.

하지만 자존감이 높은 사람은 추락한 바닥에서 오래 머물지 않습니다. 그들은 누군가의 평가 따위가 내 정체성을 규정하는 데 중요하지 않다는 것을 알고 있습니다. 내 인생의 주인공은 나인데 누가 감히 주인공을 평가한단 말인가요? 고작 대사도 몇 개 없는 조연들이 말입니다.

자존감이 강한 사람의 또 다른 특징은 칭찬으로 느꼈던 들뜬 감정 역시 오래가지 않는다는 것입니다. 언뜻 칭찬은 내 지존감을 높여주는 데 이바지할 것 같지만, 실제로는 아니거든요. 칭찬에 쉽게 들뜬 마음은 비난에도 쉽게 무너지니까요. 정말 높은 자존감은 타인의 평가에 연연하지 않는 것입니다. 나는 그저 나일 뿐이니까요.

따라서 남자 친구에게 뚱뚱하다고 말하지 말라고 하는 게 좋겠느냐는 질문의 답은 "그냥 하게 두세요"입니다. 오히려 그런 말을 하건 말건 아무렇지도 않게 받아들일 수 있도록 좀 더 강하고 단단한 내 몸 자존감을 장착하는 것이 낫다고 말씀드리고 싶습니다. 계속하게 해야 내가 단단한 자존감을 장착했는지도 확인해볼 수 있을 테니까요.

자연스러운 내 몸의 일부를 '부끄럽게' 생각하거나 '어색하게' 생각한다면 그렇게 교육받거나 세뇌당한 것은 아닌지 고민해볼 필요가 있습니다. 정말 그렇다면 이제는 내 몸에서 그 고정관념을 떼어낸 후 더 당당해질 필요가 있고요. 내 몸 자존감은, 있는 그대로의 나를, 적어도 나만은 철저하게 인정하고 응원할 때 지킬 수 있습니다.

자지는 자지고, 보지는 보지다

이 강렬한 문장은 사실 제가 만든 말은 아닙니다. 80년대 초반에 출간되었던 걸로 기억하는 책의 제목이었죠. 너무 오래된 책이라 이제는 작가나 출판사에 관한 어떤 정보도 찾을 수 없네요. 다만 어렴풋한 기억으로 유추해보면, 작가는 여성분이었고 아마 지금 기준으로 보면 페미니스트로 불릴 만한 사람이었던 것 같습니다. 떳떳하게 나의 성기를, 한글로 부르자는 취지의 제목이었거든요. 지금도 자지와 보지가 주는 선정성과 불편함이 이토록 강한데, 심지어 80년대에 저런 책이 출간되었으니 온전하게 서점에서 팔렸거나 지금까지 남아 있을 리가 없겠죠.

"저는 20대 여성입니다. 제가 섹스 중독인가 궁금해서요. 남자 친구만 보면 자지가 만지고 싶고 커지는 자지를 보면 빨고 싶은 욕구가 너무 강해요. 얼굴만 봐도 섹스하고 싶고 덮치고 싶고요. 직업상 재택근무를 하는데 어떤 날은 보지랑 클리를 만지면서 일을 하기도 합니다. 저 좀 이상한가요?"

제가 받아본 상담 중에서 자지와 보지라는 단어를 가장 자연스럽게 사용한 사연입니다. 이 단어에서 자유로운 분을 만나게 되니 얼마나 기쁘던지요. 자지와 보지를 국어사전에서 찾아보면, 자지는 '음경을 비속하게 이르는 말', 보지는 '음부를 비속하게 이르는 말'이라고 되어 있습니다. 한마디로 둘 다 저급한 비속어라는 말입니다. 정말 그럴까요?

자지와 보지의 어원에 관한 학설은 다양하지만 제가 가장 신뢰하는 어원은 '자지'는 '씨'를 뜻하는 '잦'에서 파생되었고, '보지'는 뿌리나 근원을 뜻하는 '본'에서 파생되었다는 설입니다. 보지는 만물의 근원이라는 뜻이고, 자지는 그 근원에 뿌려진 씨앗이라는 뜻이니 생명 탄생을 위한 성기의 기능을 철학적으로 재해석한 제법 훌륭한 단어인 셈이죠.

도올 김용옥 선생이 이런 말씀을 한 적이 있습니다.

"자지와 보지는 순수한 우리말이다. 도대체 왜 자지라는 가치 개방적인 좋은 우리말을 쓰면 추저분하고 비학문적이고, 서양 사람들에게 똑같은 의미를 전달하는 페니스라는 외국말을 쓰면 근사하고 학문적인지 나는 이해할 수 없다. 나는 어떠한 경우에도 보지와 자지는 양보할 수가 없다. 이것은 단순한 하나의 약속 체계일 뿐이니, 결코 음사(淫辭)가 아니다."

실제로 남성의 성기는 음경이나 페니스(Penis) 등으로 부르고 여성의 성기는 벌바(Vulva)나 음부 등으로 부르는데, 모두 영어나 한자입니다. 21세기 대한민국에서 아직도 영어나 한자로 표현하면 고상하고 수준 높은 말이고 우리말로 표현하면 저급하고 비속한 말이라는 의식이 남아 있다는 게 신기할 정도입니다. 최근에는 '소중이'라는 단어로 남성과 여성의 성기를 통칭하기도 하는

데, 왜 굳이 정확한 명칭이 아닌 은어를 사용해야 하는지도 안타깝습니다.

왜 우리말인 자지와 보지가 저급한 표현이 되었는지에 관해서는 다양한 원인 분석이 있겠지만, 개인적으로 생각하기에는 그 단어들이 욕설의 도구로 활용되었기 때문이 아닌가 싶습니다. 아무리 한글 사용의 정당성을 주장하고 싶어도 이미 생성된 저급한 이미지는 부정할 수 없기에 이 책에서도 자지와 보지라는 단어를 사용하지 않았습니다. 하지만 자지와 보지의 이미지를 변신시켜주고 싶은 마음이 가득합니다. 마음껏 말하다 보면 부정적인 이미지가 점차 사라져 우리말로 우리의 신체 기관을 마음껏 부를 수 있는 날이 오지 않을까요?

예쁘지 않은
외음부

"성기가 예쁘지 않아 고민입니다. 일단 많이 늘어나 있고, 착색된 부위도 보입니다. 갑자기 질이 늘어나기도 하나요? 전에는 색도 이렇지 않았던 것 같은데…. 제 몸이 왜 이러죠? 무슨 병이라도 걸린 걸까요?"

외음부의 생김새와 색깔에 관한 고민은 꽤 많습니다. 특히 인터넷에 떠도는 이미지나 상업적인 포르노에서 볼 수 있는 외음부의 모습과 다르다면 더 놀랄 수 있죠. 그런 영상에서 보여주는 외음부는 좌우대칭이 명확하고, 굵기나 길이도 아담하며, 심지어 색도 핑크빛이 완연하니까요.

하지만 모든 인간의 얼굴이 다양하듯 외음부의 구조물인 대음순과 소음순의 형태도 사람마다 정말 다양합니다. 생김새가 마음에 들지 않으면 성형은 가능하지만 그 생각이 주체적인 판단인지는 따져볼 필요가 있습니다.

대음순과 소음순은 외부 자극이나 오염으로부터 생식기를 보호하는 것이 일차적인 목적이기에 '늘어졌다'라는 느낌이 들 만큼의 길이로 외음부를 덮는 것이 일반적인 형태입니다. 또 몸의 다른 부위보다 멜라닌 색소가 풍부해서 그 부위가 더 검게 보이기도 하고요.

그럼에도 더 예쁜 외음부를 가지고 싶다면 그것 역시 자유입니다. 미용을 목적으로 하는 성형이라도 본인의 자존감을 높일 수 있다면 당연히 선(善)이니까요. 다만 이 판단이 주체적으로 이루어진 건지는 생각해볼 필요가 있습니다. '미용을 목적으로 하는'에는 이미 타인을 의식한다는 의미가 담겨 있으니까요. 타인을 의식한다는 건 이미 '주체적'과는 거리가 멀다는 것을 뜻합니다.

언제나 '나'를 기준으로 살아야 합니다. 그래야 후회가 없고, 상처받지 않으며, 항상 바른 판단을 할 수 있습니다. 언뜻 성형은 나의 욕망을 반영했기에 주체적인 결정처럼 보이지만 성형이라는 행위의 본질 자체가 타인에게 보여주는 미가 판단 기준이기에 어떤 논리로 포장한다고 해도 주체적일 수 없습니다.

타인이 내 기준이 되면 내 아름다움이 공격받았을 때 적절하게 대응하기가 어렵습니다. 만약 내 외음부가 못생겼어도 '그럼 어때. 내 몸인데'라는 내 몸 자존감을 갖췄다면 "네 거 좀 징그러워"라고 생각 없이 말하는 남자 친구의 말에도 "그래? 신기하네. 난 예쁘기만 한데"라고 선뜻 답할 수 있습니다.

내가 좋아서, 내가 아름다워지고 싶어서 한 성형이라도 타인의 삐뚤어진 평가를 만나면 나의 노력이 일시에 사라지는 느낌이 들고 자존감이 무너지는 것은 당연합니다. 주체적인 줄 알았지만, 그 판단 어디에도 '나의 기준'이 없었던 거죠. 앞으로는 다른 사람이 나를 예쁘게 봐주었으면 하는 마음으로 나를 바꾸지 마세요. 그게 바로 건강한 '내 몸 자존감'입니다.

내 몸 자존감의 적,
부끄러움

저는 오프라인 강연에서 주로 '어떻게 하면 좀 더 행복하게 섹스하고, 강렬하게 느낄 수 있는지'를 알려드립니다. 성인지감수성을 높이거나 성폭력을 예방하는 성교육은 다른 선생님들께서 잘해주고 계시니까요. 저는 사람들이 단 5분을 섹스하더라도 더 짜릿하고 더 행복하게 경험했으면 좋겠습니다.

그 방법 중 하나가 "천천히 그리고 부드럽게 삽입하세요"입니다. 말로만 들으면 감이 오지 않을 것 같아 이 이야기를 할 때는 종종 양손을 사용해 연습해보기를 권합니다. 왼손은 가만히 말아 질의 역할을 하고 오른손 엄지를 치켜들어 음경의 역할을 하면서 천천히 부드럽게 삽입하는 것을 연습하죠.

재미있는 건, 손 모양 만들어보라고 할 때는 모두 손을 번쩍 들어 씩씩하게 만들다가 그 손가락을 활용해 삽입의 감각을 느껴야 한다며 "오른손의 엄지를 말아 쥔 왼손으로 밀어 넣어보세요"라고 말하면 몇 명은 화들짝 놀라 손을 내린다는 것입니다. 청중의 연령대가 높을수록 이런 사람이 많아집니다. 그전에도 내 손이고, 역할을 부여한 이후에도 내 손일 뿐인데도 삽입을 상상하는 사실 하나로 부끄러워하는 거죠. 이것이 우리가 교육을 통해, 의도하지 않게 습득한 성기에 관한 부끄러움입니다. 성에 관한 내용을 열린 공간에서 다루는 것이 익숙하지 않은 거죠.

"저는 부끄러움이 많아서 남자 친구가 거기에 손을 대려고 하거나 입으로 하려고 할 때마다 싫다고 경악하며 소리치곤 했습니다. 그전에는 클리토리스도 모르고 손이 닿는 건 더러운 것 같고 입으로 하는 건 너무 부끄럽고 창피했거든요. 지금은 관계 중에 남자 친구가 클리토리스를 애무해주면 좋겠다는 생각이 들어요. 그 느낌이 궁금해서요. 솔직하게 말하기 너무 부끄러운데 자연스럽게 남자 친구가 클리토리스를 애무하게 할 방법은 없을까요? 남자 친구는 저를 성욕이 없는 여자로 알고 있어서 더 부끄러워요. 도와주세요."

성기에 관한 내 몸 자존감을 위해 제일 먼저 해야 할 일은 자기 성기에 익숙해져야 한다는 것입니다. 내 성기를 보고, 말하고, 만지는 데 익숙해져야 하죠. 특히 여성 중에는 자기 음부를 직접 본 적도 없는 분이 많습니다. 물론 남자와 달리 고개만 숙이면 바로 보이는 구조가 아니라서 번거로움이 있지만, 그보다는 '굳이 뭐하러', '부끄러워서' 등의 이유로 보지 않습니다. 하지만 나도 보지 못한 곳을, 나 자신도 사랑해주지 않는 곳을, 과연 남자 친구에게 사랑해달라고 하는 게 맞는 걸까요? 나도 내 몸의 어디를 어떻게 만져주면 행복한지 모르면서, 상대가 알아서 해주길 바라는 건 욕심일 뿐입니다.

보는 것도 이 정도니 만지는 건 말할 것도 없죠. 부끄러워서 만져주길 요구하지 못한다는 여성의 사연이나 여자 친구가 음부를 보여주지 않고 만지지도 못하게 한다는 남성의 사연이 제법 많습니다. 우리가 우리의 몸을 부끄러워하면 상대도 부끄러워해야 하는 대상으로 인지하고, 우리가 숨기고 드러내지 않으면 상대도 애써 찾아주려고 하지 않습니다. 지금보다 더 행복하고 쾌감 가득한 섹스를 하고 싶다면 내 몸에 당당해져야 합니다. 내가 행복해질 수만 있다면, 그게 타인에게 해를 끼치지만 않는다면 무엇이건 주저할 이유가 없습니다.

내 몸을 바라보고, 내 몸에 대해 말하고, 내 몸을 만지는 데 익숙해져야 합니다. 연인의 몸을 바라보고, 연인의 몸에 대해 말하고, 연인의 몸을 만지는 데 익숙해지면 금상첨화고요. 그렇게 내 몸과 연인의 몸에 대한 부끄러움을 모두 지웠을 때 비로소 내 몸 자존감이 장착되며, 그렇게 장착된 내 몸 자존감은 나를 오르가슴의 정상으로 벅차게 밀어 올릴 것입니다.

질과 자궁, 생리와 임신을
터놓고 말하기

얼마나 많은 여성이 내 몸 자존감을 지니고 있는지는, 얼마나 많은 여성이 자기 몸에 관해 열린 마음으로 타인과 이야기를 나누는지를 보면 알 수 있습니다. 2020년 4월 영국의 여성용품 브랜드 보디폼(Bodyform)에서는 1,000명이 넘는 여성을 대상으로 관련 조사를 시행했습니다. 조사 결과는 예상대로 그다지 건강한 편은 아니었습니다. (출처: www.bodyform.co.uk/break-taboos/our-world/uncovering-the-unknown-on-womens-bodies)

조사에 따르면, 여성 세 명 중 두 명은 신체 변화에 관한 이야기를 나누는 것에 부정적입니다. 여성의 44퍼센트는 자기 경험을 공개적으로 공유하지 못해 정신건강에 부정적인 영향을 받고 있죠. 하지만 68퍼센트는 이런 이야기를 가족이나 친구들과 나누는 것이 문제 해결에 도움이 될 거라고 생각합니다. 그래서 59퍼센트는 유산, 자궁내막증, 완경, 난임처럼 암묵적으로 금기시되는 주제라고 해도 대화해야 한다고 생각하죠. 이야기를 나누면 나아진다고 생각하면서도 막상 부끄러워 말하지 못하는 상황인 셈입니다. 내 몸 자존감이 부족해서 그렇습니다.

'생리'라는 주제에서는 상황이 더 심각합니다. 처음 생리를 하는 소녀 중 48퍼센트는 이미 배워서 알고 있음에도 어찌할 줄 몰

라 당황합니다. 그중 30퍼센트는 생리에 대해 이야기를 나눌 사
람이 없어 외로움을 느끼고 41퍼센트는 학교 친구들이 그 사실을
알게 되는 것을 두려워하죠.

성인이 되어도 상황은 나아지지 않습니다. 여성의 41퍼센트는
생리가 새거나 피가 흐르는 이야기를 굳이 누군가에게 하는 걸
TMI라고 생각하며, 여성의 절반은 생리용품을 직장에 숨겨야 한
다고 생각합니다. 가족에게 노출되는 집보다는 개인의 영역이 보
장되는 회사가 생리용품을 숨기기에 낫다고 생각하는 거죠.

특정 시점이 되면 여성은 완경의 영향으로 생리가 중단되는데,
이때 여성의 3분의 1은 이 자연스러운 변화를 아무에게도 말하지
못해 홀로 고통받고, 41퍼센트는 자신을 '늙은 사람'으로 낙인찍
을까 봐 말하지 않습니다.

섹스에 관한 문항도 크게 다르지 않습니다. 여성 중 55퍼센트
는 성적 쾌락과 관련한 이야기를 하면 오해를 받을 거라고 생각
하고, 다섯 명 중 한 명은 섹스를 즐긴다고 말했다가 문란한 여자
로 취급받은 적이 있다고 답했습니다.

이처럼 자의적으로 그리고 타의에 의해 만들어진 침묵 문화는
여성과 관련된 금기를 강화하고 결국 여성의 정신건강에 나쁜 영
향을 주게 됩니다. 이제부터는 성(性)과 신체 변화를 주변 사람들
과 터놓고 공유하세요. 실질적인 도움을 얻지는 못하더라도, 문

제를 다른 사람과 상의하는 것만으로도 슬기롭게 대처하고 풀어
나가는 데 도움이 됩니다. 그 대상이 남자 친구라면 섹스할 때 성
적 쾌감이 높아지는 장점까지 얻을 수 있죠. 함께 나누는 만큼 행
복해지고, 안전해지니까요.

처진 가슴
콤플렉스

"이제 스물아홉 살인데, 가슴이 좀 이상해요. 너무 처졌어
요. 가슴이 커서 그런 것도 있지만 남들보다 더 처진 건 확
실합니다. 나이 들어 처진 거라면 어쩔 수 없지만 그것도
아니니 어떻게 해야 할지 모르겠습니다. 성형을 심각하게
고민 중인데, 어떡하면 좋을까요?"

아무 의미도 없는 고정관념 때문에 스트레스를 받거나 심지어
수술까지 하는 영역 중 하나가 바로 처진 가슴에 관한 고민입니
다. 분명하게 말하지만, 스물아홉이 아니라 그보다 더 어린 나이
라도 가슴은 처질 수밖에 없습니다. 처지지 않은 봉긋한 가슴은
판타지일 뿐입니다. 흔히들 생각하는 예쁜 가슴은 유두가 꼿꼿이

도드라져 있으며 봉긋한 타원 라인에 상하좌우가 거의 대칭인 형태를 말하는 것 같습니다. 이런 가슴은 수술이 아니면 불가능하며 포르노에나 등장하는 판타지일 뿐이죠. 왜냐고요?

유두 부위는 주로 지방으로 구성되어 있어 아무리 쿠퍼 인대가 처짐을 막아줄 만큼 단단한 나이라고 해도 중력의 힘을 거스르는 건 불가능합니다. 유방에는 근육이 없고 지방이 많을수록, 즉 가슴이 클수록 중력의 영향을 더 많이 받으니 가슴이 크면 처지는 건 운명과 같습니다. 운동으로 가슴 근육을 단련해 가슴을 봉긋하게 만들려고 노력하는 사람도 있지만, 유방에는 근육이 없어서 단련 자체가 불가능합니다. 운동을 하면 유방의 지방조직 기저부에 있는 근육이 단단해질 뿐입니다. 가슴이 덜 처져 보이게 하고 싶다면 자세를 바로잡는 것이 도움이 됩니다. 가슴을 펴고 시선을 상방 15도 이상으로 유지하면 가슴 전체가 끌어 올려져 조금 덜 처져 보이거든요.

여성 유방의 일차적인 존재 목적은 아이에게 젖을 먹이기 위함이기에 봉긋한 유방은 애초에 존재할 수가 없습니다. 만약 산모의 가슴이 봉긋하고 유두가 정면으로 도드라져 있으면 아이를 눕히고 산모가 엎드려서 젖을 먹이거나 아이의 입에 유두를 물리기 위해 아이를 들어 올려야 할 겁니다. 인간을 창조한 조물주는 우리 생각보다 훨씬 더 현명하게 우리의 몸을 디자인한 거죠.

계속 여성의 유방은 처질 수밖에 없다고 말했지만, 가장 하고 싶은 이야기는 가슴이 다소 처졌건 아니건 간에 하찮은 고정관념으로 정신건강을 해치지 말라는 것입니다. 만에 하나 남자 친구가 처진 가슴 어쩌고 저쩌고 하면 이렇게 말해주세요.

"넌 도대체 야동을 얼마나 자주 보는 거야?"

넓은 질 콤플렉스

"새로 사귄 남자 친구와 첫 성관계를 했는데, 끝나고는 자기가 관계해본 여자 중에 제가 가장 질이 넓다고 도대체 남자관계가 얼마나 문란했냐고 하더군요. 어이없고 불쾌해서 크게 화를 내고 헤어졌는데, 솔직히 찔리는 게 없지는 않습니다. 20대 초반인데 이 사람이 여섯 번째 남자 친구거든요. 진짜 성관계를 많이 할수록 질이 넓어지나요? 남자가 느낄 만큼이나요? 그렇다면 질을 좁혀준다는 수술을 헤야 할까요?"

질은 성관계를 많이 한다고 넓어질 수 있는 기관이 아닙니다.

질벽은 탄력이 매우 뛰어나서 무엇이 삽입되건 딱 그만큼만 벌어집니다. 즉, 음경이 삽입될 때는 음경의 굵기만큼 넓어지고 아이가 태어날 때는 아이의 머리둘레만큼 넓어지죠. 탄력이 뛰어난 만큼 회복력도 뛰어나서 음경이 질에서 나오면 즉시 원래대로 돌아갑니다. 물론 아이가 태어나는 것은 질에도 엄청난 스트레스라서 원래대로 돌아오는 데 3개월 이상의 시간이 필요하죠. 질의 넓이가 유의미하게 넓어지는 일은 여러 명의 아이를 출산하는 것 그리고 노화 정도입니다. 아이를 여러 명 낳으면 질 근육의 회복력이 약해지고 노화 역시 탄력과 회복력에 영향을 주니까요.

여성의 몸에는 클리토리스라는 성감 기관이 있는데, 클리토리스의 몸체는 질을 둘러싸고 있습니다. 성적으로 흥분하면 클리토리스는 남성의 음경처럼 혈액이 가득 차 부풀어 오르면서 발기하죠. 클리토리스의 몸체가 발기하면서 뚱뚱해지니 그만큼 강한 강도로 질을 압박하게 됩니다. 그렇게 질 내압이 올라가면 질 안에 들어와 있는 음경을 조이고, 이 느낌을 남자들은 흔히 '꽉 찬다'라거나 '단단하게 조여준다'라고 표현합니다.

즉, 남자 친구가 관계 중 질이 넓다고 느꼈다면 그건 성적으로 여자 친구를 충분히 흥분시켜 클리토리스를 발기시키지 못했다는 뜻입니다. 나를 성적으로 흥분시키지 못하는 남자를 계속 만날 이유가 있을까요? 내 몸 자존감을 단단하게 장착한 후 앞으로는 내 몸에 대해 스트레스를 주는 사람에게 이렇게 말해주세요.

"꺼져!"

아직도 처녀막
타령을?

"남자 친구와 처음으로 관계를 했을 때 피가 나지 않았습니다. 정말 저는 첫 경험이었거든요. 남자 친구가 조금 실망하는 기색을 보여서 왜 내 말을 믿지 않나 서운해서 울었어요. 그런데 세 번째 관계를 한 후 침대가 너무 축축해서 보니까 피로 적셔져 있는 거예요. 저도 남자 친구도 너무 놀랐습니다. 남자 친구도 이제야 믿는다고 하고요. 첫 관계가 아닌 세 번째 관계에서 처녀막이 터질 수도 있는 건가요? 다행이긴 한데 좀 찝찝하기도 합니다."

2021년 7월 27일, 국립국어원 표준국어대사전에서는 '처녀막'의 뜻을 '질 입구 주름의 전 용어'라고 수정했습니다. 우리가 이제껏 사용했던 처녀막이라는 단어는 역사 속으로 사라진 거죠. 그렇다면 '질 입구 주름'은 무엇일까요?

질 입구 주름은 질 입구를 둘러싼 주름 형태의 섬유조직입니다. 머리를 묶을 때 사용하는 곱창 머리끈을 상상하면 됩니다. 흔히 질 입구를 막고 있는 얇은 막을 상상하지만 질 입구 주름은 대부분 막혀 있지 않습니다. 만약 막혀 있었다면 초경이 나오지 못해 문제가 되겠죠. '전부'가 아니라 '대부분'이라는 표현을 쓴 것은 극히 일부의 여성에게서 막힌 질 입구 주름이 발견되기 때문입니다. 앞서 말한 것처럼, 이런 상황은 의학적으로 응급상황입니다.

질 입구 주름은 사람마다 생김새가 달라서 어떤 사람은 거의 보이지 않기도 합니다. 따라서 질 입구 주름의 존재 여부와 성관계 경험 여부는 아무런 연관이 없다고 봐야 합니다. 질 입구 주름이 성관계로 파열될 수도 있고 성관계 후에도 멀쩡하게 존재할 수도 있으니까요. 질 입구 주름은 질의 다른 피부조직처럼 탄력이 있어 자유롭게 늘어나기 때문입니다. 손상되지 않은 질 입구 주름은 질 입구에 피부조직으로 남기도 하고, 여러 번의 성관계로 인한 마찰로 뒤늦게 사라지기도 합니다.

첫 성관계에서 종종 혈흔이 비치는 이유는 음경이 처음으로 질에 삽입되면서 질 입구 주름에 상처를 주기 때문입니다. 질 입구 주름의 모양과 삽입의 강도, 애액의 정도와 음경의 굵기 등이 모두 질 입구 주름이 사라지는 결정요인이 됩니다. 그렇기에 첫 성관계에서 혈흔이 비치는 여성은 절반도 채 되지 않습니다.

질 입구 주름 따위로 나의 성관계 여부를 확인하려고 하거나 어떤 근거로건 내 권리인 성관계 여부를 확인하고 판단하려고 하는 남자 친구와는 더 깊은 사이가 되기 전에 멀어지는 것이 좋습니다.

"남들의 시선을 의식하지 않는다."
"여자도 근육을 만든다."
"굳이 심경의 변화가 없더라도 머리를 짧게 잘라본다."
"식스팩이 없어도 내 몸은 멋지지만 한번 욕심내본다."
"대머리로 보여도 좋다."
여러분도 이처럼 내 몸 자존감이 높은 사람이 되어주길 바랍니다. 편견과 고정관념에 반항하며 자신감과 결단력을 보여주고, 때로는 진지함에서 벗어나 장난스럽게 하루를 살아보는 경험은 나를 믿고 사랑하는 데 도움이 됩니다. 단단한 내 몸 자존감만 장착하고 있으면 세상에 두려울 게 없답니다.

내 존재
자존감

●

연애를 주체적으로
이끌어가는 비결

"저는 어려서부터 자존감이 높았습니다. 집도 어느 정도 살았고 공부도 잘했고 외모도 빠지지 않았으니까요. 그런데 남자 친구가 바람을 피웠습니다. 저에게서는 기대할 수 없었던 애정과 보살핌을 그 여자로부터 받아서 마음이 움직였다고 하네요. 자존감이 바닥까지 무너지는 느낌입니다."

앞에서 '내 몸 자존감'에 대해 이야기했다면, 지금부터는 일반적으로 우리가 자존감이라고 부르는 '존재 자존감'에 대해 이야기해보겠습니다. 줄여서 '자존감'입니다.

언제부터인가 우리 사회에서 자존감이라는 단어가 중요해졌습니다. 상담의 측면에서 보면 더없이 바람직합니다. 국민 한 사람 한 사람이 단단한 자존감을 갖출 수만 있다면 그것만큼 건강한 사회로 가는 지름길은 없을 테니까요.

타인의 인정에 좌우되는 자신감

사람들에게 "자존감이란 무엇일까요?"라고 질문해보면 '우리 사회가 이 단어를 제대로 이해하고 사용하고 있는 걸까?'라는 의문이 듭니다. 의미 자체를 잘못 알고 있을 뿐만 아니라 종종 자존감과 자신감을 혼동하기도 하니까요. 둘은 하늘과 땅만큼 차이가 큰 데 말입니다. 자존감은 어떤 상황에서도 자기를 존중하고 가치 있는 존재라고 인식하는 마음을 말합니다.

앞의 사연에서 내담자는 '남자 친구의 말에 자존감이 무너진다'라고 표현했습니다. 하지만 무너진 내담자의 감정은 자존감이 아니라 자신감입니다. 자신감은 타인의 인정을 바탕으로 만들어지기에 타인의 인성이 사라지면 무너지지만 자존감은 타인의 인정에 흔들리지 않습니다.

SNS도 자신감의 좋은 사례입니다. 상담사의 시각으로 보면

SNS에서 활발하게 활동하는 사람 중 다수는 '타인의 인정'이라는 에너지가 필요한 사람들입니다. 내가 잘살고 있다는, 내가 행복하다는, 내가 좋은 사람과 연애하고 있다는, 내가 돈을 잘 벌고 있다는 타인의 인정이 필요한 거죠. 그래서 '좋아요'와 부러움 가득한 댓글, 응원 메시지를 보고 나서야 잘살고 있다고 안심하곤 합니다.

물론 응원과 격려의 품앗이는 좋은 문화입니다. 서로 에너지를 주면서 힘이 된다면 말입니다. 하지만 실질적인 도움이 동반되지 않는 SNS에서의 응원과 격려는 자아를 지탱해주기에는 한 줌 모래에 불과하고 허망하기까지 한 형식적인 인정인 경우가 대부분입니다.

가끔은 '나는 타인의 인정을 받기 위해 SNS를 하는 게 아닐까'라고 고민해보길 바랍니다. 사실 SNS는 정신건강에 바람직하지 않습니다. '카페인 우울증'이라는 말이 있습니다. '카페인'은 카카오 스토리, 페이스북, 인스타그램의 약자로 타인이나 자신의 SNS를 보며 과도하게 감정의 기복을 경험하는 증상을 말합니다. 많은 현대인이 카페인 우울증에 시달리고 있죠. 만약 내가 SNS에 접속하지 않으면 불안하다거나 너무 자주 SNS를 확인한다거나 댓글 유무나 내용에 민감하다거나 타인이 게시한 사진이나 글에 부정적인 감정을 쉽게 느낀다면 당장 SNS를 끊는 것만이 답입니다.

자신의 모습에 당당하고, 자신의 삶을 사랑하며, 자신의 결정에 믿음을 갖고, 자신을 사랑하는 사람은 '타인의 인정'이라는 에너지가 필요 없습니다. '나'를 존중하는 그 단단한 신념은 감당하기 어려운 고통이나 사건을 만나도 흔들리지 않는 보호막이 되니까요. 타인의 시선을 의식하지 않고 나를 위해서 작동하는 진짜 자존감은 어떤 상황에서나 나를 지켜주는 역할을 합니다.

단단한 자존감을 장착하지 못한 것이 오직 우리의 잘못은 아닙니다. 우린, 성교육을 제대로 받지 못한 것처럼 '자존감'에 관한 교육 역시 받지 못했으니까요. 아니 교육받지 못했을 뿐만 아니라 오히려 그 반대의 환경에서 자랐습니다. 우리는 어려서부터 타인의 인정을 갈구하며 살아갈 수밖에 없도록 훈련받았거든요. 부모님, 선생님, 친척 등 수많은 사람으로부터 "착하다", "공부 잘한다", "대단하다", "부럽다", "예쁘다" 등의 말을 들어야 잘사는 것으로 배웠고, 그런 말을 들으려고 노력하며 살아왔으며, 그런 말을 들으면 무척 좋아합니다. 그게 우리에게 독(毒)이라는 생각은 하지도 못한 채 말입니다.

"칭찬은 고래도 춤추게 한다"라는 말이 있습니다. 이 말을 뒤집으면 "고래는 칭찬이 있어야 춤출 수 있다"가 됩니다. 하지만 칭찬 따위가 없어도 고래는 춤출 수 있어야 합니다. 우리는 칭찬을 갈구하다 결국 칭찬이 없으면 춤을 추지 못하는 고래가 되어버렸습니다. 누군가의 칭찬은 나의 자신감을 올려주기도 하고 낮추기도 하면서 칭찬의 꼭두각시로 살게 하죠.

혼자서도 춤을 잘 추는 고래가 되고 싶다면 우선 칭찬에 귀를 닫는 연습이 필요합니다. 타인의 인정을 양분으로 살아왔어도 더 이상 타인의 인정을 바라지 않고 타인의 존재나 평가 자체를 무시할 수 있게 되면 비로소 자신만의 영역이 생깁니다. 그 누구의 영향도 받지 않고 스스로 성장하는, 칭찬 따위가 없어도 얼마든지 춤출 수 있는 건강한 영역 말입니다. 그게 바로 자존감입니다.

타인의 평가에 좌우되지 않는 자존감

"칭찬이 아니라 나를 욕하거나 비하하는 나쁜 이야기를 무시할 수 있어야 자존감이 강해지는 거 아닌가요? 칭찬 같은 좋은 이야기는 들으면 들을수록 자존감에 도움이 되는 거 아닌가요?"

언뜻 일리 있는 말이지만 사실은 반대입니다. 나쁜 이야기를 무시할 수 있어야 자존감이 강해지는 게 아니라 단단한 자존감이 있다면 나쁜 이야기를 무시할 수 있는 것입니다. 타인의 평가에 감정이 쉽게 좌지우지되지 않는 게 바로 자존감이니까요.

그리고 칭찬 같은 좋은 이야기를 많이 들었을 때 생기는 건 자존감이 아니라 자신감입니다. 자존감과 자신감을 혼동하면 안 됩니다. 자존감은 스스로 자신을 높게 평가하는 마음이고, 자신감은 타인의 칭찬 같은 외부의 영양분으로 자라나는 감정입니다. 자존감은 외부의 영양분이 필요 없습니다. 나 자신의 존중만 있으면 되니까요.

비교를 통해 자신을 높게 평가하는 마음도 자존감이 아니라 자신감입니다. 키를 예로 들어볼까요? 내가 A보다 키가 크면 자신감이 생깁니다. 하지만 자신감의 맹점은 나보다 더 키가 큰 B가 나타나면 사라진다는 것입니다. 따라서 자신감을 유지하기 위해서 사람들은 두 가지 바람직하지 않은 방법을 사용합니다.

하나는, 누군가를 이기기 위해 죽을 만큼 노력하는 것입니다. 이 방법은 '발전'이라는 관점에서는 괜찮아 보이지만, '행복'이라는 관점에서는 최악입니다. 현재보다 더 높은 곳으로 올라가기 위해 필사적으로 노력한다는 건, 바꿔 말하면 영원히 누군가보다 낮은 자신감을 가진다는 것과 같은 의미니까요. 사람들은 수많은 자기계발서를 읽으며 오히려 우울해합니다. 책을 읽으며 자신의 모습과 비교해 스트레스를 받기 때문입니다. 지금보다 더 나아져야 한다는 스트레스, 지금보다 더 열심히 살아야 한다는 스트레스 말입니다. 버리세요. 그래도 됩니다.

다른 하나는, 내 위에 있는 것을 아래로 끌어내리는 것입니다. 학교나 사회에서 종종 볼 수 있는 모습이죠. 내가 올라가기 위해 상대를 찍어 누르는 행위 말입니다. '함께 행복하게 살아가는 공동체'와는 거리가 먼 이 방법이 우리를 행복하게 해줄 가능성은 적어 보입니다.

반면 자존감은 다릅니다. 자존감은 남들이 나를 어떻게 보건 그 무엇과도 비교하지 않고 '나'를 인정하고 존중하며 아끼는 마음입니다. 키가 160센티미터인 남자에게 누군가 "키가 작아서 불편하시겠어요"라고 말해도 불쾌해하거나 화내지 않고 "에이, 얼마나 좋은 게 많은데요. 오히려 저는 키 큰 분들이 불편해 보이던데요?"라고 말할 수 있다면 그 사람은 정말 자존감이 높은 사람입니다. 누가 뭐라 하건 나를 인정하고 아끼며 존중하는 마음을 지니고 있으니까요. 이렇듯 칭찬과 무관하게 존재하는 것이 자존감입니다.

자존감은 누가 키워주는 것이 아닙니다. 그저 내가 나를 인정하고 타인의 말이나 반응을 무시할 수 있으면 됩니다. 이유나 근거도 필요 없습니다. 누군가가 "넌 뭐가 있어서 그렇게 자존감이 높아?"라고 묻는다면 이렇게 대답할 수 있어야 합니다.

"자존감은 그냥 내가 나를 인정하면 되는 거야. 내가 뭘 가지고 있거나 어떤 지위에 있다고 해서 높아지는 게 아니거든."

그러므로 타인의 인정을 바라는 마음을 내 안에서 지우는 작업은 단단한 자존감을 형성하는 데 꽤 도움이 됩니다. 타인이 나에게 던지는 칭찬을 한 귀로 듣고 한 귀로 흘리는 연습을 하다 보면 비난을 흘려듣는 것도 자연스러워지거든요. 타인의 평가에 무뎌지면 어떤 말에도 상처받지 않는 단단한 마음을 지니게 됩니다. 진정으로 타인의 인정과 비난 모두에 초월한 '자존감 높은 나'가 탄생하는 것입니다.

자존감과 연애의
상관관계

"또 남자 친구와 헤어졌습니다. 아니, 차였습니다. 항상 남자가 저에게 질린다는 건 아무래도 제 문제겠죠? 제가 약간 집착이 있긴 하지만 친구들 말로는 차일 정도는 아니라고 하는데, 왜 다들 저를 떠나갈까요? 계속 그러다 보니 자존감이 떨어집니다. 새로운 사람을 만나는 것도 무섭고, 사랑하는 사람의 말도 믿지 못하게 되는 것 같아요. 저는 어떡하면 좋죠?"

어느 삽화에서 사랑을, 이가 빠진 동그라미가 덜컥덜컥 구르며 세상을 돌아다니다가 만나는 조각 하나하나를 몸에 끼워보는 모습으로 묘사한 걸 본 기억이 납니다. 참 멋진 비유라고 생각했습니다. 이가 빠진 동그라미가 가장 아름답고 멋진 재료를 찾아 그것을 자기 몸의 빠진 이에 딱 맞는 모양으로 다듬은 후 끼워 넣는다고 묘사한 게 아니라, 만나는 조각 하나하나를 다른 모양으로 변형하지 않고 있는 그대로 자기 몸에 끼워본 후 맞지 않으면 포기하고 그런대로 잘 맞으면 그것을 자기 몸의 일부로 인정하기 때문입니다.

이처럼 사랑은 상대를 나에게 맞추는 과정이 아니어야 건강하게 오래갈 수 있습니다. 건강한 사랑은 상대방을 있는 그대로 인정하는 것에서 출발합니다. 그 모습까지 사랑해줄 수 있다면 금상첨화겠지만, 만약 그러기 어렵다면 인정은 해야 합니다. 인정조차 할 수 없다면 두 사람은 인연이 아니라고 보는 것이 합리적입니다.

그럼에도 연인을 놓치기 아까워서 내가 원하는 방식으로 연인을 바꾸려고 한다면 그 사랑은 불행으로 향합니다. 사랑의 필터를 입힌 상태라면 연인은 기꺼이 그렇게 해줄 수 있겠죠. 하지만 그 필터가 사라지고 나면 그 자리에는 나에게 맞춰주는 것을 버겁고 힘겨워하는 지친 연인만 남게 될 것입니다. 연인의 지친 마음은 결국 나를 향한 감정의 화살이 되고 나는 그 화살을 "사랑이 식었다"라는 문장으로 규정하고 헤어짐을 준비하게 되는 거죠. 그러니 처음부터 상대를 있는 그대로 인정하고 받아들이는 건강한 사랑을 해야 합니다.

반대로 연인을 정말 사랑해서 자기 스스로 변하는 사람도 있지만 이 역시도 바람직하지 않습니다. 초기에는 서로 호감을 느낄 수는 있어도 안타깝지만 오래 이어지지 않습니다. 결국 상대는 내 본질을 인지하게 되고 마찬가지로 "변했다"라는 문장으로 규정한 후 이별을 준비하게 될지 모릅니다.

서정윤 시인은 건강한 사랑을 "둘이 만나 서는 게 아니라 홀로 선 둘이 만나는 것이다"라고 표현했습니다. 둘이 만나 서로를 향해 다가가며 서로를 닮아가려고 하는 바람직한 노력까지 부정하는 건 아닙니다. 결론만 해피엔딩이라면 그 노력은 아름답기까지 하니까요. 다만 이런 사랑이 결실을 보려면 서로 맞춰가는 과정에 영원히 지치지 않거나 서로 닮아가는 그 상태에 만족하고 행복할 수 있어야 합니다. 그야말로 불가능에 가까운 이상향이죠.

가장 건강한 사랑은 자기 모습을 잃지 않고 '홀로서기'를 단단하게 유지한 상태에서 상대의 모습을 그대로 인정하며 사랑에 집중하는 관계입니다. 이때 '홀로 선다'라는 말이 바로 자아 존중과 자존감의 개념입니다. '나'의 가치와 소중함을 알고, 타인에게 의지하지 않고도 건강하게 삶을 살아가고, 그렇게 넘치는 사랑을 타인에게 나눠줄 수도 있는 것이 홀로서기입니다.

반대의 개념으로는 '결핍과 소유'가 있습니다. 우리는 종종 부족한 무언가를 타인에게서 얻으려고 사랑을 선택하거나 누군가를 사랑한 순간 그 사람을 내 것으로 규정하는 사랑을 하곤 합니다. 이 역시 사랑의 한 형태지만 조건이 붙은 사랑이기에 절대 건강하지 않습니다. 건강하지 않으니 지속 가능하지도 않고 조건이 사라지면 사랑의 고리도 약해지기 마련입니다.

'나'를 존중하고 사랑하면 더 건강하게 사랑할 수 있습니다. 이 것이 타인을 사랑하기 이전에 나를 사랑하는 법부터 배워야 하는 이유이고 건강한 사랑에 자존감이 필요한 이유입니다. 물론 행복한 연애란 무조건 '나'를 중심으로 만들어지는 건 아닙니다. 행복한 연애에는 두 사람의 관계에서 발생하는 배려와 노력이 꼭 필요하니까요. 상대가 행복해하는 포인트를 고민하고, 상대의 관점에서 생각하려고 노력하며, 상대가 좋아하는 것을 행동으로 옮기는 것. 두 사람의 관계를 적극적으로 유지하고 지키려는 노력과 의지가 결국 연애를 더 행복하게 만들어줍니다.

행복하게 연애하려면 상대를 배려하면서 홀로서기를 해야 합니다. 홀로서기를 해야 한다고 하면서 상대를 배려하라니 헷갈린다고요? 그건 '홀로서기'를 '이기적인'과 같은 뜻으로 이해했기 때문에 생기는 오해입니다. 사랑하는 사람을 진심으로 배려할 수 있는 여유는 단단한 자존감에서 비롯됩니다. 나에게 만족하고, 나를 아끼는 사람이 더 깊이 상대를 이해하고 아끼고 배려할 수 있습니다.

자존감 높이는 방법

"자존감을 높이는 방법은 무엇일까요? 저는 학생 때 공부를 못했지만 열심히 공부해서 지방대에 갔습니다. 그런데 사람들은 지방대 학생이라 대화가 힘들다며 흉을 봤습니다. 그래서 다시 죽을 만큼 공부해서 서울에 있는 대학에 편입했습니다. 이제 학교에 대한 만족도는 높지만 저는 우울합니다. 저의 내면은 우울한데 겉모습을 치장하는데 시간을 씁니다. 진로는 확실히 정했지만 제가 뭘 좋아하고 싫어하는지도 잘 모르겠습니다. 저는 언제까지 남의 말에 휩쓸리고 우울해해야 할까요?"

자존감에 대해 비슷한 질문을 많이 받습니다. 자존감이 그렇게 좋다고 해놓고 어떻게 만들 수 있는지, 어떻게 유지할 수 있는지 이야기하지 않는다면 정말 무책임하겠죠. 자존감을 높이는 가장 좋은 방법은 어려서부터 사랑받고 존중받으며 자라는 것입니다. 사랑받고 자란 사람은 자신이 얼마나 소중한 사람인지 굳이 설명해주지 않아도 스스로 믿게 됩니다. 이런 사람은 자존감을 유지하는 방법도 체화되었기에 웬만한 외부 자극에는 상처를 입거나 꺾이지 않습니다. 굳이 노력하지 않아도 되는, 부모 잘 만난 금수저라고나 할까요?

그런 환경에서 자라지 않았다고 해도 실망할 필요는 없습니다. 안타깝게도 환경이 도와주지 않는다면 내가 환경을 만들어주면 되니까요. 가장 먼저 할 일은 '나를 사랑하는 것'입니다. 너무 당연하다고요? 하지만 "당신은 자신을 사랑합니까?"라는 질문에 단 1초의 망설임도 없이 "네, 당연하죠"라고 답하는 사람은 많지 않습니다. 나르시시스트라는 오해를 받을 만큼 뻔뻔하게 대답할 수 있어야 하거든요. 만약 조금이라도 주저했다면 인내를 가지고 다음의 내용을 읽어주세요.

내가 나를 사랑한다는 건, 누군가를 사랑하게 됐을 때 그 사람에게 하는 행동을 나에게 해주면 된다는 뜻입니다. 사랑에 빠지면 상대방이 세상에서 가장 예쁘고 멋있어 보입니다. 소위 콩깍지 혹은 필터라고 하죠. 그렇게 제일 먼저 나에게 반하면 됩니다.

나에게 반할 만한 조건이 없다고요? 그렇다면 최면이라도 걸기 바랍니다. '나는 예쁘다, 똑똑하다, 매력적이다'라고 말입니다.

다음은 나의 말과 행동을 칭찬합니다. 어려운 건 여기부터인데, 굳이 칭찬받을 일이 아니어도 칭찬해야 한다는 겁니다. 수업이 다섯 개나 있는 날인데, 단 하나도 지각 없이 출석했다면 다른 학생도 다 하는 일이라고 평가절하하지 말고 칭찬해주면 됩니다. 그렇게 하루에도 수십 번의 칭찬을 나에게 쏟아붓기를 바랍니다.

앞에서 칭찬은 독이라고 하지 않았냐고요? 그건 타인의 칭찬을 말합니다. 타인의 칭찬은 내가 원한다고 받을 수 있는 게 아니니까요. 하지만 내가 나에게 하는 칭찬은 언제든지 원하면 받을 수 있고, 무한히 받을 수도 있으니 독이 되지 않습니다. 나의 칭찬은 자존감에 필수요소입니다.

주기적으로 나에게 선물을 주는 것도 좋습니다. 이어폰이 갖고 싶었는데 가격이 부담스러웠다면 칭찬받을 일을 했을 때 큰맘 먹고 나에게 선물하세요. 꽃집에서 본 꽃다발이 너무도 탐스럽다면 꽃을 선물해보세요. 아무 이유 없이 줄 때는 다소 사소한 선물로, 정말 칭찬해야 할 일을 했을 때는 다소 부담스럽더라도 좋은 선물을 수세요.

마지막으로 모든 기준을 나에게 맞추고 나를 위한 결정을 하세요. 내가 결정한 무언가가 타인과도 연결되어 있다면 그 과정에서 이기적이라는 말을 들을 수도 있습니다. 하지만 타인에게 해를 준 것만 아니라면 '아, 이제 나도 자존감이 높아졌구나'라고 생각하고 무조건 실행하면 됩니다.

내 외모와 행동, 성과, 말 등에 관한 타인의 평가를 오직 나의 필요에 의해서만 받아들이고, 내게 도움이 되지 않는다고 판단했다면 과감히 버립니다. 무조건 나를 사랑하고, 존중하고, 인정하고, 칭찬해줍니다. 이유 같은 건 필요 없습니다. 무조건입니다.

'타인을 배제하기'도 중요합니다. 내 인생의 주인공은 나입니다. 그 외 모든 사람은 지나가는 사람 1, 2, 3이죠. 따라서 그들의 어떤 기준도 나를 평가하는 요소가 될 수 없습니다. 타인의 기준에 맞춰야 한다고 고민하지 말고 오직 나를 기준으로만 생각하고 행동하면 됩니다.

비록 사랑하는 연인이 주는 것이라 해도 타인의 평가와 관심은 끊어내기 바랍니다. 내 자존감에는 하나도 도움이 되지 않는 부정적인 습관입니다. 다시 한번 말하지만, 세상 그 누구도 나를 평가할 수 없습니다. 나는 오로지 '나'만 평가할 수 있습니다. 그리고 그 평가는 언제나 긍정적일 것입니다.

이런 원칙에 따라 제일 먼저 할 일은 '1승을 하는 것'입니다. 연패의 늪에 빠진 팀이 연패에서 벗어나는 가장 좋은 방법은 1승을 하는 것입니다. 너무도 당연한 이 말에 큰 의미가 있는 이유는, 그 1승이 이후 경기에 자신감을 불어넣는 계기가 되고, 또 다른 승리를 만드는 디딤돌이 되기 때문입니다.

아주 사소하고 뻔해서 잘할 수 있는 것을 정하고 그것을 해냈다는 사실을 자존감의 먹이로 사용합니다. "좋았어. 이걸 해내는 걸 보니 역시 난 잘났지." 이렇게 말입니다. 다만, 주의해야 합니다. 무조건 성공할 수 있는 정말 쉬운 것이어야 합니다. 다이어트 같은 무시무시한 것 말고 '밥 먹고 5분 산책하기' 같은 사소한 것이어야 한다는 말입니다.

자존감 유지하는 방법

"남자 친구와 헤어진 지 1년이 넘었는데, 아직도 전 남자 친구의 인스타그램에 들어갑니다. 저는 일도 잘 안 풀리고, 부정적인 생각 때문에 연애도 못 하는데 전 남자 친구는 나한테 상처 준 건 다 잊고 새 여자 친구 만나 행복해 보여 괴롭습니다. 전 남자 친구가 불행했으면 좋겠다고 매일 기도할 만큼 자존감이 낮아졌습니다. 왜 이렇게까지 이 관계와 감정을 못 놓는 건지 이제는 모르겠어요."

인간은 근본적으로 사회적 동물이기에 사람들과 어울려 살아가다 보면 보기 싫어도 타인의 우월함을 볼 수밖에 없습니다. 그렇게 마주친 타인의 우월함은 나의 열등감으로 되돌아오곤 하죠. 괜찮습니다. 당연한 감정입니다. 오히려 그 감정 때문에 "자존감을 높이려고 이렇게 노력하는데, 난 왜 이러지?" 하며 자책하는 게 더 나쁩니다.

애써 타인의 우월함을 무시하거나 평가절하하는 것도 바람직하지 않습니다. 내 안에 열등감이 있다는 걸 증명하는 거니까요. 그저 생각이 떠오르는 순간, 아무 생각 없이 뇌의 전원을 내리면 됩니다. 아무 생각도 할 수 없게 뇌의 기능을 정지시키는 거죠. 바로 무시입니다.

자존감을 유지하기 위한 또 다른 노력은 오버하지 않는 것입니다. 열심히 노력해서 자존감을 올려본 경험이 있는 사람은 그 짜릿한 쾌감에 취해 더 강한 자극을 원하게 됩니다. 내가 더 가치 있는 무언가를 장착하면 그만큼 더 자존감이 높아질 거라고 착각하는 거죠. 무리한 학력이나 직업, 분수에 넘치는 자동차, 명품이나 성형수술 등 주로 타인에게 보여주는 외적인 요소가 자신의 가치를 대변한다고 착각하면 건강한 자존감이 아니라 불안한 자신감만 가지게 됩니다. 이런 것의 맹점은 가진 것이 사라지고 나면 가치 없는 사람이 되고 만다는 것이죠.

그렇다고 일부러 좋은 것을 외면하고 멀리할 필요는 없습니다. 착하고 근면하게 사는 것이 곧 자존감이 높은 것은 아니니까요. 그런 것을 누리건 못 누리건 큰 의미를 두지 않고 억지로 소유하거나 떼어내려고도 하지 않고 그저 그대로의 나를 유지하면 됩니다. 그 어느 것에도 무너지지 않는 견고한 자존감은 그렇게 유지될 수 있습니다.

'남자'와 '여자'는 버리자

•

남자와 여자가 아닌
그저 인간이다

"남자 친구는 정말 섹스밖에 몰라요. 제 마음은 무시한 채 자기가 하고 싶으면 무조건 관계를 요구하고, 싫다고 하면 화부터 냅니다. 이기적이라면서요. 도대체 누가 이기적인 건지. 그럴 때는 나를 몸 파는 여자로 생각하나 싶은 생각까지 들어요. 내 감정은 무시한 채 자기의 성욕만 생각하니까요"

"여자 친구와 헤어지고 싶습니다. 연애 초에는 서로 좋아서 만날 때마다 관계를 가졌는데, 지금은 거의 섹스리스 수준이에요. 단칼에 거절하거나 넌 그거밖에 모르냐고 화 내지만 말고 왜 하기 싫은지, 내가 어떻게 하면 좋겠는지 알려주면 상처가 되지는 않을 것 같아요."

인간관계를 다루는 많은 전문가가 남자와 여자는 달라도 너무 다르다고 말합니다. 살다 보면 그 사실을 깨닫게 될 때가 있는데, 그럴 때는 남자와 여자는 다른 행성에서 살던 다른 종족이어서 닮은 구석이 하나도 없다고 생각하면 마음이 편하다고 하죠.

남자와 여자는 다르다?

남성과 여성의 특성을 다루는 대표적인 말이 여성은 커뮤니케이션을 중시하는 종족이고 남성은 자존심을 중시하는 종족이라는 말입니다. 여성은 대화를 좋아하고 문제를 해결하기 위해서도 대화를 활용하지만, 남성은 긴 대화보다는 해결책부터 제시하려고 하고 자존심이 망가지는 일은 피하려고 한다는 거죠.

그래서 전문가들은 "그러니 서로에 대해 좀 더 잘 알고, 아는 만큼 이해하고 공감해주며 갈등을 줄여보자"라고 말합니다. 갈등을 해결하기 위해서는 무척 바람직한 대안이죠. 하지만 안타깝게도 근본적인 문제 해결을 위한 전략으로는 그다지 바람직하지 않습니다. 우선 남녀의 성향이 정말 본능의 문제인지가 의문입니다. 여성 중에는 미주알고주알 대화하는 것보다 간단하게 해결책을 제시하고 끝내는 걸 더 선호하는 사람이 없을까요? 남성 중에는 대화와 공감을 더 중요하게 생각하는 사람이 없을까요?

백번 양보해서 전부가 아니라 대부분이 그렇다고 해도, 그건 남녀의 생리적 차이에서 발생한 문제라기보다는 역사와 사회, 문화와 가치관이 만들어낸 차이일 가능성이 큽니다. 남성은 군림하면서 자존심과 해결책을 중시하게 되었고, 여성은 약자의 위치에서 서로 협력하며 견뎌내야 했으니까요. 사회 전반적으로 남녀평등이 당연시된다면 이 문제를 '남녀의 차이'라고 보지 않고 '개개인의 특성'으로 보게 될 것입니다. 만약 여성이 군림하고 남성이 지배당하는 시대가 온다면 커뮤니케이션은 남성의 특성이 될지도 모르죠.

이런 사회의 흐름을 무시한 채 남자와 여자가 지닌 본능의 차이로만 치부해버리면 남자와 여자의 차이는 또 하나의 고정관념이 될 가능성이 큽니다. '여자는 무조건 공감만 해주면 돼', '남자는 단순하니까 밥만 잘 먹이면 말 잘 들어' 등의 고정관념은 여자에게도 때로는 남자에게도 한 가지 방법으로만 대응하게 하는 빌미가 될 수 있습니다. 개인의 특성은 무시한 채 기계적으로 대응하는 게 과연 근본적인 해결책일까요?

"남자 친구는 싸우면 연락이 안 됩니다. 그러지 말라고 해도 항상 똑같아요. 그럴 때마다 무시당한다는 느낌이 들어 더 화가 나거든요. 어떻게 해야 할까요?"

"여자 친구는 언제나 아무 생각 없이 말합니다. 남자 사람 친구가 많은 것도 질투 나는데 심지어 그 녀석들의 잘난 점을 아무렇지 않게 말하거든요. 모양 빠지게 화를 내기도 그렇고 듣고 있자니 부아가 치밀어요."

물론 대화나 자존심이 남녀에 관한 고정관념이라고 하더라도 현재의 평화를 위한 전술로는 장착해둘 필요가 있습니다. 남자 친구가 싸움을 회피하고 자기만의 공간에 틀어박혀 대화를 거부한다면 다그치기보다는 성향 자체를 인정하고 시간을 줘서 문제를 고민하게 둔다거나, 여자 친구가 남자 사람 친구에 대해 이야기하며 그 친구를 칭찬하거나 부러워하더라도 소통을 좋아하는 여자 친구의 성향이라고 인정한 후 포용력 있게 들어주는 등의 기술은 당장의 문제 해결을 위한 전술로는 최고라는 뜻입니다.

원래의 대화 주제를 유지하며 대화하는 것 역시 남녀의 문제가 아닌 커뮤니케이션으로써 훌륭한 전술입니다. A라는 주제로 대화를 시작했으면 A에 관한 솔루션으로 대화를 마쳐야 하는 거죠. 만약 대화가 A로 시작해서 B로 갔다가 C를 건너 심지어 Z로 끝난다면 그 대화는 불화의 강을 건널 수도 있습니다.

-A 주제의 질문

"어젯밤 집에 도착하면 나 자도 괜찮으니까 전화하라고 했어, 안 했어? 도대체 몇 시까지 술을 처먹은 거야?"

-바람직한 A 주제의 답변

"새벽 2시쯤 왔나? 너무 취해서 깜빡했네. 미안해."

-옳지 않은 B 주제의 답변

"뭐? 처먹어? 넌 왜 매사에 말을 그렇게 함부로 해?"

앞으로는 상대가 지닌 특성을 파악하고 그 특성에 현명하게 대처하는 전술을 활용하되, 그 과정을 남자와 여자라는 조건으로 포장하지 않았으면 좋겠습니다. 남자와 여자는 다르다는 고정관념 대신 내 남자 또는 내 여자는 이렇다는 막강한 이해력을 장착해주기를 바랍니다.

돈 버는 여자,
설거지하는 남자

"저희 커플은 6(남자 친구):4(저) 정도 비율로 데이트 비용을 냅니다. 남자 친구가 밥을 사면 저는 커피, 남자 친구가 점심을 사면 저는 저녁 등 대충 번갈아 내고 있어요. 그런데 모텔비나 여행 갈 때 숙박비는 꼭 남자 친구가 냅니다. 저도 처음에는 모텔비를 여자가 내는 건 좀 그런 것 같아서 별생각 없었습니다. 그러다 한번은 숙박비를 혼자 내는 게 부담될 것 같아서 '나도 낼까?' 하고 말했는데 남자 친구가 이런 건 자기가 내고 싶다고, 그게 자존심인 것처럼 말하더라고요. 생각할수록 이상합니다. 남자 친구가 억지로 데려가는 것도 아니고 서로 원해서 가는데 왜 숙박비는 남자 친구가 내는 거죠? 왜 저는 모텔비를 내는 게 꺼려진 걸까요?"

사람들은 종종 "남자는 숫자와 계산에 강하고, 여자는 글과 음악에 강하다"라고 말합니다. 여자는 남자보나 경제관념이 없어서 대학교 경제학과에는 여자보다 남자가 훨씬 많다는 터무니없는 편견도 있죠. 사실 이런 편견을 만드는 건 남녀의 차이가 아니라 우리의 고정관념입니다. 우리는 어려서부터 남자아이는 이성적이고 여자아이는 감성적이라고 세뇌받으며 자랐습니다. 남자아이가 여자아이보다 수학 문제를 더 잘 풀고 여자아이는 남자아이보다 음악에 더 재능이 있다고 생각하는 사람이 많죠.

남자가 여자에게 하는 "평생 돈 안 벌어도 되게 지켜줄게"라는 말이 로맨틱한 표현인 것처럼 통용되고, 남녀가 동거할 집을 알아보러 가면 부동산중개사는 주로 남자 곁에서 설명합니다. 결혼한 지 오래된 여성 중에는 '투자'라는 단어만 나와도 겁부터 내는 분도 많습니다. 그런 건 남편이 다 알아서 했다고 말이죠. 하지만 젊은 세대의 데이트 현장에서는 남녀가 내는 돈이 반반으로 나뉘고, 회사에서도 여성 상사를 다수 마주할 수 있을 뿐만 아니라, 남자와 여자에게 어울리는 직업이라는 개념 자체도 점점 희미해져 가고 있습니다. 세상이 변해가고 있는 것입니다.

이제 우리는 남녀의 차이를 인지하고 그에 맞춰 대응하는 것이 아니라, 남녀 구분 없이 모두를 인간으로 인지하고 대해야 합니다. 그렇게 되면 여성이 결혼 상대를 고를 때도 남성의 경제적 능력은 큰 의미가 없어지겠죠. 남성의 수입이 부족하면 여성이 벌면 되고 둘이 함께 벌면 더 바람직하니까요. 물론 여성이 오랫동안 직업을 유지하며 돈을 벌기 위해서는 선행되어야 하는 조건이 있습니다. 나라에서 육아를 책임지는 것입니다. 그러면 육아 때문에 경력이 단절되는 여성이 없어질 테고, 여성 평균 연봉과 남성 평균 연봉의 균형도 맞춰질 수 있겠죠. 대한민국의 심각한 출생률 저하에도 도움이 될 것이고요.

이 바람직한 방향에 더욱 속도를 높여야 여성이 정당한 대우를 받으며 세상을 살아갈 수 있고, 남성이 짊어지게 될 생계의 압박에서도 벗어날 수 있습니다. 그렇게 둘 다 멋지게 홀로 서면 행복한 부부가 될 가능성은 두 배 이상 높아지겠죠. '돈 버는 여자, 설거지하는 남자'가 자연스러워지고 '함께 벌어 함께 쓰는 남녀'가 가득한 세상이 연애하기 좋은 세상입니다.

페미니즘에서
휴머니즘으로

어쩌다 우리 사회는 페미니즘이라는 단어에 불에 덴 듯 화들짝 놀라게 되었을까요? 학창 시절에 시험 성적 차이로 대표되는 여성의 힘을 경험했던 20~30대 남성은 여성이 이미 권력을 가진 기득권 세력으로 보였을 테니 오히려 역차별받는다고 느끼는 것 같습니다.

하지만 사회에서의 남녀 생활을 고찰해보면 아직 대한민국에서는 여자로 사는 것이 남자로 사는 것보다 더 힘든 게 사실입니다. 단순히 힘이 들 뿐만 아니라 때로는 고통스럽기도 하죠. 이건 정확하게 차별 때문입니다. 여기서 차별이란 단순히 무언가를 더 받고 덜 받는 것만을 의미하지 않습니다.

예를 들어, 남성이 여자 친구와 1박 2일로 여행을 간다고 하면 부모는 대개 "아이만 만들지 말아라"라고 말합니다. 하지만 여성이 남자 친구와 1박 2일로 여행을 간다고 하면 부모는 절대 못 가게 하거나 허락하더라도 제발 몸조심하라고 말합니다. 심지어 남자 친구가 아닌 여자 친구들과 여행을 간다고 해도 "남자 조심해"라고 말하죠. 남자는 자신의 미래만 지키면 되지만, 여자는 몸도 지켜야 하는 겁니다. 하지만 이런 차별은 시작일 뿐입니다.

남성이 성매매 업소에 갔다가 들켰다면 쓰레기라고 욕을 먹을 수는 있지만 인생이 끝나는 일은 없습니다. 대개는 한순간의 비난과 "다음부터는 그러지 말아라"라는 충고 정도로 마무리되죠. 하지만 여성이 성매매 업소에 갔다가 들켰다면 그 여성에게는 '헤픈 여자'라는 주홍 글씨가 새겨질 뿐만 아니라 사회에서도 매장당할지도 모릅니다.

ONS도 마찬가지입니다. 남성이 원나잇을 하면 상대가 어떤 여자인지, 좋았는지를 묻지만 여성이 원나잇을 하면 앞으로는 그러지 말라는 충고를 듣거나 헤픈 여자 취급을 받게 됩니다. 남성이 모여 야한 이야기를 하거나 사진, 동영상을 공유하는 건 그 나이 때 할 수 있는 당연한 성적 호기심이지만 여성이 모여 야한 이 야기를 하거나 사진, 동영상을 공유하면 "결혼은 어떻게 하려고" 라는 소리를 듣겠죠.

연인이 촬영했던 성관계 동영상이 유포되어도 상황은 마찬가지입니다. 분명 남녀가 함께 섹스한 동영상인데 남성이 사회적으로 매장되는 일은 거의 없습니다. 심지어 여성은 연인과 섹스할 때도 불법 촬영을 조심해야 하고, 데이트 폭력이나 스토킹으로 상해를 입거나 사망하는 사건의 피해자도 대개는 여성입니다.

남녀가 같은 말이나 행동을 해도 세상이 그것을 인지하고 평가하는 방법은 다릅니다. 그런데도 이제는 차별이 없다고 말할 수 있을까요? 대개의 남성이 이 차별을 잘 인지하지 못하는 것은 이기적이어서가 아니라 몰라서라고 생각합니다. 직접 겪어보지 않으면 이해하기 어려운 법이니까요. 하지만 가족, 친구, 선배, 동료 등 주변의 여성을 붙잡고 한 시간만 대화해보면 곧 깨닫게 될 겁니다. 이 사회에서 여성으로 살아간다는 것이 얼마나 힘든 일인지. 그 깨달음 후에는 아마 이런 말을 하게 될지도 모르죠.

"그런 일을 당하면서 어떻게 살아요?"

페미니즘은 차별받는 여성의 지위를 남성과 동등하게 만들자는 철학입니다. 보다 평등하고 보다 안전하게 말입니다. 절대 여성의 권리만을 옹호하고, 여성의 우월성을 주장하며, 남성에게 불이익을 주거나 남성을 혐오하자는 사상이 아닙니다. 남자를 무너뜨려야 남녀평등이 이루어진다는 망가진 사고를 하는 극소수의 여성이 존재할지는 모르지만 다수는 그렇지 않습니다. 페미니스트의 정의는 정확히 '모든 사람이 평등하다고 믿는 사람'입니다. 그러니 모든 인간이 평등한 세상이 온다면 페미니즘이라는 단어는 없어져도 됩니다. 페미니즘이 아니라 휴머니즘으로 불릴 테니까요.

어떤 사람이 페미니스트인지 아닌지를 판단하는 조건은 '여성을 옹호하는가?'가 아니라 '모든 사람을 인간으로서 존중하는가?'입니다. 어떤 사람의 말과 행동을, 선동적인 메시지를, 무심코 사용하는 관습적인 언어나 생각을, 인간 평등과 인간 존중의 건강한 가치관을 기준으로 판단한다면 당신은 이미 페미니스트입니다.

2016년에 강남역 근처 한 건물의 화장실에서 살인사건이 발생했습니다. 저는 이 사건을 계기로 대한민국이 여성이 살아가기에 얼마나 위험한 나라이고 여성을 상대로 하는 범죄가 얼마나 쉽게 저질러지고 만연하며, 우리가 그 범죄에 얼마나 무감각한지를 깨닫게 되기를 바랐습니다. 이 사건을 계기로 더 많은 남성이 여성의 고통을 '이해'하고 '공감'하기를 바란 거죠. 하지만 이후 벌어지는 시위를 보며 다소 난감해졌습니다. 사건에 관한 의견을 제시하지 않는다는 이유만으로 남성을 '침묵과 방관으로 일관하는 가해자'로 취급한다거나 시위에 'Men Stop Killing Woman'이라고 쓰인 피켓까지 등장했기 때문이죠. 범인이 했던 살인이라는 범죄 행동은 사라지고 그 자리에 남성이라는 껍데기만 남아버린 셈입니다.

　인간은 그가 지닌 조건이 무엇이건 그것만으로 가치 평가되지 말아야 합니다. 단지 돈이 없다는 이유로 누군가의 가치가 평가 절하되지 말아야 하는 것처럼, 단지 여성 혹은 남성이라는 이유로 그 사람의 가치가 판단되면 안 됩니다. '여성이 안전하게 살아갈 수 있는 사회'는 너무도 훌륭한 구호지만, 그 사회를 만들기 위해 남성 전체를 비난하고 매도한다면 그건 또 다른 차별의 시작일 뿐입니다. 남자와 여자는 이 사회에서 함께 살아가야 할 동지(同志)기에 남성을 비난하거나 조롱하기보다는 여성의 현실을 남성들에게 분명하게 인지시키고 아픔을 함께 느끼게 하는 '공감'의 전략을 사용해야 합니다. 그것이 곧, 인간은 성적으로 차별받지 않아야 한다는 페미니즘의 철학입니다.

　누군가를 특정 집단에서 떼어내고 싶다면 '너는 그들과 달라'라는 메시지를 반복적으로 주입하면 됩니다. 특정 조직에서 누군가를 떼어내 우리 편으로 만들 때 주로 사용되는 방법이죠. 즉, 여성 인권 운동가늘이 남성 내다수를 범죄자 남성으로부터 분리하는 방법은 "당신은 그런 범죄자와는 다르니 우리와 함께 나아가자"라는 메시지를 던지는 것입니다.

반대로, 그 집단과 같은 조건을 지니고 있다는 것만으로 개인의 개성을 무시한 채 모두를 한 무리로 취급한다면 남성은 근본적으로 범죄자와 자신은 다르다고 생각하면서도 본능적으로는 뭉칠 수밖에 없습니다. 그것이 다수의 남자가 여성을 살해한 범인에게 분노하고 대중교통 성추행범을 경멸하면서도, 그 범인을 특정하지 않고 남성이라는 일반화의 올가미로 묶으려는 일부 왜곡된 주장에 거부감을 느끼는 이유입니다.

남녀동지 (男女同志)

"남자 친구가 자꾸 저를 전 여자 친구와 비교합니다. 전 여자 친구는 여성스러웠는데 넌 무슨 여자가 그런 걸 좋아하냐고요. 헌법에 여자는 스포츠나 게임 좋아하면 안 된다고 쓰여 있냐고 화를 내면 그제야 농담한 걸 가지고 왜 화를 내냐고 합니다. 사실 남자 친구의 핀잔에 자꾸 열등감이 생겨요. 제 취향이 여자 같지 않고 이상한가요?"

우리는 종종 '여자처럼' 또는 '여자답게'라고 말하곤 합니다. "여자처럼 그게 뭐니?" "여자답게 행동해야지." 마치 여자라는 단어에 암묵적으로 약속한 어떤 부정적인 정의라도 있는 것처럼 말입니다. 여자라는 단어에 특정한 정의가 있는지는 잘 모르겠지만, '여자처럼'에는 여자를 낮춰 부르는 비하의 개념이 있다는 건 느낄 수 있습니다. '여자처럼' 뒤에 따라붙는 말이나 그 말을 하는 사람의 의도 자체가 대부분 부정적이니까요.

남녀 모두 인간으로서 동등한 인격을 지니고 있고 인간이라면 누구나 국가, 인종, 성별, 나이, 종교, 성적 취향에 따라 차별받지 않아야 한다는 대전제에서 보면 이 표현이 언어구조와 사회통념에서 사라져야 한다는 데는 아무도 이견이 없을 것 같습니다.

같은 개념으로 여성이 사용하는 '여자니까'라는 표현 역시 사라져야 합니다. 물론 여성이 남성보다 근육량이 적고, 힘이나 체력에서 다소 부족한 것은 사실입니다. 하지만 이 사실이 여자가 특정 일이나 직업을 하지 말아야 한다는 근거가 될 수는 없습니다. 나는 여자니까 힘쓰는 일은 남자가 해야 한다고 주장하거나, 나는 여자니까 위험하거나 노동강도가 힘든 직업은 피해야 한다고 생각하는 것은 '여자'라는 말 뒤에 숨어 자신을 합리화하는 모습으로밖에 보이지 않습니다.

'여자라서'에 우월적인 성향을 남은 표현 역시 반감을 일으킬 수밖에 없습니다. 여자라서 남자보다 현명하고, 감성적이며, 이해력이 높고, 합리적인 판단을 하며, 포용력이 높고, 예술성도 강하며, 사교적이기까지 하다는 주장은 근거가 없습니다. 사람마다 더 그런 사람과 덜 그런 사람이 있을 뿐이죠.

"20대 여성입니다. 최대한 남자 친구를 즐겁게 해주고 싶은데 남자 애무는 너무 어려운 것 같습니다. 제가 궁금한 건 회음부인데요. 원래 회음부를 자극해주면 남자가 사시나무 떨듯이 느낀다고 들었는데 남자 친구는 싫어하네요. 오럴 애무나 해달라고 합니다. 사람마다 차이가 있는 건지 아니면 정말 남자는 애무를 좋아하지 않는지 궁금합니다."

남자라서 애무를 좋아하지 않는다고요? 그렇게 맨 박스에 갇혀 있으면 결국 자기만 손해입니다. '남자니까', '남자라서'라는 말이 역사적으로 남자의 우월성과 자부심을 표현하는 말로 사용된 것도 안타깝지만, 동시에 그 말이 얼마나 남자의 행동을 제약하는지에 대해 생각하면 참 안타깝습니다.

역사적으로 남자는 '남자니까'라는 표현 뒤에 숨어 여성과의 차별을 대놓고 요구하거나, 성희롱을 상호 묵인하고, 사회적 권리를 인정받아온 게 사실입니다. 하지만 과연 그게 남자에게 좋기만 한 일일까요? 남자라는 이유로 슬퍼도 눈물 흘리지 말라고 강요받고, 여린 감정도 표현하지 말아야 했으며, 싸우고 싶지 않아도 싸워야 했고, 타인의 도움이나 위로를 받는 것에 창피해하며 홀로 버텨야 했는데도요? 전혀 행복했을 리가 없습니다.

"뭐야, 사내자식이 쪽팔리게 질질 짜기나 하고." "남자가 그것도 못 해?" "야, 남자가 쪽팔리게 그런 걸 하냐?" 여성이 어려서부터 수많은 성폭력과 성차별을 경험하는 것처럼 남성 역시 어려서부터 수많은 왜곡과 강박에 시달립니다. 그 심각성 면에서 단순 비교되어서는 안 된다고 생각할 수도 있지만, 지금은 누가 더 불행한가를 비교하는 게 아니라 남녀 모두가 직면한 차별에 관한 이야기를 하는 중일 뿐입니다.

더군다나 남성이 겪는 왜곡과 강박과 여성의 겪는 성폭력과 차별은 별개의 상황이 아니라 정확하게 원인과 결과로 맞물려 있습니다. 자신의 감정을 솔직하게 표현하지 못했던 남자아이가, 또는 '남자에게 폭력은 자부심'이라고 교육받은 남자아이가, 또는 남자라서 할 수 있는 것과 할 수 없는 것과 해야만 하는 것이 명확하게 구분된 사회에서 자라온 남자아이가 타인을 배려하고 타인의 감정에 공감하며 타인의 아픔을 내 아픔처럼 느끼는 성인 남자로 자랄 가능성은 거의 없으니까요. 그렇게 자란 남성 중 일부가 성폭력과 차별의 가해자가 되는 것입니다.

남자의 지위나 권리를 주장하는 대신 의무를 강조하고, 여성의 권리를 대변해 평등을 이야기하는 남자가 더 멋있습니다. 여자의 권리나 특징만을 주장하는 대신 남자의 아픔을 이해하고 공감하며, 성별에 따른 역할 분담에 대한 고정관념 없이 모든 행동에 솔선수범하는 여자가 더 멋있습니다. 이렇게 자신이 여자임을, 또 자신이 남자임을 주장하지 않는 것을 당연하게 생각하는 사람들이 모이면 그때부터 두 성별은 진정한 동지(同志)가 됩니다.

남성과 여성은 함께 이 사회를 건강하게 바꿔야 하는 동지입니다. 여성은 "남자가 문제"라고 말하는 대신 일부 남성의 범죄를 막을 수 있도록 함께 행동하자고 남성에게 손을 내밀고, 남성은 페미니즘이나 여성을 혐오하는 대신 나도 왜곡된 남성성에 갇혀 누군가에게 피해를 주고 있는 건 아닌지 돌아보며, 서로에게 손을 내밀면 좋겠습니다.

남녀동지를 막는,
성폭력

흔히 성폭력 교육이라고 하면 남성에게는 이런 행동은 성폭력이니 조심하라고 알려주고, 여성에게는 이런 상황이 닥치면 이렇게 대응하라고 알려주는 교육을 말합니다. 이 두 가지 모두 너무도 중요하지만 아쉽게도 여기에는 두 가지 영역이 빠져 있습니다. 하나는 성폭력을 목격했을 때 필요한 목격자 교육이고, 다른 하나는 나에게 성폭력의 의도가 없음을 상대에게 분명하게 전달하는 방법입니다. 성폭력의 가해자와 피해자가 될 가능성만큼, 성폭력을 목격할 가능성도, 성폭력범으로 오해받을 가능성도 있으니까요.

꽤 많은 여성이 적어도 한번은 공공장소에서의 성추행이나 성희롱을 경험합니다. 여성 대부분은 공감하겠지만 다수의 남성은 '일부겠지'라고 생각할 가능성이 큽니다. 대개 남성은 이 사안의 심각성을 잘 인지하지 못합니다. 자신이 당하지 않으니 얼마나 흔한 일인지 이해할 수 없고, 이런 소재가 언급될 때마다 남성 전체가 범죄자인 것처럼 취급받는 게 불편해서이기도 하겠죠. 하지만 한 번이라도 성폭력에 대해 진지하게 고민해본 남성이라면 나의 어머니, 누이, 여자 친구, 아내의 삶과 밀접하게 연관된 이 주제를 쉽게 무시하기는 어려울 것입니다.

남성이 이 사안의 고통을 제대로 이해하고 싶다면, 피해자의 위치에 나를 두고 가해자의 위치에는 여성이 아닌 남성을 대입해보면 됩니다. 전철을 탔는데 조직폭력배처럼 덩치가 큰 남성이 내 몸을 만지거나 의도적으로 성기를 내 엉덩이에 비빈다고 생각해보세요. 그런 상상을 힐 때 느껴지는 불쾌하고 역겨운 감정을 다수의 여성이 경험하고 있습니다.

목격자도
적극적으로

"출근길 지하철에서 성추행을 목격했습니다. 40대 남성이 혼잡한 틈을 타 한 여성의 뒤에서 엉덩이에 손을 대고 있었어요. 대놓고 만지는 건 아니지만, 군중이 몰리면 손바닥과 엉덩이가 밀착되는 식이었습니다. 처음 보는 일이라 당황하기도 했고 그 남자가 주변을 두리번거릴 때는 무서워서 시선을 피할 수밖에 없었습니다. 정말 도와주고 싶었는데…. 또 이런 일이 생기면 제가 어떻게 해야 할지 알려주세요."

공공장소에서 성희롱이나 성추행을 당했을 때 대응하는 방법에 대해서는 아는 사람이 많습니다. 가장 바람직한 건 도망가지 못하게 한 후 경찰에 신고해 가해자를 검거하는 것이고, 쉽지 않다면 주변의 시선을 모을 수 있을 만큼 큰소리로 상대에게 항의하는 것도 좋은 방법입니다. 주변 사람에게 도움을 요청하면 더 힘이 될 것입니다.

그것도 어렵다면 상대의 눈을 정면으로 노려보면서 자신의 의지를 분명하게 전달하기라도 해야 합니다. 운이 좋다면 그 정도로도 상대가 물러날 수 있습니다. 만약 그럴 용기가 없다면 팔이나 가방 등으로 신체를 가리거나 그 자리를 피하는 소극적인 방법을 사용할 수밖에 없겠죠. 가장 바람직하지 않은 대응은 아무것도 하지 않고 그대로 참는 것입니다.

하지만 우리는 공공장소에서 성희롱이나 성추행을 목격했을 때 대응하는 방법은 잘 알지 못합니다. 그 상황을 보는 것만으로도 두렵고 무서운 사람은 개입하는 것조차 어려울 테니까요. 혹시나 잘못 엮여서 자칫 곤란한 상황이라도 당하게 될까 봐 개입을 꺼리기도 합니다. 내 문제가 아닌 일에 개입했다가 오해라도 한 거라면 낭패를 볼 수도 있고, 오히려 내가 공격 대상이 된다면 봉변을 당할 수도 있으니까요.

하지만 그런 상황을 목격하고도 지나친다면 암묵적으로 가해자의 행위에 동조하는 것과 같습니다. 만약 내가 피해자인데 아무도 도와주지 않는다고 생각해보세요. 피해자의 절박함이 조금이나마 느껴질 것입니다. 피해자가 속수무책으로 당하는 상황이라면 작은 도움이라도 정말 큰 힘이 될 것이고요.

다행히 개입의 대가를 치르지 않고도 손쉽게 이런 상황에서 도움을 줄 방법이 있습니다. 가벼운 마음으로 읽고 앞으로 공공장소에서 성폭력이나 성추행 상황을 목격하게 된다면 꼭 활용하길 바랍니다. 공공장소뿐만 아니라 직장 등에서도 얼마든지 적용할 수 있습니다. 생활 속 영웅이 되어주세요. 손에서 거미줄이 발사되거나 합금으로 온몸을 둘러야만 영웅이 될 수 있는 건 아닙니다.

이 방법을 적용할 수 있는 상황은 노골적인 신체 접촉이나 포옹, 자기 몸을 이용해 누르거나 비비는 행위, 성적인 암시를 주는 행동, 우연을 가장한 신체 접촉, 신체를 평가하는 부적절한 말, 성적인 신체 노출, 농담을 가장한 성적 표현, 야한 사진이나 동영상을 제시하는 행위, 거부했음에도 반복되는 만남 요구, 불법적인 사진이나 동영상 촬영 등을 목격했을 때입니다.

우선 피해자가 접한 상황이 성희롱이나 성추행인지 잘 모르겠다면 피해자의 표정을 살펴보세요. 당황해하거나 불쾌한 표정이라면 그 상황은 성희롱이나 성추행일 가능성이 큽니다. 상황이 파악됐다면 피해자에게 다가가 도움이 필요한지 물어보세요. 이 행동만으로도 가해자가 그 자리를 피할 수 있습니다. 가해자는 누군가가 자기를 인지하는 걸 두려워하니까요.

혹시 상황을 오해한 거라면 "아무 일도 아니에요. 괜찮습니다"라는 답이 돌아올 테니 걱정하지 않아도 됩니다. 만약 직접적으로 물어볼 용기가 나지 않는다면 피해자에게 아는 척을 하는 것만으로도 충분합니다. 피해자에게 동행이 생기면 가해자는 물러나기 마련입니다. 피해자에게 다가가 "혹시 혜진이 아니니?" 하고 물어보세요. 만약 상황을 오해한 것 같다면 "죄송합니다. 아는 사람과 너무 닮으셔서요"라고 말하면 그만입니다.

혼자 행동하는 게 두렵다면 다른 사람에게 그 상황을 인지시키고 개입할지를 상의하는 것도 좋은 방법입니다. 언제나 혼자보다는 둘이 더 나으니까요. 또 상황이 명확하고 좀 더 용기도 있다면 카메라로 그 상황을 촬영하는 것도 좋습니다. 가해자가 행동을 멈추는 효과도 있고 차후 법적 증거의 효력을 가질 수도 있습니다. 단, 당사자의 동의 없이 촬영한 사진이나 동영상을 인터넷에 올리면 절대 안 됩니다.

만약 가해자가 촬영한 걸 항의하면 그 즉시 피해자에게 가서 편을 만드세요. 반복해서 말하지만, 두 명이 대응하면 혼자 대응하는 것보다 훨씬 강해질 수 있으며 주변 사람의 참여를 유도하는 계기가 될 수도 있습니다. 더 적극적인 방법은 가해자에게 명확하게 경고하는 것입니다. 너무 공격적이거나 확정적인 표현을 사용하는 것보다는 "저기요, 제가 아까부터 보고 있었는데 그러시면 안 되죠" 정도가 좋습니다. 이때 가해자가 시비를 걸더라도 휘말리지 말고 피해자와 함께 그 자리를 피합니다. 혹시라도 싸움으로 번지면 선의로 한 행동이 자칫 나의 피해가 될 수도 있으니까요.

물론 훨씬 더 바람직한 건 경찰에 신고하거나 신고한 뒤 기꺼이 목격자가 되어주는 것입니다. 다만 그럴 용기까지는 부족하다면 언급한 방법 중 어떤 행동이라도 꼭 해주세요. 세상은 연대할수록 조금씩 더 나아지니까요.

오해받아 억울한
남성 동지들

"20대 남성입니다. 미투운동을 보며 제가 성폭력에 대해 정말 몰랐구나 하고 반성했습니다. 한두 명이 아니라는 데 놀랐고 어쩌면 내 주변 사람, 특히 여자 친구도 성폭력에 노출될지도 모른다고 생각하니 엄청 화가 나더군요. 그런데 친구들은 오히려 성추행범으로 오해받을까 봐 걱정합니다. 지하철에서 양손을 계속 들고 있어서 벌서는 것 같다고 푸념하는 친구도 있죠. 이 문제는 도대체 어떻게 풀어야 하는 걸까요?"

남성이라면 가끔 그런 경험을 해봤을 겁니다. 밤에 길을 가는데 앞에 가던 여성이 자꾸 뒤를 돌아보는 경험 말입니다. '나는 내 갈 길을 가고 있는 것뿐인데 왜 저러지? 뭐야? 남자라고 범죄자 취급하는 거야?'라는 생각에 억울하거나 불쾌할 수도 있습니다.

하지만 앞으로는 그런 상황이 오면 이렇게 생각하세요. 그 순간 남성은 그저 불쾌함을 느끼지만 여성은 엄청난 공포를 느낄 거라고요. 실제로 수많은 여성이 밤길에 뒤따라오던 낯선 남자에게 공격당해 상처를 입거나 성폭행을 당하거나 심지어 살해당했기 때문에 공포를 느끼는 건 너무도 당연합니다. 나를 앞서가던 여성이 느끼는 공포는 나를 특정해서 만들어진 게 아니라 실제 사례를 근거로 만들어진 것입니다.

지금부터 팁을 하나 드리겠습니다. 앞으로는 이런 상황에서 이렇게만 행동해도 앞서가던 여성은 공포에서 벗어나 편안하게 귀가할 수 있을 것입니다.

가장 좋은 건 속도를 줄이거나 잠시 기다리는 것입니다. 그래 봤자 갈 길을 몇 초 정도 늦추는 것뿐이지만 그 작은 배려가 만드는 힘은 엄청납니다. 오해를 피하고자 여성을 앞지르려고 빨리 걷는다면 여성의 공포는 극대화될 수 있습니다. 만약 너무 급해서 부득이하게 추월해야 한다면 "오른쪽으로 좀 지나갈게요. 놀라지 마세요"라고 말하면 좋습니다. 말을 거는 순간, 상대에게 나는 불특정 위협 존재에서 특정할 수 있는 동료 보행자가 되거든요.

만약 후드티를 입었다면 후드는 벗는 게 낫고 주머니에 손을 넣고 있다면 빼는 게 좋습니다. 얼굴이나 흉기를 감추는 것처럼 보이면 상대의 공포는 더욱 커질 수 있거든요. 만약 멈추거나 속도를 줄이는 게 어렵다면 전화기를 꺼내 누군가와 통화하면서 지나가도 좋습니다. 이런 단순한 행동 하나로 앞서가는 여성에게 당신을 쫓고 있는 게 아니라는 메시지를 전달할 수 있습니다. 마지막으로 술자리 같은 곳에서 자연스럽게 친구들에게 이 이야기를 해주세요.

"너희도 이런 상황 있었지? 내가 이렇게 해보니까 괜찮더라고."

잊지 않았으면 좋겠습니다. 우리의 말과 행동에 따라 사랑하는 여자 친구와 엄마, 누나, 동생이 더 안전해질 수 있습니다. 그런 환경을 조성하는 배려심 깊고 건강한 남성이 진정한 영웅입니다.

주체적으로
시작하는 여성에게

"아무리 생각해봐도 결혼기념일에는 서로 동등한 입장에서 축하하는 게 맞다. 남편이 알아서 해주길 바라다가 토라지지 말고 미리미리 알려주고 약속해서 최대한 즐겁게 보내는 게 어떨까? 이처럼 건설적인 제안을 하는 나는, 정작 결혼기념일에 아이들이 축하한다는 말을 해주면 '결혼기념일이 무슨 축하할 날이냐, 애도할 날이지'라며 심술궂은 마녀처럼 굴어왔다."

여성학자 박혜란 선생의 이야기입니다. 남자 친구와 오랫동안 좋은 관계를 유지하고 싶다면, 남자 친구가 우리의 기념일을 기억하는지 테스트하지 않았으면 좋겠습니다. 기념일은 무언가를 기념하는 날이지 기억하는 날이 아니잖아요. 누가 기억하든 함께 기념할 수만 있다면 그만 아닌가요? 기념일은 두 사람이 어떤 경험을 하느냐가 더 중요한 날입니다. 기념보다 기억에 집착하다 보면 억지로 사랑의 강도와 결부시켜 쉽게 실망하고 다투고, 심하게는 그 일을 계기로 헤어지기도 하죠. 기억 때문에 기념을 망친 셈입니다.

상대가 나에게 무언가 해주기를 기대하지 말고, 필요하다면 요청하거나 먼저 그 행동을 해주세요. 이것이 주체적으로 연애하는 방법이며, 그러한 연애가 곧 건강한 연애입니다. 기념일뿐만 아니라 섹스도 마찬가지입니다. 내가 원하는 것을 알려주지도 않으면서 상대가 내 마음을 알아주길 바라는 것만큼 어리석은 건 없습니다. 주체적으로 그리고 적극적으로 표현하고, 마음껏 즐기세요. 사랑할 수 있는 시간은 생각보다 짧으니까요.

CHAPTER
2

자신을 채우며
사랑하는 방법

사랑의 시작,
콩깍지

●

"24학번 신입생입니다. 같은 과 친구를 좋아하게 됐어요. 지금은 친한 친구인데, 친구 말고 사귀는 사이였으면 좋겠어요. 불행인지 다행인지 과 동기 중에 그 친구를 좋아하는 사람은 없는 것 같습니다. 여자 친구들에게 그 친구에 대해 물어보면 대부분은 '그냥, 뭐' 정도? 그런데 저는 그 친구랑 눈만 마주쳐도 가슴이 요동칩니다. 제가 보기에는 키도 크고, 잘생겼고, 목소리도 좋고, 무엇보다 매너가 훌륭한데, 왜 다른 친구들 눈에는 안 들어올까요? 제 눈에 콩깍지가 씐 걸까요? 문제는 고백입니다. 만약 고백했다가 거절당하면 어떡하죠? 저한테 관심이 없다고 하면 정말 죽어버리고 싶을 것 같은데, 어떻게 해야 할지 조언 좀 주세요."

예전에는 사랑하면 눈에 콩깍지가 씌었다고 했습니다. 사랑에 빠지면 그 사람이 다른 사람이 보는 모습보다 훨씬 멋져 보이고 예뻐 보이니 마치 콩의 껍질로 눈이 덮어버린 것 같다고 생각한 거겠죠. 요즘에는 "눈에 필터 씌었냐?"라고 하더군요. 사진을 예쁘게 잡아주는 필터 기능을 뜻하는 것 같습니다. 원래의 모습보다 더 매력적으로 보이게 해주는 기능이니 아예 눈을 덮어버리는 콩깍지보다 더 적절한 표현이 아닌가 싶네요.

우리 몸의 감각기관은 생각보다 사물을 정확하게 인지하지 못합니다. 분명히 같은 색인데 어떤 색 옆에 있느냐에 따라 다른 색으로 보인다거나 같은 크기의 도형이 구조에 따라 다른 크기로 보이는 게 그 예죠.

연인도 마찬가지입니다. 우리는 연인의 모습에 자기의 감정을 덧씌웁니다. 우리의 감정이 반영되어 우리가 원하는 모습으로 재탄생한 모습이 바로 콩깍지가 씐 눈으로 보는 나의 연인이며, 그래서 그 모습은 사랑스럽고 아름답기만 합니다. 여러분이 누군가에게 연인의 사진을 보여주며 자랑할 때, 상대의 반응이 시답지 않다면 당신의 눈에 필터가 씌었을 가능성이 크며 그건 곧 사랑을 시작했다는 뜻입니다.

'사랑'이라는 필터는 때로는 아무것도 보지 못하게 합니다. 그렇게 눈에 보이는 것이 없으니 우리는 용감해집니다. 사람이 바글바글한 버스 정류장에서 로맨틱하게 키스를 나누고, 집 앞에서 부모님을 만나도 손을 놓지 않으며, 강남역의 수많은 인파 속에서도 다른 사람은 다 지우고 사랑하는 사람만을 콕 집어 찾아냅니다. 심지어 환하게 밝은 조명 아래에서 아무것도 입지 않고도 사랑을 나눌 수 있는 용기도 내게 되죠.

하지만 안타깝게도 콩깍지에는 유통기한이 있습니다. 연인과의 관계가 익숙해진 어느 날, 저절로 벗겨진 콩깍지를 인지한 커플은 결국 길거리에서 이렇게 다투곤 합니다. "그만 좀 해. 사람들이 다 쳐다보잖아. 집에 가서 이야기하자고." 이 말은 이런 뜻입니다. "나는 이제 눈에 콩깍지가 없어. 너 말고도 주위의 많은 사람이 다 보이거든. 그래서 지금 우리 모습이 너무 창피해."

이 말을 들은 상대는 서운할 수밖에 없습니다. 그 사람의 눈에서 필터가 사라졌음을 직감적으로 느꼈으니까요. 내가 사랑하는 사람이 공공장소에서 주위를 의식하고, 둘만이 아닌 가족이나 부모까지 고려하며, 심지어 자기 친구를 들먹이기도 하면, 이제 그 사랑은 현실로 돌아온 거라고 보면 됩니다. 오해하면 안 됩니다. 사랑이 식었다거나 끝났다는 게 아닙니다. 이제부터는 현실 사랑이 시작된 것이니 마음의 안전띠를 단단히 착용하고 본격적으로 주체적 사랑을 시작하자는 뜻입니다.

물론, 콩깍지는 의지에 따라서 더 지속할 수도 있습니다. 실제로는 사라졌어도 있는 것처럼 연기할 수도 있죠. 그래도 괜찮습니다. 어차피 세상을 보고 싶은 모습으로 보는 건 내 자유이며, 그것도 주체적 사랑이니까요. 내가 사랑하는 사람을 무조건 아름답게 보려고 노력하고, 세상에 오직 그 사람만 있는 것처럼 그 누구도 신경 쓰지 않고 사랑하려고 노력한다면 콩깍지는 벗겨졌어도 얼마든지 오랫동안 두 사람은 닭살 돋는 사랑을 유지할 수 있습니다.

콩깍지가 벗겨진 건 알지만 신경 쓰지 않고 현실 사랑을 시작할 생각이라면 제일 먼저 우리의 사랑을 변함없이 묶어줄 무기를 장착해야 합니다. 이제부터 여러분의 사랑을 단단하게 묶어줄 강력한 무기를 판매해보겠습니다. 가장 마음에 드는 것을 골라 온몸에 두르고 뜨거운 사랑을 향해 진격하기를 바랍니다.

콩깍지가 벗겨졌다면, 이제는 부드러움으로

일본의 한 콘돔 브랜드에서 젊은 커플 다섯

쌍을 초청해 실험을 했습니다. 차례로 눈을 가리고 연인을 포함한 다섯 명의 손을 만져보고 연인을 찾을 수 있는지를 확인한 결과, 다섯 명의 여성은 모두 연인을 정확하게 찾았고, 남성은 단 두 명만 연인을 찾을 수 있었죠.

누군가는 이 실험으로 여자가 남자보다 훨씬 민감하고 감각적이라는 것이 증명되었다고 하지만 제 생각은 다릅니다. 근거가 희박한 남녀의 능력 차이와 무관하게 가장 흥미로웠던 것은 성별에 따라 연인의 손을 확인하는 손동작이 달랐다는 것입니다. 여성은 가만히 손을 얹거나 가볍고 부드럽게 손을 감싸 쥐고 연인인지 확인한 반면, 남성은 여성의 손을 전체적으로 쓸어보거나 손안에 넣고 꼭 쥐면서, 심지어 주물럭거리며 연인인지 확인했죠.

본능적으로 여자는 부드러운 터치를 좋아해서 손에 전해지는 미세한 감각으로 연인을 확인하려고 한 거고, 남자는 강하고 씩씩한 행동을 중시해서 단단하게 손을 쥐어보며 연인을 확인하려고 한 것이라면 어쩔 수 없지만, 남녀의 차이가 아니라 일부러 그런 전략을 쓴 거라면 결과적으로 여자들의 전략이 더 효과적이었던 셈입니다. 왜냐하면 모든 감각은 느리게 천천히, 스치듯 부드럽게 할 때 가장 민감하게 느껴지거든요.

"오늘 썸 타던 여자 친구에게 차였습니다. 제가 너무 폭력적이라네요. 그동안 손도 잡지 못하다가 오늘 남자답게 여자 친구의 손을 잡아당겨 안은 후 키스를 시도했습니다. 나름 용기를 낸 행동이었고 멋있게 보이고 싶었어요. 그게 제 소심한 성격을 들키지 않는 방법이라고 생각하기도 했고요. 그런데 여자 친구는 제가 무섭대요. 어떡하면 좋죠? 제가 뭘 잘못한 걸까요?"

누군가는 '부드러움'을 추구하는 것이 여성의 본능이라고 말합니다. 여성은 미세한 감각으로 세상을 인지하는 데 탁월한 본능을 타고났다고요. 얼핏 칭찬처럼 들리는 이 말에는 형편없는 성인지감수성이 숨어 있습니다. 하나의 성을 하나의 관점으로만 정의하면 그 성을 가진 사람이 하는 반대의 행동은 따가운 시선을 받게 될 테니까요.

남자가 '부드러움'을 이야기하는 게 좋은 예가 될 것입니다. '느리게 천천히, 스치듯 부드럽게'를 말하는 남성에게는 '남자답지 못하다'라거나 '게이 같다'라거나 '징그럽다'라는 평가가 돌아올 수도 있으니까요. 하지만 감각으로 전해지는 느낌을 있는 그대로 이야기하는 게 남성과 그리도 어울리지 않는 일일까요?

"남자는 덜 감성적이고 덜 감각적일 수는 있지만 대신 강하고 거칠고 용감하다"라는 말 때문에 남성들이 연인의 손을 거칠고 단단하게 잡았는지는 모르겠지만 본능처럼 이야기하는 이런 특성은 오랜 기간 교육받았기 때문에 생긴 고정관념일 뿐입니다. 그렇게, 세뇌받은 기억은 대를 이어 내려왔고, 그 덕분에 본인도 모르게 연인의 손을 단단하게 쥐면서 자기 사랑을 확인한 거죠. 하지만 결과는 그다지 높지 않은 40퍼센트의 확률. 역사 속에서는 힘으로 연인을 지켰을지 모르지만 연인을 찾는 데는 한계가 있어 보이네요.

남성들은 강해야 한다고, 울면 안 된다고, 아파도 아프다고 하지 말고, 슬퍼도 슬픈 척하지 말아야 한다고 교육받고 주입받습니다. 부드럽게 느끼고 행동하면 "계집애처럼 그게 뭐야?"라고 비난받고 감성적인 말과 행동을 하면 "약해빠졌다"라고 손가락질받는 왜곡된 환경에서 남성은 부드러움을, 감성을, 감각적인 느낌을 충분히 느끼고 경험하지 못했기에 표현에도 어색할 수밖에 없습니다. 사회의 고정관념은 그렇게 인구 절반의 성별을 부족한 능력을 지닌 피해자로 만들었습니다.

단언컨대 남성이 연인과의 관계에서 부드러움을 가장 소중하게 생각하고, 자신의 오감을 통해 전해지는 연인의 아름다움, 향기, 목소리, 느낌을 더 민감하게 느끼며 뇌에 차곡차곡 기록해둘 수만 있다면, 지금보다 훨씬 더 깊은 사랑을 얻을 수 있을 것입니다. 평소 천천히 그리고 부드럽게 연인의 손을 감싸 쥐었던 남성이라면 안대를 했더라도 손으로 전해지는 감각만으로도 연인의 손을 너끈히 찾을 수 있겠죠.

그 부드러움과 감성이 단순히 연인을 찾는 실험에만 필요한 것은 아닙니다. 부드러움은 사랑하는 이를 오래도록 곁에 두고 행복하게 해주기 위해 필요하며 나아가 나 역시 그 부드러움과 감성을 선사받는 삶의 진정한 행복을 위해 필요합니다.

오늘부터 남성 모두 어깨에 힘을 빼고, 책임감이나 사명감도 다 지우고, 천천히 그리고 부드럽게 연인을 느껴보기 바랍니다. 하다못해 나의 오른손으로 왼 손등을 닿을 듯 말 듯 부드럽게 스치듯 만져주기만 해도 이토록 행복한데, 왜 이 부드러움을 사랑하는 연인에게 주는 것에 인색했나 싶을 것입니다. 부드러움에 익숙해지면 주는 것을 넘어 받는 기쁨까지 온전히 깨닫게 되고 그때는 더욱더 행복해질 것이고요. 그렇기에 부드러움은 콩깍지의 소중한 대안이 되어줄 만한 가치가 있습니다.

더 깊이
사랑하게 해주는,
애무의 힘

●

이제껏 알던 애무는 버리자.
더욱더 진보적인 애무의 세계로

"제 친구들은 남자 친구가 애무해주면 너무 기분이 좋고 흥분된다고 하는데 저는 아니에요. 그냥 몸을 주물럭거린 다는 느낌만 들고 가끔은 아파서 불쾌할 때도 있어요. 제가 비정상인가요? 아니면 남자 친구가 애무를 못하는 걸까요? 도대체 뭘 어떻게 해달라고 말해야 할지도 모르겠어요."

2016년 〈또 오해영〉이라는 드라마를 보다가 놀랐던 기익이 납니다. 드라마 속에서 다소 무뚝뚝하고 나쁜 남자의 모습을 보여주던 남자 주인공 박도경이 골목길에서 여자 주인공 오해영을 벽으로 강하게 밀치고, 저항하는 오해영의 팔을 저지하며 강제로 키스하는 장면 때문이었죠. 드라마나 영화에서 연인이 서로의 사랑을 확인하게 되는 계기로 자주 등장하는 이 클리셰에서 언제나 그렇듯 오해영은 잠깐 저항하다 기꺼이 받아들이고 어느 순간부터는 더 적극적으로 기다렸다는 듯이 키스합니다.

전형적인 클리셰라며 시큰둥할 수도 있었을 이 장면에서 놀란 이유는 다른 작품보다 남자 주인공의 행동이 더 거칠었기 때문입니다. 남자가 저렇게까지 거칠게 행동해도 결국 여자는 그 남자다움에 반하게 된다는 착각은 도대체 어디에서, 누구로부터 시작된 건지, 그리고 그 강도가 이렇게까지 심해져도 되는 건지, 그리고 이 영상을 교본으로 삼는 남성이 있을지도 모른다는 생각에 등골이 오싹할 정도였죠.

남성 여러분, 제발 본인이 할 수 있는 가장 부드러운 스킨십으로 연인을 향해 다가가세요. 사랑하는 사이에서는 '느리게 천천히, 스치듯 부드럽게'가 진리입니다. 그냥 외워도 좋습니다.

이제껏 알던
스킨십은 버리자

　　　　　　　　　지금 오른손 바닥을 펴서 가만히 왼 손등 위

로 가져가세요. 아주 살짝 닿을 듯 말 듯 하게만 손등을 덮습니다. 이렇게 하면 곧 왼 손등으로 오른손 바닥의 따뜻함과 부드러움이 느껴질 것이고, 오른손 바닥으로는 약간 거친 왼 손등의 촉감이 느껴질 것입니다. 이제 그 상태 그대로 오른손 바닥을 아주 천천히 왼손 손톱 방향으로 움직여봅니다. 닿을 듯 말 듯 한 상태를 유지하면서요. 왼 손등과 오른손 바닥에 짜릿한 전기가 통하면서 기분 좋아지는 것이 느껴지나요? 손톱 끝까지 갔으면 다시 반대로 천천히 부드럽게 돌아오세요. 절대 어루만지는 게 아니라 닿을 듯 말 듯 한 거리를 유지해야 합니다.

지금 경험한 건 연인의 사랑스러운 손도 아닌 내 손입니다. 그렇습니다. 내 손만으로도 이토록 짜릿하고 따뜻하며 행복한 감각을 느낄 수 있는 게 바로 '느리게 천천히, 스치듯 부드럽게'의 힘입니다. 만약 내 손이 아닌 연인의 손으로 이런 스킨십을 해준다면 기분이 어떨까요? 더는 설명이 필요 없을 것 같습니다.

이번에는 오른손 바닥을 왼 손등에 아주 찰싹 붙이고 아까처럼 손톱과 손목 사이를 다소 빠르게 왔다 갔다 해보세요. 쓰다듬는 행위가 되겠죠. 어떤가요? 짜릿하게 전기가 오거나 편안한 감정이 느껴지거나 간지럽지만 행복한 기분이 느껴지나요? 아닐 겁니다. 그저 체온과 마찰로 따뜻할 수는 있지만 자칫 세게 문지르면 손등이 얼얼할 수도 있습니다. 바로 이런 이유로 그냥 '문지르는 것'이나 '주무르는 것'은 사랑이 담긴 스킨십이 될 수 없습니다. 그런데 이런 스킨십에 강도까지 더해진다면? 말할 필요도 없겠죠. 이게 바로 제가 드라마 〈또 오해영〉을 보고 경악한 이유입니다.

드라마에서는 이 과정을 통해 여자 주인공이 남자 주인공을 사랑하게 되었지만 실제 상황이라면 불쾌감을 경험하거나 있던 호감도 사라질 가능성까지 있습니다. 그러니 강제적이고 거친 스킨십은 시도조차 하지 않는 게 더 낫겠죠? 오히려 '이 남자가 혹시 폭력 성향이 있는 건 아닐까?' 하는 오해까지 받을 수도 있으니까요.

남녀 모두 스킨십할 때는 꼭 명심해주세요. 스킨십은 무조건 '느리게 천천히, 스치듯 부드럽게'입니다. '닿을 듯 말 듯'이면 더 좋고요. 제발 무작정 덤벼들고, 마구 주무르지 마세요.

남자를 애무한다고?

"제가 이렇게 애무를 좋아하는 줄 몰랐습니다. 애무는 남자가 여자에게 해주는 것으로만 알고 있었거든요. 그러다가 어제 여자 친구가 오럴 애무를 해주는데 시작한 지 얼마 되지도 않아서 너무 흥분해 사정까지 하고 말았네요.

원래 조루가 있었던 것도 아닌데, 도대체 무슨 일인가 싶어 민망하고 당황스러웠지만 너무 좋았습니다. 처음이라 너무 흥분해서 그런 거겠죠? 이것도 받다 보면 나아지겠죠?"

이번에는 스킨십에서 조금 더 진도를 나가 애무에 관해 이야기해보겠습니다. 우선 남자 애무부터 이야기해보죠. 여기서 남자 애무란 남자가 받는 애무를 말합니다.

아마 애무받는 걸 싫어하는 사람은 없을 것입니다. 이건 여자와 남자 모두 똑같죠. 하지만 불과 10년 전만 해도 가끔 이런 사연을 만날 수 있었습니다. "정말로 남자도 애무받는 걸 좋아하나요? 남자는 만지는 것만 좋아하는 줄 알았어요." 만약 이 내담자의 남자 친구가 애무받는 걸 좋아한다는 내색을 전혀 하지 않았다면 그 이유는 둘 중 하나일 겁니다. 남자 친구가 애무를 경험해보지 못해서 그 즐거움을 전혀 몰랐거나 남자가 무슨 그런 걸 받느냐는 맨 박스에 갇힌 가치관을 가졌거나.

하지만 연인으로부터 온몸을 20~30분 애무받은 남자는 아마 이렇게 분노할지도 모릅니다. "노대제 여사가 흥분하려면 적어도 20~30분의 애무가 필요하다고 말한 녀석이 누구야? 마치 여자만 그런 게 필요한 것처럼 말한 사람들 때문에 여태껏 남자는 이 행복을 모르고 살았잖아!"

여성 여러분, 혹시 섹스할 때마다 남자 친구의 몸을 평균 20~30분씩 애무하나요? 이 질문에 "그렇다"라고 대답하는 여성은 아마 많지 않을 겁니다. 심지어 여자 친구의 몸을 20~30분씩 애무하는 남자도 절반이 채 되지 않을 테니 말입니다.

이유는 다양합니다. 남자 친구의 애무를 받는 것에만 익숙해서일 수도 있고, 남자 친구의 몸을 구석구석 애무하는 게 부끄럽거나 어색해서일 수도 있으며, 애무는 하고 싶은데 방법을 몰라서일 수도 있고, 괜히 성 경험이 많은 여자로 오해받을까 봐 자제하는 것일 수도 있겠죠.

이유가 무엇이든 애무하는 여자가 적다는 건 남자에게는 심각한 불행입니다. 어떤 남자는 행복하게 누리는 그 좋은 걸 어떤 남자는 평생 모르고 죽을 수도 있는 거니까요. 물론 경험해보지 못한 사람은 그 필요성도 모를 테니 그나마 다행이네요.

애무의 기쁨을 느낀 남자는 여자 친구에게 하는 애무도 달라집니다. 얼마나 좋은지 자기도 알아버렸거든요. 좋은 건 상대도 경험하게 해주고 싶은 마음이 사랑의 기본이니 본인의 애무도 달라질 수밖에 없습니다. 그전에는 오로지 여자의 몸을 만지는 쾌감을 얻기 위해서나 연인의 몸을 준비시키기 위해서 애무를 했다면, 이제는 서로 더 행복해지기 위해 애무를 하겠죠. 따라서 연인간의 사랑에서 남자 애무는 선택이 아니라 필수입니다. 남자 친구에게 행복과 깨달음을 주고 여자 친구도 그만큼 얻어가는 바람직한 변화죠.

간혹 이런 말을 하는 여성을 만나기도 합니다. "남자는 애무하기도 쉽잖아요. 음경만 만져줘도 무지하게 좋아하던데요." 맞는 말이긴 합니다. 하지만 오늘부터는 더 진도를 나가보죠. 그것만으로 20~30분을 애무하기에는 하는 사람도 너무 심심하잖아요. 남자 친구의 몸을 자유롭게 애무하면서 마음껏 애정을 표현해주세요. 다시 한번 말하지만, 남자 애무는 일차적으로는 남자 친구를 행복하게 하지만, 그 교육의 효과는 반드시 나의 혜택으로 돌아옵니다.

남성 애무의
원칙

"여자 친구가 절대 오럴 애무는 못 하겠대요. 하기 전에 꼭 씻는데도 너무 징그럽데요. 입으로 정액을 받아달라는 것도 아니고 그냥 애무만 해달라는 건데 좀 너무하지 않나요? 정말 저를 사랑하는 건가 싶어요. 어떻게 하면 오럴 애무를 받을 수 있을까요?"

남성 애무는 여성 애무와 두 가지 면에서 크게 다릅니다.

첫째, 어디를 애무하면 좋다거나 어떤 순서로 애무하는 게 좋다거나에 큰 의미가 없습니다. 여성과 비교하면 무척이나 단순하죠. 물론 남성 애무도 언어로 먼저 분위기를 부드럽게 만들거나, 몸의 주변에서 중앙으로, 덜 민감한 성감대에서 좀 더 민감한 성감대로 단계를 밟아가는 것이 좋지만 필수는 아닙니다. 굳이 그런 노력을 하지 않아도 특정 성감대를 터치하는 순간 남성은 바로 반응하며 뜨거워지니까요. 쉽고 적은 노력으로 가성비 높은 쾌감을 줄 수 있다는 건 정말 큰 장점입니다.

둘째, 남성은 성감대가 특정 부위에 집중되어 있습니다. 남자들은 뒤에서 안아주고 볼에 뽀뽀하고 가슴을 빨아주고 엉덩이를 쓰다듬는 30분의 애무보다 음경을 만져주는 5분의 애무를 더 선호합니다. 그건 남자가 섹스만 아는 짐승이라서가 아니라 성감대의 민감도가 여성과는 다르기 때문입니다. 음경뿐만 아니라 음낭, 회음부 그리고 항문을 향해 한 줄로 주욱 이어지는 부위가 온몸의 성감대 중에서 가장 강한 성감대죠.

남성이 받는 이 부위의 성감은 젖꼭지나 입술, 귓불, 목, 겨드랑이 등과는 비교도 되지 않을 만큼 커서 오직 이 부위의 자극만으로도 빠르게 흥분할 수 있습니다. 그날의 상황과 기분에 따라 성감대가 달라지기도 하는 여성 애무와 달리 남성 애무의 성감대는 웬만해서는 변하지도 않죠. 이 부위는 남성 간 차이도 거의 없습니다. 다시 말해, 이곳 하나만 잘 익혀두면 만사형통이라는 뜻입니다.

물론 온몸의 다양한 성감대를 자신만의 독특한 방법으로 사랑해주는 여자 친구를 마다할 남자 친구는 없습니다. 오랜 시간 온몸 구석구석 정성스럽게 애무받으면서 경험하게 되는 쾌감의 감동에 남녀의 차이가 있을 리 없으니까요. 그런 감동의 기억은 헤어진 후에도 기억에 강렬하게 남아 상대를 잊지 못하는 이유 중 하나가 되기도 합니다.

남성의 강력한 성감대인 음경을 애무할 때도 조심해야 하는 것이 있습니다. 바로 사정입니다. 파트너만 잘 만나면 오르가슴을 반복하면서 절정과 안도의 순간을 몇 번이라도 오갈 수 있는 여성과 달리 남성은 일단 사정이 끝나면 급격하게 성욕이 식어버리면서 피곤함을 느끼게 됩니다. 따라서 음경을 애무할 때는 남성이 너무 흥분하지 않도록 조절하는 것이 중요합니다. 음경을 손에 쥐고 지나치게 빠른 속도로 왕복운동을 하면 사정의 위험도 있지만 당장 사정하지 않아도 삽입한 후 바로 사정하는 조루를 촉진할 수도 있거든요. 마치 음경에 오일을 발라준다는 느낌으로 부드럽고 천천히 하는 게 좋습니다.

남성 애무의 구체적인 방법
-음경 애무

남자의 몸에서 생식과 배뇨를 목적으로 바깥으로 돌출된 부위를 음경 또는 순우리말로 자지라고 부릅니다. 여성의 클리토리스와 상동기관(원래 같은 조직이었으나 성별이 분화되면서 각각 다른 모습으로 변한 기관)이니 그야말로 남성의 성적 쾌감을 위해 가장 중요한 기관이라고 할 수 있을 것입니다. 음경 역시 클리토리스처럼 성적으로 흥분하면 내부 해면체에 혈액이 유입되어 커지고 단단해지며 뜨거워집니다. 이런 현상을 발기라고 부르죠. 발기되기에 삽입이 가능해지고, 애무에도 더 민감하게 반응할 수 있습니다.

사실 음경 애무는 구체적인 방법에 큰 의미가 없습니다. 지금 남자 친구가 옆에 있다면 팬티에 불쑥 손을 넣어 살짝 음경을 쥐어보기 바랍니다. 깜짝 놀랄지는 모르지만, 곧 행복한 표정을 짓게 될 것입니다. 이처럼 남성은 마음의 준비가 필요한 여성과 달리 갑자기 음경을 만져주는 것만으로도 강한 쾌감을 경험합니다. 그러니 "난 방법 같은 건 머리 아파서 잘 몰라"라면 그냥 남자 친구의 음경을 손으로 주물러주기만 해도 애무가 됩니다. 다만 음경(특히 귀두)은 감각신경이 많이 분포하고 있는 부위니 '느리게 천천히, 스치듯 부드럽게'는 지켜주는 것이 좋습니다.

남자 친구의 마음을 애타게 만들고 싶다면 음경 애무는 옷 위에서 시작하세요. 발기된 음경이 볼록하게 솟은 부위의 윤곽을 따라 손으로 확인하다가 손가락으로 음경을 살짝 쥐거나 손바닥으로 지그시 눌러주거나 살짝 쥐고 주물러주는 것도 좋습니다. 다만, 음경 외 다른 부위는 옷 위에서 애무하는 게 큰 의미가 없으니 음경 애무에만 집중하는 것이 좋고요.

이렇게 옷 위에서 하는 애무만으로도 이미 음경은 크고 단단하게 발기되어 있을 것입니다. 따라서 팬티를 벗길 때도 그냥 확 내려 발기된 음경이 튀어나오게 하기보다는 팬티 안에 손을 넣어 음경을 살짝 쥔 채로 팬티를 벗기고, 가만히 손을 떼 음경이 부드럽게 서게 하는 것이 좋습니다. '내가 사랑하는 사람이 내 음경을 정말 소중하게 다루어주는구나'라는 느낌을 줄 수 있도록 말입니다.

다음 단계는 발기된 음경의 몸체를 손가락이나 손바닥으로 스치듯 부드럽게 만져주는 것입니다. 음경은 민감한 부위이기에 꽉 쥐는 것보다는 낳을 듯 말 듯 만져주는 것이 훨씬 쾌감이 높습니다. 손가락을 가볍게 모아 음경을 감싸듯 동그랗게 원을 만들어 위아래로 쓸어주는 것도 좋습니다. 다만 이 움직임은 아주 천천히 해야 합니다. 이 동작이 바로 남자들이 자위하는 방식이기 때문입니다. 빠르게 움직이면 금방 사정감을 느끼게 되거든요. 이제 애무가 시작인데 벌써 사정하면 아쉽잖아요?

포경수술을 하지 않아 포피가 넉넉한 남성의 음경은 애무하기가 더 쉽습니다. 살과 닿을 듯 말 듯 움직여야 하는 강박에서 벗어나 포피를 가볍게 쥐고 이를 귀두 끝까지 씌웠다 벗겼다 하면 되거든요. 포피가 민감한 귀두를 감싸주기에 포경수술을 한 음경보다 조금 더 세게 쥐어도 괜찮습니다. 포경수술을 하지 않은 음경은 심지어 삽입에서도 (포피 덕분에) 자극에 덜 민감해 더 오래 왕복운동을 할 수 있거든요.

음경 애무의 하이라이트는 귀두 애무입니다. 귀두에는 약 4천 개의 감각신경이 분포하고 있어 남성의 몸 중에서 가장 성적 쾌감에 민감합니다. 따라서 음경 몸체보다 훨씬 더 닿을 듯 말 듯 부드럽고 조심스럽게 애무해야 합니다. 사실 귀두는 그만큼 예민하기에 손으로 애무하는 것보다는 입술이나 혀로 애무하는 것이 더 좋습니다. 남성도 그 느낌이 다른 걸 알기에 그토록 오럴 애무에 진심인지도 모르겠네요.

특히 귀두의 테두리 부분은 귀두에서도 가장 민감한 부위입니다. 이 부분을 자극하면 남성의 몸 어느 부위보다 강력한 쾌감을 경험하게 됩니다. 하지만 쾌감이 강력한 만큼 통증을 경험할 가능성도 크니 꼭 남자 친구의 반응을 확인하며 부드럽게 진행하는 게 좋습니다.

음경은 손이나 입으로만 자극할 수 있는 것은 아닙니다. 발기한 음경을 여자 친구의 가슴골에 넣고 위아래로 천천히 움직이는 것도 강력한 애무의 방법입니다. 이 자세는 접촉에 의한 성적 쾌감을 주는 동시에 시각적인 자극도 줄 수 있으며, 동시에 유두 끝이 남성의 허벅지를 스치는 부가적인 쾌감까지 선사하는 일거양득의 애무 기술이거든요.

남성 애무의 구체적인 방법
-음낭 애무

"남자 친구가 자꾸 입으로 해달라는데 뭘 어떻게 해야 할지 몰라서 답답합니다. 입으로 빠는 건 포르노를 보고 대충 하겠는데 불알은 정말 어떻게 해야 할지 모르겠어요. 약간 거칠기도 하고, 털도 많아서 접근하기 어렵습니다. 포르노 속 여자는 무슨 사탕 먹듯 거기를 핥고 입에 넣고 하던데 저는 잘 모르겠어요. 혀는 어떻게 해야 하는지도 모르겠고요. 도와주세요."

음경 아래 달린 주름진 주머니를 음낭, 순우리말로 불알 주머니라고 부릅니다. 음낭의 내부에는 고환과 정관이 들어 있으며 기능적으로는 남성호르몬의 90퍼센트 이상과 정자를 생성합니다. 우리가 흔히 내시나 환관이라 부르는, 궁에서 일하는 남자들은 이 음낭이 제거되어 남성호르몬이 생성되지 않으므로 목소리의 톤이 높아지고, 체모가 적으며, 피부가 부드러워지면서 체형이 여성화되는 것입니다.

음낭은 음경만큼이나 민감한 부위입니다. 따라서 잘만 애무하면 큰 성적 쾌감을 얻을 수 있습니다. 다만 음낭에 담긴 작은 구슬인 고환은 작은 압력에도 쉽게 통증을 느낄 수 있으니 조심히 다루는 것이 좋습니다. 호두알을 굴리듯 손안에 고환을 넣고 마찰하며 돌리거나, 고환을 손가락으로 쥐고 누르는 등의 행위는 절대 하면 안 됩니다. 대신 음낭 전체를 감싸 가볍게 쥐었다 풀었다가를 반복하거나 주름진 표면의 감촉을 느끼면서 스치듯 미끄러져도 좋고, 입을 넓게 대고 입안으로 빨아들이거나 혀를 사용해 표면을 핥아주는 것도 좋습니다.

회음부는 여성은 질과 항문 사이, 남성은 음낭과 항문 사이를 말합니다. 회음부 역시 남녀 모두에게 성감대여서 부드럽게 스치듯 만져주거나 입술이나 혀 등을 사용해서 핥아주면 좋습니다.

특히 남성의 회음부는 음경의 발기와 관련이 있는 BC (Bulbocavernosus) 근육이 위치한 부위여서 굳이 애무가 아니더라도 이 부위를 자주 만져주면 발기에 도움이 됩니다. 남자 친구가 발기부전이 있다면 이 부위를 마사지해주는 것만으로도 다소 기능 회복에 도움이 된다는 뜻입니다. 남성 역시 그냥 마사지를 받는다는 느낌으로 누워 있기보다는 케겔 운동을 한다는 느낌으로 이 부위의 근육을 조이고 풀기를 반복하는 것이 더 효과적입니다.

"20대 여성입니다. 항문 성교는 위험하다고 알고 있습니다. 상식적으로 생각해도 대변이 나오는 통로로 섹스하는 건 좀 아닌 것 같아요. 그런데 항문 애무도 위험한가요? 항문 성교는 전혀 하고 싶지 않지만 항문 애무는 좋거든요. 남자 친구가 만져주면 왠지 짜릿하고 기분이 좋더라고요. 남자 친구도 만져주면 좋아하고요. 그런데 이것도 안 좋을까 봐 걱정돼서요."

항문 주변에는 다수의 감각신경(=음부신경)이 분포되어 있어서 작은 자극에도 예민하게 반응합니다. 따라서 항문도 쾌감을 경험할 수 있는 중요한 성감대입니다. 손가락을 사용해서 항문을 위아래 또는 좌우로 스치듯 자극하거나 원을 그리며 부드럽게 문질러주면 남자들은 신음을 토하게 될 것입니다.

항문 애무의 가장 큰 걸림돌은 위생입니다. 항문은 대변의 통로라는 특성 때문에 대장균의 온상일 뿐만 아니라 냄새도 나서 잘못 접근했다가는 애무고 뭐고 성욕 자체가 사라질 위험이 있으니까요. 따라서 가능하면 입은 사용하지 말고, 손을 사용하더라도 일단 항문에 닿았다면 반드시 비누로 손을 씻고 다음 행위를 진행해야 합니다. 특히 남성 중에 여자 친구에게 항문 애무를 한 뒤 바로 질을 만지는 경우가 있는데, 절대 해서는 안 될 행위입니다. 대장균이 질이나 요도에 묻으면 여러 가지 질환의 원인이 되니까요.

위생적인 문제만 잘 해결한다면 항문 애무는 적극적으로 추천하고 싶은 애무 방법의 하나일 만큼 그 쾌감의 강도가 강합니다. 쉽게 해줄 수 없는 애무인데다 쾌감까지 크니 내 사랑의 깊이를 보여줄 좋은 무기가 되기도 하고요.

다만 아무리 위생적으로 사전에 조치해도 항문 안쪽(=직장 내부)을 애무하는 건 자제해야 합니다. 항문 안쪽까지 위생적으로 조치하는 건 불가능하기에 손가락을 넣거나 혀를 밀어 넣다가 자칫 감염이나 냄새의 공격을 제대로 받을 수 있기 때문입니다.

항문으로 물체나 자위 도구를 넣는 것도 애무가 아닌 항문 성교의 영역이므로 절대 권하고 싶지 않습니다. 항문 성교는 위생상 절대 바람직하지 않으며, 항문은 질만큼 신축성이 좋은 조직도 아니어서 과도한 항문 성교로 항문의 수축력이 떨어지면 의도하지 않은 장소와 상황에서 대변이 흘러나오는 변실금을 경험할 수도 있습니다.

지금까지 다양한 성감대와 방법에 관해 말했지만 남성 애무에서 가장 중요한 건 따로 있습니다. 바로 부끄럽다거나 민망하다는 생각을 버리고, 연인의 몸을 진심으로 사랑해야 한다는 것입니다. 사랑하는 사람의 몸과 접촉하고 그것을 다루는 데 적극적인 것이 곧 주체적 사랑의 원칙이며, 사랑과 정성이 담긴 주체적 사랑이야말로 남자 친구를 영원히 내 것으로 만들어줄 비기(秘技)니까요.

애무가
노동이라고?

"한 번의 관계를 위해서 애무 같은 걸 항상 해줘야 하나요? 처음에는 저도 만지는 게 좋았는데 오래 사귀다 보니 어느 순간 애무가 노동이라는 생각도 들고 귀찮을 때가 많습니다. 그런데 안 하면 여자 친구가 화내겠죠? 좀 편하게 할 방법은 없을까요?"

애무(愛撫)는 글자 그대로 사랑하는 사람의 몸을 사랑하는 마음으로 어루만지는 행위입니다. 그 과정을 본인도 즐긴다면 더할 나위 없지만 원칙적으로는 내 기쁨보다는 상대의 기쁨을 배려하는 지극히 이타적인 행위입니다. 즉, 내가 만지고 싶어서, 내가 원하는 방식으로, 연인의 몸을 만지는 건 애무가 아닐 수도 있다는 뜻입니다.

남자는 쉽게 흥분합니다. 성적으로 흥분하면 바로 발기하고, 발기하면 바로 삽입하고 싶어 하죠. 하지만 여자는 다릅니다. 내가 충분히 섹스하고 싶을 만큼 마음이 가열되지 않으면 섹스는 의무적인 노동일 뿐입니다. 그래서 여자는 섹스하고 싶은 마음의 여유가 없거나, 섹스할 만한 상황이 아니거나, 섹스할 만큼 사랑이 넘쳐흐르지 않으면 섹스하고 싶지 않습니다. 그런 여자를 섹스하고 싶은 몸 상태로 만들어주는 게 사랑이 가득 담긴 정성스러운 애무입니다.

어떤 남성은 "질에서 삽입이 가능할 만큼 애액이 나왔다면 섹스하고 싶다는 뜻 아닌가요?"라고 하는데 그렇지 않습니다. 충분히 분출되지 않은 초기 애액은 혹시 있을지 모를 삽입 마찰로부터 질 내부를 보호하려는 최소한의 자기보호본능일 뿐이거든요. 간혹 강간 피해 여성 중에 강간 과정에서 애액이 분비되었다고 평생 자기 몸을 혐오하며 자책하는 분도 있는데, 분명하게 말씀드립니다. 그건 레몬즙을 보면 입에 침이 고이듯 특정한 자극으로부터 몸을 보호하기 위해 무의식적으로 일어나는 조건반사일 뿐입니다. 사랑하는 여자 친구가 단지 조건반사를 보이고 있을 뿐인데 그대로 삽입할 건가요? 애무 잠깐 하고 여자 친구의 외음부를 만졌더니 젖어 있다고 바로 음경 삽입을 시도한다면, 그 순간 강간범과 크게 다르지 않은 남자가 되어버리는 겁니다.

남성의 오르가슴인 사정에 이르는 시간과 여성의 오르가슴인 흥분의 고조기에 이르는 시간의 차이를 성학에서는 오르가슴 갭(Orgasm Gap)이라고 합니다. 성학에서 많은 학문적 성과를 이룬 마스터스 앤 존슨 부부(William Masters&Virginia Johnson)는 저서《섹스와 사랑(Sex and Human Loving)》에서 오르가슴에 오르는 데 남자는 3분 전후, 여자는 16분 전후의 애무가 필요하다고 했습니다. 오르가슴 갭을 구체적인 시간으로 보여준 연구 결과죠.

성욕 때문에 몸이 단 남성에게 16분의 애무는 그저 노동일 수도 있습니다. 하지만 이건 애무와 섹스를 철저하게 분리하는 잘못된 선입견에서 비롯된 사고방식입니다. 오늘부터 생각을 바꿨으면 좋겠습니다. 애무가 곧 섹스고, 섹스가 곧 애무입니다.

어떻게 애무와
섹스를 합치죠?

"저는 어릴 때부터 자위를 자주 했습니다. 그래서인지 남자 친구와의 첫 섹스도 좋았어요. 남들은 아프기도 하고 아무 느낌이 없다고도 하는데 저는 남자 친구가 정성껏 애무해주지 않았는데 애액도 잘 나오고 오르가슴도 경험한 것 같습니다. 그런데 너무 잘 느끼니 남자 친구가 저를 헤픈 여자로 볼까 봐 걱정입니다. 제가 이상한 걸까요?"

이 사연을 접했을 때 그전에 상담했던 한 커플이 떠올랐습니다. 이들은 언제나 섹스로 데이트를 시작한다고 했습니다. 방에 들어가면 바로 옷부터 벗고 키스한 후 삽입하는데, 그렇게 30분 정도 섹스하다 오르가슴까지 다 느끼고 나면 쾌감으로 녹초가 된다고요. 만약 제가 무조건 애무는 길게 해야 한다고 말하는 성교육 강사였다면 여기서 무척 당황했을 겁니다. "아니, 충분한 애무도 없는데 바로 삽입한다고? 그런데도 심지어 여성이 오르가슴을 경험했다고? 이건 분명히 이 여성의 신체 구조가 특별해서 그럴 거야"라고 말입니다.

하지만 이 커플이 애무도 거의 없이 행복하게 성관계를 즐기고 마무리할 수 있었던 비밀은 특별한 신체 구조에 있지 않았습니다. 바로 섹스와 애무의 경계를 없애고 둘을 자유롭게 번갈아가며 즐겼기 때문에 가능했습니다.

만약 남자 친구가 음경을 질 입구에 갖다 대긴 했지만 바로 삽입하는 대신 젖어 있는 연인의 질 입구를 귀두 끝으로 닿을 듯 말 듯 부드럽게 마사지했다면 어떨까요? 미끄러지는 움직임이 끝나면 이번에는 음경의 끝을 질 입구에 댔다 떼기도 합니다. 마치 음경과 질이 쪽쪽 소리를 내며 뽀뽀라도 하듯 말입니다. 그때마다 여자 친구의 질에서는 점액질의 액체에 닿았다가 떼어지는 소리가, 여자 친구의 입에서는 신음이 나옵니다. 여자 친구는 아마 질 입구에 닿는 음경의 촉감을 온몸으로 느끼고 있을 것입니다. 음경은 무척이나 부드러운 피부조직이어서 입술로 애무하는 것과 다르지 않은 촉감을 느낄 수 있거든요. 성기 간 뽀뽀는 그 자체로 가장 섹시한 애무인 셈이죠.

이건 과연 섹스일까요? 아니면 애무일까요? 음경을 활용한 애무일 수도 있고 애무를 가장한 섹스 초기 단계일 수도 있겠죠. 이렇게 애무와 섹스를 합치면 길기만 한 애무를 노동으로 생각하지 않고 바로 삽입을 시도하면서도 오르가슴에 오르는 두 마리 토끼를 모두 잡을 수 있습니다.

심지어 음경의 끝이 아주 조금 질에 삽입되어도, 아직은 애무와 섹스의 경계일 뿐입니다. 아주 천천히 부드럽게 질 내부로 들어가긴 했지만 질 내부 끝(=자궁경부)까지 들어간 게 아니라 단지 음경의 앞부분만 살짝 질 내부에 들어가 있으며 그 상태로 어떤 움직임도 없으니까요. 남자 친구는 지금 질에서 가장 단단한 조임을 경험할 수 있는 질 입구의 탄력이 주는 쾌감을 귀두를 통해 온몸으로 느끼는 중입니다.

여자 친구 역시 마찬가지입니다. 음경이 삽입될 만큼 충분히 넓어지지 않은 여자 친구의 질 내벽은 거의 맞닿아 있는 상태인데, 그 공간으로 음경 중 가장 부피가 큰 귀두가 살짝 밀고 들어왔으니 질 입구에서 느껴지는 음경의 꽉 찬 느낌은 엄청날 수밖에 없습니다. 마치 엄청나게 굵은 음경이 질 안에 들어와 있는 것처럼 속이 꽉 찬 느낌이죠. 여자 친구 역시 이 감각을 클리토리스를 통해 온몸으로 느끼는 중입니다. 굳이 표현하자면, 성기 간 뽀뽀에서 성기 간 키스 정도로 넘어갔다고 할까요?

이 감각이 여성에게 최고의 쾌감을 선사할 수 있는 건, 여성의 신체 구조상, 성적으로 흥분해 혈액이 잔뜩 모인 채 발기한 클리토리스의 몸통과 양쪽 다리가 질 입구에서 2~3센티미터 깊이까지의 영역을 단단하게 감싸고 있기 때문입니다. 클리토리스를 볼 수는 없지만 여자 친구의 클리토리스는 남자 친구의 음경을 정면으로 바라보는 자세로 질 입구를 타고 앉아 있거든요. 잔뜩 흥분한 여자 친구의 클리토리스를 남자 친구의 귀두가 정확한 포인트로 자극하는 중입니다. 움직이지도 않고 가만히 닿고만 있는데도 말입니다. 이것만큼 강력하고도 가성비 좋은 애무가 또 있을까요?

애무가 노동이 되지 않으려면 이처럼 애무와 섹스를 섞어서 사용하면 됩니다. 흥분하지도 않은 여자 친구의 질에 음경을 다짜고짜 밀어 넣고 무식하다는 말을 듣는 대신 여자 친구를 애타게 하면서도 섹스하는 느낌을 받을 수 있습니다. 음경은 이미 질에 삽입되어 있으니까요.

애무와 섹스를 조금 더 섞어볼까요? 가만히 귀두 끝부분을 질 입구에 넣은 채 남자 친구는 여자 친구의 가슴을 애무합니다. 아직 여자 친구는 귀두가 클리토리스에 전하는 흥분도 다 감당하지 못하고 있는데, 가슴에서도 성적 쾌감을 받기 시작합니다. 그야말로 멀티 애무가 시작되는 순간입니다. 여자 친구는 이미 신음을 내지 않을 수 없는 상태가 되어가고 있을 것입니다.

여성 애무의 또 하나의 꽃
-가슴 애무

"여자 친구와 서로를 너무 아껴주고 사랑하는 관계를 이어오고 있습니다. 며칠 전에 처음 관계할 기회가 생겼는데 고민이 생겼습니다. 여자 친구가 가슴이나 유두를 애무하면, 기분은 좋지만 전혀 흥분이 되지 않는다고 하네요. 클리토리스를 혀로 애무해주면 소리 지르면서 좋아하는 걸 보면 애무 자체에 거부감이나 불감증은 없는 것 같은데 가슴 애무에는 전혀 흥분하지 않는 이유가 뭘까요?"

가슴은 여성의 몸에서 클리토리스 다음으로 민감한 성감대지만 클리토리스와는 달리 아주 천천히 달아오르는 부위입니다. 따라서 클리토리스 애무처럼 즉각적으로 반응할 거라 상상하고 애무하면 실망할 수 있습니다. 하지만 강렬한 클리토리스 애무보다 서서히 흥분되는 가슴 애무를 더 좋아하는 여성도 많으니 노력

대비 결과는 나쁘지 않을 것입니다. 클리토리스 애무가 전기충격처럼 강렬하고 자극적이라면 가슴 애무는 롤러코스터처럼 강도를 조절하며 충만한 즐거움을 주기 때문입니다. 짜릿한 쾌감은 덜할지 모르지만 클리토리스 애무로는 얻을 수 없는, 채워지는 느낌의 오르가슴이라고 할 수 있겠네요.

가슴은 젖꼭지인 유두와 젖꼭지 주변으로 동그랗게 피부색이 약간 어두운 부위인 유륜 그리고 유방 내부에서 젖이 흐르는 관인 유선으로 구성되며 이 기관들을 제외한 나머지 영역은 대부분 지방입니다. 지방이 많은 부위는 신경세포가 적게 분포되어 있고 신경세포가 적다는 건 그만큼 뇌에 전달되는 쾌감이 덜하다는 뜻이니 가슴이나 엉덩이를 클리토리스나 소음순처럼 애무하면 느낌이 다소 둔할 수 있습니다. 반대로 조금 강하게 자극해도 통증이 크지 않다는 뜻이기도 합니다. 따라서 애무 초기라면 외음부나 클리토리스를 향한 직접적인 애무보다는 가슴이나 엉덩이 등 덜 민감한 부위의 애무부터 시작하는 것이 좋습니다. 항상 애무는 '주변부에서 중심으로, 덜 민감한 곳에서 더 민감한 곳으로'입니다.

물론 가슴에도 감각신경이 모여 있는 부위가 있습니다. 바로 유두와 유륜입니다. 그렇다고 유두와 유륜만 적극적으로 공략하라는 말은 절대 아닙니다. 그러다 보면 자칫 통증을 느낄 수도 있거든요. 가장 민감한 곳은 가장 여린 곳이기도 하니까요. 애무하는 시간과 정성도 한곳에 집중하지 않고 고루고루 배분하는 게 좋죠. '주변부에서 중심으로' 향하는 애무의 원칙을 적용해, 주변 부위부터 시작해 유두에서 완성하는 것이 좋습니다.

우선 손으로 유방 전체를 감싸되 꽉 움켜쥐지 말고 닿을 듯 말 듯 스쳐 지나가 보세요. 반복해서 말하지만 애무의 원칙은 어느 부위든 '느리게 천천히, 스치듯 부드럽게'입니다. 또 브래지어 와 이어가 닿는 가슴 밑부분을 따라가며 부드럽게 스치거나 손바닥으로 가슴을 가볍게 안아 위로 들어 올리듯 마사지하면 성감에 좋습니다.

주변부를 닿을 듯 말 듯 천천히 애무했다면, 이제 가슴에서 신경세포가 가장 많이 분포되어 가장 민감한 유두와 유륜을 공략할 차례입니다. 유두와 유륜을 애무받으면 남자도 흥분할 만큼 가슴에서 가장 자극적인 부위이니 특히 세심하고 부드러운 터치가 필요합니다. 손바닥을 사용할 때는 스치듯 지나가는 느낌으로, 손가락을 사용할 때는 절대 꼭 쥐지 말고 센서에 손가락을 대듯이 살며시 움직이는 것이 좋습니다. 입이나 입술을 사용할 때는 이가 닿지 않도록 조심해서 부드럽게 해야 합니다. 때로는 입안 깊숙이 넣기도 하고 때로는 입술이나 혀끝으로만 자극해도 좋습니다.

가슴을 애무할 때는 손이나 다른 부위를 먼저 사용하고 입술이나 혀는 마지막에 사용합니다. 타인의 피부가 내 피부를 부드럽게 스치듯 지나가는 느낌은 말로 표현할 수 없는 짜릿함을 선사하는데, 피부에 침이 묻거나 이미 묻어서 말라버리면 그 느낌을 받기 어렵거든요. 입술과 혀라는 강렬하고도 효과적인 도구의 사용을 자제하라는 뜻이 아닙니다. 순서만 마지막으로 옮기자는 것입니다.

만약 여자 친구가 생리 직전이거나 생리 중이라면 부드럽게 애무해도 평소와 달리 아플 수 있으니 조심해야 합니다. 여자 친구가 조금이라도 아픈 기색을 보인다면 아예 유두와 유륜 애무는 피하는 것도 방법입니다.

여자 친구가 남자 친구의 몸 위로 올라가 왕복운동을 하는 여자 위 체위에서는 중력의 도움으로 여자 친구의 유방이 누운 남자 친구의 눈에 좀 더 크게 보이는 효과가 있습니다. 평소에 가슴이 다소 작아 불만이었던 여성은 이런 방식으로 가슴을 어필할 수도 있겠죠. 이때 남자 친구는 흥분된다고 가슴을 꼭 쥐거나 마구 주무르지 말고 손의 힘을 뺀 채 유방을 가볍게 손안에 가둬두기만 하는 게 좋습니다. 이렇게 하면 여자 친구가 몸을 움직이며 왕복운동을 할 때 자연스럽게 가슴이 손안에서 찰랑거리면서 스칩니다. 여자 친구의 유방을 마음껏 즐기면서도 자연스럽게 애무까지 되는 원리죠.

여성의 가슴에서 알아둬야 하는 또 하나의 성감대는 스펜스의 꼬리(Tail of Spence)입니다. 여성이 팔을 하늘 높이 들었을 때 가슴과 겨드랑이의 중간쯤 되는 부위입니다. 가슴이 다소 큰 여성들이 브래지어를 착용했을 때 좌우로 살이 삐져나오는 부위이기도 하죠. 성학자들은 이 부위를 '가슴의 클리토리스'라고 부릅니다. 이 부위로 림프절과 신경망이 지나가 잘만 자극하면 쾌감이 온몸으로 퍼지는 강력한 성감대이기 때문입니다. 하지만 클리토리스와는 달리 모든 여성이 스펜스의 꼬리가 민감하지는 않습니다.

모든 성감대가 그렇지만 가슴 애무 역시 한 가지 방법으로만 공략하면 아무리 자극적이어도 쉽게 익숙해지고 맙니다. 같은 부위도 다양한 애무 방법에 따라 여자 친구의 반응이 다를 수 있으니 여자 친구의 반응을 기억해두었다가 다음에 같은 부위를 공략할 때 활용하면 큰 도움이 될 수 있습니다. 작고 사소한 것을 기억했다가 표현해주는 것은 여성의 마음을 움직이는 멋진 스킬 중 하나입니다.

"저희 커플은 체위를 바꾸는 걸 좋아합니다. 변태 같은 것만 빼고는 다 해보는데, 해보니 여성 상위와 후배위가 남자 친구의 성기가 가장 깊게 들어오는 체위인 것 같습니다. 남자 친구의 성기 끝이 자궁 입구에 닿는 게 느껴지거든요. 약간 아프긴 하지만 기분이 좋아서 그냥 즐기는데 건강에는 문제가 없는지 궁금합니다."

음경을 질 안에 넣고 가슴 애무에 집중하던 남자 친구는 어느덧 음경을 빼고 가만히 여자 친구의 뒤에서 백허그를 합니다. 백허그는 여성이 좋아하는 포옹 방법 중 하나입니다. 이 남자의 품에서 내가 안전하다는 느낌과 이 남자로부터 사랑받는다는 느낌을 동시에 받을 수 있기 때문이죠.

여자 친구를 뒤에서 안은 남자 친구는 입술로 여자 친구의 목과 귓불을 애무합니다. 목과 귓불은 여성의 강력한 성감대 중 하나죠. 어떤 남성은 그저 이 부위에 뜨거운 입김을 불어 넣는 데만 열심이지만 그보다는 살짝 뽀뽀하거나 부드럽게 혀로 핥아주는 것이 더 효과적입니다.

백허그와 함께 여자 친구의 몸을 충분히 애무하던 남자 친구가 일어서면서 여자 친구의 골반을 양손으로 잡고 가만히 들어 올립니다. 자연스럽게 뒤에서 체위를 잡는 거죠. 뒤에서 체위는 자연계에서 가장 많이 볼 수 있는 성교 체위어서 인간에게도 낯설지 않습니다. 엎드린 여성의 엉덩이가 위로 한껏 들어 올려져 그 둥근 형태와 풍만감이 강조되는 섹시한 체위죠. 그래서 많은 남성이 이 체위를 선호합니다.

이 체위는 특성상 남성의 정복 욕구를 가장 충족해주는 자세이기도 합니다. 그런 감정에 휩싸인 일부 남성은 강하게 음경을 삽입하고 못을 박듯 치골로 여성의 엉덩이를 때려대곤 하는데 정말 어리석은 행동입니다. 이 체위에서 느껴야 하는 포인트가 얼마나 많은데 그러고 있으니 말입니다.

뒤에서 체위는 인간의 신체 구조상 남성의 음경이 여성의 질에 가장 깊게 삽입되는 체위입니다. 자궁경부에 귀두가 닿을 가능성이 가장 큰 체위죠. 자궁경부는 부드럽게 마찰하면 커다란 성적 쾌감을 얻을 수 있지만 너무 강하게 타격하면 통증을 줄 수 있습니다. 따라서 이를 아는 남성들은 뒤에서 체위에서는 더 천천히 부드럽게 움직입니다. 아주 천천히 다가가 살짝 닿을 때 쾌감이 극대화되는 거죠.

남자 친구는 절대 서두르는 기색 없이 천천히 엎드린 여자 친구의 뒤에서 무릎을 꿇고 자세를 잡은 후 가만히 귀두 끝을 질 입구에 닿게 합니다. 아까처럼 들어가지 않은 채 성기 간 뽀뽀부터 시작합니다. 질 입구와 귀두가 닿은 상태에서 남자 친구는 자기 손바닥을 넓게 펴서 여자 친구의 엉덩이를 부드럽게 원을 돌리며 마사지합니다. 애무한다기보다는 손으로 전해지는 여자 친구의 엉덩이 형태와 굴곡, 피부감각을 온전히 즐기고 있습니다. 이 상황은 질 입구와 둔부를 동시에 자극하는 멀티 애무이기도 하죠. 이것이 바람직한 애무입니다. 나도 즐기면서 동시에 상대에게도 기쁨을 주는 애무가 많을수록 애무를 노동으로 생각하는 일도 줄어드니까요.

부드럽게 여자 친구의 엉덩이를 마사지하던 남자 친구는 이제 좀 더 다양한 움직임을 더합니다. 엉덩이 살을 손으로 살짝 쥐거나 여자 친구의 허리에서 항문 방향으로 골을 따라 스치듯 손가락을 미끄러트리거나 그 과정에서 마주치는 항문도 닿을 듯 말 듯 살짝 스칩니다. 만약 항문 애무에 민감한 여성이라면 이때 낮은 신음이 터져 나올 수도 있습니다. 물론 이렇게 애무한 손가락은 절대 여자 친구의 입이나 질에 가까이 대지 않도록 조심해야 합니다. 의도치 않게 대장균을 전파할 수 있으니까요.

언뜻 보기에 엉덩이는 전체가 하나의 큰 지방 덩어리로 보이지만 실제로는 근육이 발달한 부위 중 하나입니다. 인간이 곧추서는 데 가장 큰 역할을 하는 부위가 바로 엉덩이거든요. 엉덩이 근육은 주변 근육들과 유기적으로 연결되어 있고 질 둘레를 감싸는 BC 근육이나 항문을 비롯한 회음부 전체를 받쳐주는 PC 근육 등과도 연결되어 있기에, 엉덩이 근육을 살짝 쥐고 좌우로 부드럽게 흔들어주면서 만드는 미세한 떨림은 BC 근육과 PC 근육에 전달되어 클리토리스를 자극하면서 은근한 쾌감을 줄 수 있습니다.

엉덩이를 애무할 때 조금 강하게 압력을 준다든지 트램펄린 위에서 뛰듯 가볍게 엉덩이를 두드리는 것도 색다른 느낌을 줄 수 있습니다. 엉덩이는 다른 성감대에 비해 비교적 감각신경이 적은 부위이기에 조금은 강한 자극이 오히려 만족스러운 쾌감을 만들기도 하니까요. 다만 여자 친구가 좋아한다는 전제하에 실행해야 합니다. 여자 친구가 엉덩이 애무를 좋아하는지 확인도 하지 않고 엉덩이를 때리거나 깨무는 등의 행위를 하는 건 바람직하지 않죠. 애무의 기본 원칙은 '느리게 천천히, 스치듯 부드럽게'니까요.

뒤에서 체위의 또 하나의 장점은 남자의 두 손이 자유롭다는 것입니다. 그래서 엉덩이 애무와 질 삽입을 동시에 진행할 수 있죠. 몸을 기울여 가슴 애무를 할 수도 있고 여자 친구의 목덜미부터 허리까지 넓은 부위를 애무할 수도 있습니다.

입술과 혀를 사용해 엉덩이를 스쳐 지나가며 미끄러지듯 흐르던 애무가 허벅지 안쪽으로 흘러들어 회음부를 지나 외음부까지

닿으면 어느덧 쾌감은 절정을 향해갑니다. 이쯤되면 여자 친구가 나지막이 음경을 질에 넣어달라고 할 수도 있습니다. 애무를 잘 하고 있다는 증거죠.

20~30분 이상 섹스하며 서로의 몸을 탐닉하는 커플 중에는 이 처럼 애무와 섹스를 계속 섞어 사용하는 커플이 많습니다. 사실 30분 이상을 내내 빠르게 왕복운동만 하며 섹스하는 건 불가능하 거든요. 그런 속도와 강도에도 사정하지 않는다면 그건 지루에 가까우니까요. 그렇게 한 가지 방식으로 빠르고 강하게 왕복운동 을 하는 건 성감에도 바람직하지 않습니다.

오른손 엄지손가락을 왼손 바닥으로 살짝 감싸 쥐고 엄지를 빠 르게 넣었다 빼는 왕복운동을 해보세요. 아무리 기분 좋은 접촉 도 일정 시간이 지나면 마찰열 때문에 통증을 만들 수밖에 없다 는 것을 알게 됩니다. 이게 바로 길게 하는 섹스가 무조건 좋지는 않은 이유입니다. 오랜 시간 행복하게 섹스하는 커플의 비결은 대개 강약과 속도, 애무와 섹스를 잘 조절하는 것입니다.

놀라운 변화를 만드는,
슬로 섹스

"섹스할 때 여자 친구가 아프다는 말을 자주 합니다. 그래서 자료를 찾아보다가 선생님 책에서 슬로 섹스에 관한 글을 봤고, 여자 친구를 아끼고 싶어서 최대한 천천히 하려고 노력 중입니다. 그런데 궁금한 게 생겼습니다. 처음부터 끝까지 느리게만 하는 건가요?"

슬로 섹스는 말 그대로 천천히 섹스하는 것입니다. 처음 질에 음경이 들어가기 시작해서 음경 전체가 질에 다 삽입될 때까지 10분 정도 걸린다는 생각으로 느리게 들어가고 나오면 됩니다. "네? 다 들어가는 데 10분이요?" 놀라셨나요? 한번 들어가는 데 10분이 걸린다는 뜻이 아닙니다. 음경 전체가 질에 다 들어간 상태가 되는 데 10분이라는 뜻이죠. 즉, 처음에는 천천히 음경의 끝부분만 질에 들어갔다 나오고, 다음은 이전보다 1밀리미터 더 깊게 들어갔다가 나오고, 다음은 3밀리미터 더 깊게 들어갔다가 나오고, 이처럼 들어가는 깊이를 점점 더 늘려가는 것입니다. 질을 조금씩 열어간다는 느낌으로 들어가고 나오다 보면 어느덧 음경 전체가 질에 들어가 있겠죠.

때로는 조금 들어갔다가 그대로 멈춰보세요. 남성은 귀두 끝에 전달되는 질 내부의 부드러운 점막이 느껴질 것이고, 여성은 질 입구로 들어오는 음경 귀두부의 단단함과 두께감이 느껴질 것입니다. 그 느낌을 제대로 느꼈다면 아마 '가만있어도 이렇게 좋은 거였어?' 하는 생각과 함께 저절로 신음이 터져 나올 것입니다. 빠르게 삽입하고 왕복운동을 했을 때는 느낄 수 없었던 소중한 감각이죠. 그 소중한 느낌 하나하나를 남자도 여자도 온몸의 감각신경으로 느끼는 게 슬로 섹스의 목적입니다.

아주 천천히, 점점 깊게 들어오다가 그대로 멈추고 질의 움직임을 느끼다가 다시 천천히 나갔다가 다시 천천히 들어오고, 그때마다 여성은 음경의 굵기와 단단함과 부드러움, 음경이 질 안에 들어와 있는 묵직하고 꽉 찬 느낌, 나갈 때 귀두의 돌출 부분이 질벽을 쓰다듬는 느낌을 단 하나도 빼놓지 않고 모두 경험하고, 남성은 질의 모든 깊이에서 질 점막이 음경을 어루만지는 느낌, 때로는 흥분한 질 근육과 클리토리스 몸체가 수축과 이완을 반복하면서 음경을 꽉 쥐었다 놓는 짜릿한 감각과 따뜻한 쾌감 모두를 뇌에 깊이 새겨두는 겁니다. 이렇게 천천히 진행하는 것이 슬로 섹스입니다.

슬로 섹스의 가장 큰 장점은 남녀 모두 섹스에서 얻을 수 있는 모든 감각을 섬세하게 체험할 수 있다는 것입니다. 물론, 부가적인 장점으로 조루 방지도 있죠. 삽입 후 빠르게 왕복운동을 하면서도 10~20분을 유지하는 건 거의 불가능하기도 하지만, 가능하다고 해도 바람직하지 않습니다. 빠르고 강한 왕복운동은 여성의 질과 요도에 강한 자극을 주어 복통과 방광염을 유발할 수 있으니까요. 왕복운동을 천천히 부드럽게 하면 여성을 향한 자극도 부드러워지고, 음경을 향한 자극도 부드러워집니다. 자극이 부드러우니 사정감도 늦출 수 있고요. 조금이나마 조루 경향이 있다면 무조건 슬로 섹스를 권합니다.

그렇게 아주 천천히 들어가면서 음경과 질 내벽의 부드러움이 접촉하는 과정에서 얻어지는 압력과 쾌감에 집중하다 보면 아마 어떤 성적 자극과도 비교할 수 없을 만큼 짜릿하면서도 부드럽고 행복한 경험을 하게 될 것입니다. 삽입 섹스로는 여간해서 오르가슴을 느껴본 적이 없던 사람도 충분히 흥분한 상태에서 슬로 섹스를 경험하고 나면 다시 이전으로 돌아가고 싶지 않을 정도입니다.

슬로 섹스의 쾌감을 제대로 경험하며 섹스하는 사람이 남성 중에는 많지 않습니다. 천천히 들어가고 나오는 과정에서 느끼는 접촉과 압력의 독특한 성적 쾌감 자체를 잘 모르기도 하고, 남성 대부분은 섹스의 쾌감을 오로지 사정에서 찾곤 하니까요. 하지만 이 쾌감에 익숙해지면 어느새 사정 같은 것에는 관심도 없어질 것입니다. 사정의 쾌감은 강렬하지만 일시적이고, 슬로 섹스의 쾌감은 은은하면서도 오래 지속됩니다. 오히려 사정은 쾌감의 적일 수도 있습니다. 사정하고 나면 발기가 사라지니 더는 쾌감을 경험할 수 없으니까요.

마치 헬스장에 운동하러 온 것처럼 땀을 뻘뻘 흘리며 빠르게 왕복운동을 하는 것에만 집중하는 남성은 섹스 전 과정에서 경험할 수 있는 은은하고 깊은 쾌감을 포기하는 것과 같습니다. 일단 삽입하고 나면 어서 빨리 유일한 오르가슴이라고 생각하는 사정을 통해 짜릿한 쾌감을 얻고 싶어 더 빨리 왕복운동을 진행하고, 순간의 허망한 쾌감만을 위해 본인도 모르게 조루를 향해 달려가는 거죠. 안타깝게도 그런 남성의 여자 친구는 아직 채 흥분하지도 않은 몸으로 남성의 사정을 맞이하게 됩니다. 경험할 수 있는 온갖 쾌감을 다 버린 채 말입니다.

남성이 사정하고 나서 바로 코를 골며 잠에 빠지는 것 역시 사정 때문만은 아닙니다. 빠른 왕복운동으로 체력을 다 소진해버렸으니 어서 잠을 통해 에너지를 보충하고 싶은 겁니다. 후회(後喜)는 모든 성관계의 마침표 역할을 하는데, 남자 친구가 바로 잠이 들어버린 커플에게는 후회가 없으니 다행히 여성이 오르가슴을 경험했다 하더라도 섹스의 마무리는 아쉬울 것입니다. 하지만 슬로 섹스로 마무리까지 가면 섹스 후에도 후회를 즐길 충분한 에너지가 남게 되죠.

물론 성관계 전 과정을 느리게만 움직이는 건 아닙니다. '천천히 부드럽게' 왕복운동을 하다 보면 남녀 모두 빠른 왕복운동을 원할 때가 있습니다. 내 몸이 더 강한 자극을 원하는 거죠. 우리에게 익숙한 빠른 왕복운동은 바로 그때 하면 됩니다. 남자 친구의 몸이 혹은 여자 친구의 몸이 원할 때 말입니다. 이때의 빠른 왕복운동은 그야말로 불꽃놀이처럼 폭발적으로 쾌감을 터뜨리게 될 것입니다.

자상하고 따뜻하기만 하던 여자 친구가 소리를 지르고, 예쁜 표정만 짓던 여자 친구의 표정이 쾌감으로 일그러지며, 항상 밝기만 하던 여자 친구가 갑자기 엉엉 울거나 자신도 모르게 남자 친구의 등에 손톱을 박아 넣는 오르가슴의 행위들은 그렇게 확인할 수 있습니다.

여자 친구의 질이 단단하게 조여주는 느낌

"남자 친구와의 관계가 이상하게 지루하다고 느껴질 때쯤 남자 친구가 폭탄선언을 했습니다. 제 거기가 헐거워서 하고 싶은 마음이 안 생긴다는 거예요. 참고로 전 아직

30대 초반입니다. 자존심이 상할 대로 상해서 이것저것 검색해봤더니 정말 그런 걸로 고민하는 여자도 있고, 병원에서 시술 같은 것도 하더군요. 저도 시술이라도 해야 할까요?"

슬로 섹스로 모든 감각신경의 레이더가 음경과 질에 집중된 상황이라면 남자와 여자 모두, 흔히 다수의 남성이 말하는 '질에 삽입할 때 느끼는 꽉 차면서도 조이는 느낌'을 제대로 경험할 수 있습니다. 여자 친구가 손으로 음경을 감싸도 그토록 짜릿하고 기분 좋은데 심지어 부드러운 질로 잡아주다니 황홀할 수밖에 없을 겁니다.

남성이 음경을 통해 질이 조여준다는 느낌을 받는 것은 질을 클리토리스가 감싸고 있기 때문입니다. 여성이 성적으로 충분히 흥분하면 질을 감싼 클리토리스의 몸통 해면체에 혈액이 차서 우렁차게 발기하고, 그 발기의 강도만큼 질을 강하게 압박합니다. 그 사이로 밀고 들어가는 음경은 그 압박을 있는 그대로 경험하면서 소위 '꽉 차는 느낌'을 받지 않을 수 없죠. 만약 남성이 연인과의 성관계에서 꽉 차는 느낌을 받지 못했다면 그건 연인을 충분히 흥분시켜주지 못했다는 방증입니다.

모든 애무의
프리퀄

●

애무를 더 애무답게
완성하는 철학

"저는 남자 친구가 애무하는 게 싫어요. 처음부터 그랬던 건 아니에요. 둘 다 성관계가 처음이었기에 초반에는 둘 다 애무가 서툴렀는데 그때는 원래 다 그런가 싶어서 특별히 싫은 건 아니었어요. 그런데 얼마 전부터 남자 친구가 이상한 방식으로 애무를 하더라고요. 진심으로 저를 애무한다기보다는 어디서 배운 걸 테스트한다는 느낌이 강하게 들었습니다. 자꾸 그런 생각이 드니 이제는 남자 친구의 애무가 싫어요. 어떡하면 좋죠?"

프리퀄은 이미 출시된 영화나 드라마의 시간상 앞선 이야기를 보여주는 속편을 말합니다. 프리퀄을 보면 기존에 보았던 스토리의 배경을 확인할 수 있어 이야기를 더 잘 이해할 수 있죠. 같은 개념으로 지금부터는 애무에 관해 더 잘 이해할 수 있도록 애무의 프리퀄을 이야기해보려 합니다.

애무는 그 자체만으로도 에로틱한 단어입니다. 이 단어를 들으면 사람들은 단번에 스킨십이나 성감대 등의 단어와 함께 성관계를 떠올리죠. 그 뒤를 자연스럽게 따라오는 생각은 '어디를 어떻게 애무해야 연인이 가장 흥분할까?'입니다. 그래서인지 사석에서 제가 성 상담사라고 하면 사람들이 제일 먼저 묻는 것이 바로 "특별한 애무 방법이 있다면 알려달라"라는 것입니다. 하지만 그분들의 에로틱한 기대와 달리 그럴 때 제가 알려주는 건 가장 기초적인 연인을 향한 태도입니다. 그러면 질문자는 곧 실망 가득한 눈으로 바뀝니다. 마치 무슨 그런 고리타분한 이야기를 하냐고 말하는 듯하죠.

하지만 단언컨대 이 이야기는 실망하며 들을 이야기가 아닙니다. 2002년 월드컵을 준비하면서 히딩크라는 외국 감독을 만난 국가대표 선수들은 좋은 성적을 내기 위한 멋진 전술이나 기술을 기대했습니다. 하지만 히딩크 감독이 오랫동안 공을 들인 분야는 바로 하체 근육을 포함한 체력단련이었죠. 아마 처음에는 선수들도 실망했을지 모릅니다. '그건 기본이잖아' 하면서 말이죠. 하지만 2002년 4강 신화를 만든 건 바로 히딩크의 그 전략이었습니다. 무엇이건 기초가 튼튼해야 실력이 발휘되는 법이니까요. 애무를 진짜 애무답게 만드는 것이 지금부터 이야기할 애무의 기초이자 프리퀄입니다.

애무의 프리퀄 첫 번째, 언어

"남자 친구는 여자에게 대화가 얼마나 중요한지 잘 모르는 것 같아요. 저는 만나서 그냥 차만 마시더라도 우리 이야기를 더 많이 하고 싶은데 남자 친구는 언제나 모텔에 가서 이야기하자고 합니다. 막상 모텔에 가면 이야기는 안중에도 없고 다짜고짜 옷부터 벗기죠. 이런 남자와는 헤어지는 게 답일까요? 남자 친구를 바꿀 방법은 정말 없을까요?"

애무를 더 애무답게 완성하는 첫 번째 프리퀄은 언어를 활용하는 것입니다. 사실 이건 여성이 사용하기에는 그다지 효과적인 노하우는 아닙니다. 남성은 청각보다 시각적 유혹에 약하고 촉각에 무너지는 존재니까요. 하지만 여성은 다릅니다. 우선 여성은 남성의 목소리에 매력을 느낍니다. 이때의 목소리는 음색을 말하며, 만약 중저음 음색을 지니고 있다면 일단 여성이 좋아할 일차적인 조건은 완성되었다고 봐도 좋습니다.

하지만 중저음 음색이 아니라도 실망할 필요는 없습니다. 다행스럽게도 목소리만큼이나 여성의 감성을 높여주는 언어 활용은 바로 말의 내용이기 때문입니다. "예쁘다", "섹시하다", "보고 싶었다", "사랑한다"처럼, 사랑하는 그녀를 향해 쏟아내는 온갖 칭찬과 애정의 언어는 순식간에 여자 친구 마음의 빗장을 풀어줍니다. 마음의 빗장을 풀어준다는 것은 애무에 필요한 시간을 줄여주고 같은 애무에도 두 배는 더 강렬하게 반응하게 된다는 뜻입니다.

언어의 힘이 여성에게 좀 더 효과적인 건 사실이지만 남성에게 전혀 효과가 없는 건 아닙니다. 어떤 이야기를 하느냐에 따라 남성에게도 비슷한 힘을 발휘할 수 있습니다. 사랑하는 여자에게 남자가 가장 바라는 언어의 내용은 바로 인정입니다. 남자는 자기를 인정해주는 존재를 위해 목숨도 바칠 수 있는 존재입니다. 따라서 사랑하는 여성으로부터 인성과 존중의 인이를 들은 남성은 어느새 여성에게 충성하는 존재가 될 것입니다. 심지어 남성의 발기를 완성하는 것이 여성의 감탄사라는 말도 있을 정도니

이 정도면 애무 전 언어 활용은 모두에게 필수라고 해야 하지 않을까 싶네요.

애무의 프리퀄 두 번째, 진심

> "남자 친구와 3년째 연애 중입니다. 초기에는 애무에 정성이 느껴졌는데 지금은 대충 가슴 좀 만지다가 삽입하려고 합니다. 어느 때는 애무도 없이 자기 성기부터 만져달라고 하고, 입으로 해달라고 하고요. 이제는 헤어질 때가 된 거겠죠? 너무 외롭고 눈물이 나요. 어떻게 하면 좋을까요?"

애무를 더 애무답게 완성하는 두 번째 프리퀄은 진심입니다. 너무도 당연해서 하나 마나 한 이야기 같나요? 그렇다면 물어보겠습니다. 당신은 연인의 몸을 애무하는 데 진심인가요? 내가 만지고 싶어서 만지는 게 아니라 진심으로 상대의 기쁨을 위해 애무하는 게 맞나요?

이쯤 되면 진심으로 하는 애무와 진심이 없는 애무의 차이가 궁금할 것입니다. 아주 간단한 구별 방법이 있습니다. 가슴과 성기를 제외한 연인의 성감대에 관해 얼마나 많이 알고 있는지 체크해보면 됩니다. 그리고 그중 한 곳을 10분 이상 사랑한 적이 있는지도요.

정성과 진심이 담긴 애무는 내가 얼마나 사랑받고 있는지 느끼게 해줍니다. 사랑받고 있다는 느낌이 들면 말라가던 사랑도 새롭게 샘솟게 되죠. 하지만 반대로 대충 가슴이나 만지작거리다가 곧바로 삽입하려고 덤비는 남자 친구에게는 열렸던 마음도 닫히는 법입니다.

내 남자가 나를 만지는 목적이 오로지 섹스와 성욕의 해소라는 걸 정확하게 인지하는 능력을 지닌 여성의 뇌는 그 사실을 인지하는 순간 섹스로부터 감성을 멀리 떨어뜨려 놓습니다. 평소에 그토록 흥분하던 부위를 아무리 애무해도 연인의 반응이 시큰둥하다면, 그날 연인의 기분이나 컨디션을 의심하기보다는 내 태도가 어땠는지 먼저 생각해보는 것이 좋습니다.

반대로, 남자 친구의 애무에서 진심이 느껴진다면 그만큼 여자 친구는 감동하고, 그 감동으로 인해 더욱 빠르고 강하게 흥분합니다. 남자 친구의 진심은 "빨리 넣어줘"라는 여자 친구의 유혹적인 피드백을 만들기도 하고, 그런 말에 서툰 여자 친구는 손으로 남자 친구의 엉덩이를 잡고 몸쪽으로 잡아당길지도 모릅니다. 그러니 어쭙잖은 애무 기술보다 진심이 더 나을 수밖에요.

애무의 프리퀄 세 번째, 분위기

"남자 친구와 저는 둘 다 부모님 집에서 살아요. 그러다 보니 관계하려면 모텔에 가야 하는데 가난한 대학생이다 보니 대실료가 부담스럽더라고요. 결국 우리가 찾은 대안은 빈 강의실이나 옥상 올라가는 계단 등인데 갑자기 사람이 나올까 봐 저는 흥분이 안 됩니다. 혹시 이런 장소에서도 마인드 컨트롤을 할 방법이 있을까요?"

애무를 더 애무답게 완성하는 세 번째 프리퀄은 분위기입니다. 설문을 해보면 거의 모든 여성이 좀 더 로맨틱한 장소, 로맨틱한 상황, 로맨틱한 분위기가 강한 성욕을 만든다고 고백합니다. 오래된 연인이거나 둘의 성향이 모험 지향적이라면 차, 계단, 빈 강의실, 어두운 공원 등에서의 경험도 쾌감을 높이는 요소가 되겠지만, 대개의 여성은 안전하고 편안하면서도 따뜻한 분위기를 선호하죠. 너무도 당연한 이 조건을 남성들은 종종 무시합니다.

동거하는 연인의 아침, 잠에서 깬 남자 친구의 음경이 한껏 발기되어 있습니다. 소위 아침 발기죠. 발기가 뿌듯한 남자 친구는 넘치는 성욕으로 자고 있는 여자 친구를 덮칩니다. 자, 10분 후 이 방의 모습은 어떻게 전개되고 있을까요? 아침부터 이웃의 잠을 깨우는 여자 친구의 고성이 간헐적으로 흘러나오는 격렬한 섹스가 펼쳐지고 있을까요? 아니면 성욕을 충족하지 못해 삐친 남자 친구와 자신을 섹스 상대로만 생각하는 것 같아 불쾌해진 여자 친구가 각자 등 돌린 채 아침을 준비하고 있을까요? 남자는 전자를 상상하지만, 사실 전자의 모습은 로맨스 영화나 포르노에서나 나오는 장면입니다. 바쁜 아침이 섹스하기 좋은 환경은 아니니까요.

때로는 분위기와 무관하게 무조건 섹스하고 싶은 성욕에 시달리기도 하는 남성은 여성에게는 섹스하고 싶은 분위기를 만드는 것이 중요하다는 사실을 잘 이해하지 못합니다. 하지만 이 부분만 잘 이해하고 외워서 실행한다면 서로 간 오해로 만들어지는 불필요한 다툼을 피할 수 있습니다. 남자 친구는 좀 더 로맨틱한 상황과 분위기를 만들도록 노력하고, 여자 친구는 좀 더 남자 친구의 본능을 존중하고 이해하는 태도를 기른다면 두 사람은 어느새 모두가 부러워하는 커플이 되어 있을 것입니다.

애무의 프리퀄 네 번째,
시각과 촉각

"남자 친구가 제 그곳을 보고 싶다고 해서 절대 안 된다고 했어요. 아무것도 보이지 않는 곳에서도 발가벗고 있는 게 창피한데, 불을 켜고 다리를 벌리고 남자 친구 눈앞에 그곳을 보여준다고 생각하면 소름이 끼칩니다. 왜 보고 싶어 하는지 이해가 가지 않습니다. 남자 친구가 변태가 아닌지 걱정되기도 하고요. 이 남자와 계속 사귀어도 되는 걸까요?"

애무를 더 애무답게 완성하는 네 번째 프리퀄은, 남자는 시각과 촉각에 약하다는 것입니다. 여자는 청각에 약하지만 남자는 시각과 촉각에 민감하게 반응하죠. 많은 여성이 남자 친구 앞에서 알몸을 노출하는 것에 민감해합니다. 불을 끄지 않으면 옷조차 벗으려 하지 않는 여성도 있고 남성이 오럴 애무를 하려고 허리 아래로 내려가면 기겁하며 남자 친구의 머리를 끌어 올리는 여성도 있습니다. 모두 자기 신체를 있는 그대로 남자 친구에게 노출하는 데 익숙하지 않은 모습이죠.

하지만 이미 사랑이 시작되었다면 남자 친구에게 여자 친구의 몸은 그 자체로 사랑 덩어리입니다. 작은 가슴, 굵은 허벅지, 톡 튀어나온 똥배까지도 남자 친구의 눈에는 사랑스럽고 섹시하죠. 그러니 절대 민망해하지 않았으면 좋겠습니다. 우리, 앞에서 이미 배웠잖아요. 내 몸 자존감은 내 오르가슴에도 좋다고요. 자신 있게 마음껏 보여주세요. 남자 친구에게 당신은 그 어떤 여자보다도 아름답습니다.

조금 더 용기를 낼 수 있다면 촉각에 도전해보는 것도 좋습니다. 시도 때도 없이 음경을 만지작거리며 즐거워하는 여자 친구는 남성들의 로망 중 하나입니다. 나란히 누워 TV를 볼 때나 어두운 영화관에서 영화 볼 때, 함께 차에 탔을 때, 불쑥 남자 친구의 바지 위로 손을 뻗어 남자 친구의 음경을 만져주는 애무는 남자 친구를 순식간에 성적 쾌감의 세계로 인도하는 엄청나게 자극적인 애무입니다. 굳이 손을 넣어서 만지지 않고 옷 밖에서만 만져도 말입니다.

대부분의 여성은 불쑥 내 몸을 만지려고 하는 남자 친구를 에로틱하게 받아들이지 못하니 상대도 그럴 거라고 생각하지만 아닙니다. 남자는 정반대입니다. 너무너무 좋아하죠. 물론, 그 흥분이 섹스로 이어질 수 있는 상황이 아니라면 "내가 이렇게 만지더라도 절대 섹스하고 싶다는 신호는 아니니까 그냥 즐겨"라고 말해두는 게 필요합니다. 대개의 남성은 애무받는 것에 익숙하지 않으니 이런 시도를 곧 여자 친구의 성욕으로 이해하거든요. 그저 선물처럼 이런 애무를 해주는 거라고 말하면 좋습니다.

나 스스로 찾는 성감대

"지난번에 상담을 드렸고 그 이후로 건강한 자위를 실행하고 있는 20대 여성입니다. 믿으실지 모르지만 자위를 시작한 지 1년 만에 드디어 남자 친구와의 관계에서 오르가슴을 경험했습니다. 저도 무척 신기하고도 좋았지만 남자 친구도 너무 좋았다고 하네요. 사실 보내주신 메일을 읽으면서도 반신반의했는데 자위의 힘이 이토록 강렬한지 몰랐습니다. 이 사실을 꼭 상담사님께 알려드리고 싶어서 메일드립니다."

애무를 애무답게 완성하는 마지막 프리퀄은 여성 스스로 성감대를 찾고 개발하는 것입니다. 아무리 섬세하고 배려 깊은 남자 친구라고 해도 남자 친구의 손길로 여자 친구의 성감이 개발되는 건 쉽지 않은 일입니다. 만약 내 남자 친구는 내 성감대를 정확하게 알고 있고 내가 흥분하는 방법도 잘 알고 있어서 애무에 활용한다고 느끼는 여성이 있다면, 로또에 당첨된 정도로 운이 좋다고 생각해도 좋습니다. 그런 남자는 거의 없으니까요. 모르는 남자 친구가 문제가 아니라, 알려주지 않은 내가 문제입니다.

만지면 기분 좋고, 그렇게 하면 성적으로 흥분하는 방법은 스스로 찾아서 남자 친구에게 알려줘야 합니다. "남자가 알아서 좀 해주면 안 되나요?"라는 말은 무척이나 이기적인 말입니다. 생각해보세요. 누군가가 나에게 1만 원을 주면서 처음 가보는 곳에서 어떤 물건을 사 오라고 했는데, 네이버 검색도, 길 찾기 앱도 사용하지 못하게 한다면 어떻게 하겠습니까? 당연히 "그곳에 어떻게 가는지, 그리고 당신이 좋아하는 게 무엇인지는 알려줘야죠"라고 할 것입니다.

사실 친절하게 알려줘도 잘하지 못하는 게 남자입니다. 안타깝게도 아직 학교 성교육에는 바람직한 애무 방법에 관한 교육이 들어 있지 않거든요. 그러니 남자 친구의 애무 기술은 내가 완성해주는 것이 가장 바람직합니다. 내 행복을 스스로 찾아가는 것, 그게 바로 주체적 사랑이니까요.

연인은 절대 테스트의 대상이 아닙니다. '내 남자 친구는 알려주지 않아도 내 몸을 잘 알까, 모를까?' 하며 테스트하지 마세요. 굳이 테스트할 거라면 오픈북으로 하기 바랍니다. 위치나 방법 등

기본적인 것을 가르쳐준 후에 얼마나 자기 것으로 소화하며 진심을 담아 업그레이드하느냐를 기준으로 판단하면 됩니다.

애무를
완성하는 기술,
오럴

●

조심스럽게,
하지만 과감하게

오럴 애무
공포증

"오럴 애무를 즐기는 20대 커플입니다. 얼마 전 신문 기사에서 오럴 애무가 구강암이나 후두암을 일으킬 수 있다는 내용을 봤는데, 해도 괜찮은 건가요? 많이 하는 게 문제지 가끔은 문제없을까요? 우리 둘 다 좋아하긴 하는데 병이 생길 수 있다고 하니 걱정이 됩니다."

오럴 애무가 구강암이나 후두암의 원인이 될 수 있다는 건 사실입니다. 만약 피감염자의 구강에 조금이라도 상처가 있고 감염자가 몸을 깨끗이 씻지 않은 채 오럴 애무를 받았거나 씻었다고 해도 완벽하게 세균이 제거되지 않았다면 몸에 남아 있던 세균이 상처로 유입될 수 있습니다. 만약 감염자가 HIV(인간 면역결핍 바이러스) 보균 남성이고 피감염자가 상처가 있는 입으로 이 남성의 정액을 받았다면 이 역시도 AIDS(후천성 면역결핍증) 감염의 원인이 될 수 있습니다. 따라서 "아무 문제 없으니 마음껏 오럴 애무를 즐기세요"라고 단언할 수는 없습니다.

다만, 오럴 애무를 통해 이런 질병에 걸릴 가능성은, 운전하다가 교통사고가 날 가능성이나 스노보드를 타다가 골절상을 입을 가능성보다는 높지 않을 것입니다. 교통사고나 겨울철 스키장 골절 사고는 흔하게 발생하지만 오럴 애무로 질병에 걸린 사례는 가끔 뉴스에서나 만나게 되니까요. 하루에 서울 시내에서만 100건이 넘는 교통사고가 발생합니다. 그중 한두 건은 심지어 사망 사고죠. 그럼에도 불구하고 그 누구도 교통사고가 이리도 많으니 절대 운전하면 안 된다는 말은 하지 않습니다. 심지어 학원까지 차려놓고 운전을 가르치죠.

왜일까요? 그렇게 해서 얻는 편의성이 혹시 있을지 모를 위험성보다 높기 때문입니다. 가르치는 사람은 어떻게 하면 운전을 안전하게 잘할 수 있는지 가르치고, 계속 운전을 할지 말지에 관한 최종 판단은 결국 개인의 몫입니다. 위험은 언제나 우리 곁에 존재합니다. 우리는 그 위험을 예방하기 위해 최선의 노력을 해야 합니다. 오럴 애무로 질병에 걸릴 위험을 방지하기 위한 노력으로는 철저한 위생 관리와 검증된 파트너와만 즐기는 성관계가 있겠죠. 그럼에도 불안해서 오럴 애무를 할 수 없다면 그 역시 소중한 선택입니다. 위험하니 좋아도 하지 말라고 말하거나, 위험해도 좋으니 하라고 말하는 건 성 상담사의 역할이 아닙니다.

오럴 애무를
시작하기 전에

"한 번도 오럴 애무를 해본 적이 없는데, 어제 남자 친구가 너무 해달라고 졸라서 입으로 해줬습니다. 그런데 짠맛이 나서 헛구역질이 나더라고요. 냄새는 없었는데도요. 관계하기 전에 둘 다 샤워도 했는데 왜 짠맛이 나는 걸까요? 쿠퍼액에서 짠맛이 나는 건가요? 아니면 정액에서 짠맛이 나나요? 먹어본 적이 있는 것도 아니니 두 대체 알 수가 없네요. 남자 친구가 너무 좋아서 해주고 싶긴 한데 걱정이에요."

성과 관련한 이야기를 할 때 제가 가장 싫어하는 단어가 기술입니다. 사랑은 기술 없이 진심만 있으면 얼마든지 완성되니까요. 특히 어설프게 배운 기술은 오히려 분위기를 망치고 상대에게 오해만 받을 수도 있습니다. 기술을 사용하려면 그전에 진심을 장착해야 한다고 이미 말씀드렸죠?

하지만 애무 중 유일하게 기술이라는 수식어가 필요한 행위가 있으니 그것이 오럴(Oral)입니다. 왜냐하면 오럴 애무는 애무 중에서도 남녀의 성기를 직접적으로 대하는 난도가 높은 애무이고, 그만큼 긍정적인 결과와 부정적인 결과의 편차가 엄청나므로 가능하면 올바른 방법을 익히는 것이 좋기 때문입니다. 어떻게 애무해도 진심만 있으면 되는 가슴 애무나 엉덩이 애무와는 차원이 다른 셈이죠. 그러니 적어도 오럴 애무만큼은 방법을 숙지하고 섹스에 임해야 합니다.

오럴 애무에서 가장 중요한 것은 우선 마음을 여는 것입니다. 깨끗하지 못한 신체 부위에 깨끗한 입을 댄다는 편견은 버리는 게 좋습니다. 사실 이 말은 위생학적으로도 맞지 않습니다. 입은 음식물이 들어가는 곳이고 성기는 배설과 관계된 곳이라서 성기가 더 더럽다고 생각하는 경향이 있지만, 실제로 우리 몸에서 가장 많은 병균이 존재하는 부위는 항문과 손 그리고 입입니다. 따라서 위생을 신경 써야 하는 건 오히려 입을 사용하는 쪽이겠죠.

아무도 보지 못하도록 항상 조심하던 곳을 연인에게 보여주는 것을 민망해하는 것 역시도 마음을 열어야 하는 영역 중 하나입니다. 아무에게도 보여주지 않았던, 아무에게나 보여줄 수 없는 부분이기에 그 영역을 연인에게 보여주는 것이 더더욱 의미가 있는 것입니다. 건강한 연인이라면 아무도 볼 수 없는 곳을 나에게는 마음껏 보여주는 연인의 행동을 그야말로 최고의 선물로 생각할 테니까요.

기꺼이 연인의 몸을 오럴 애무한다는 것은 "나는 당신을 진심으로 사랑하기에 당신의 몸에서 분비물이 배출되는, 어쩌면 깨끗하지 못하다고 생각하는 곳을 기꺼이 사랑할 수 있답니다"라는 의미입니다. 따라서 그런 애무를 선뜻 해준다는 것은 단순한 애무 행위 그 이상의 의미가 있는 것입니다. 절대 당연하게 생각해서는 안 됩니다.

오럴 애무를 할 때 자연스럽게 입안으로 들어오는 액체 때문에 오럴 애무를 꺼리는 사람도 있습니다. 남자의 경우 이 액체는 대개 쿠퍼선액이며 여자의 경우는 대개 애액입니다. 둘 다 성적으로 흥분하면 윤활 등의 목적으로 몸에서 분비되는 액체이며 무색무취할 뿐만 아니라 먹어도 건강에 아무 문제가 없습니다. 그러니 크게 신경 쓰지 않아도 됩니다.

다만 오럴 애무에서 조심해야 하는 것이 있으니 바로 냄새와 위생입니다. 여성의 외음부에서 약간의 신 냄새가 나는 것은 지극히 정상입니다. 여성의 질은 외부 세균으로부터의 감염을 막기 위해 pH 3~4 정도의 산성을 유지하기 때문에 약간 시큼한 냄새가 나거든요. 물론 섹스하기 전에 약간의 신 냄새와 소변 냄새까지 모두 씻어낸다면 금상첨화일 것입니다.

남성도 마찬가지입니다. 남성은 대개 여성처럼 분비물이 많지 않아 자주 속옷을 갈아입지 않으며 남성의 성기는 소변의 배출 통로이기도 해서 자칫하면 음경에서 구릿한 냄새가 날 수 있습니다. 따라서 남성 역시 깨끗하게 씻고 연인과의 사랑을 시작하는 게 최소한의 예의입니다.

남녀 모두의 성기에 냄새를 만드는 원인이 하나 더 있는데, 남성은 귀두 밑, 여성은 음순이 접히는 부위에 생기는 하얀색 물질인 치구입니다. 치구는 남녀 성기의 환경을 산성으로 만들어 세균으로부터 보호하려는 물질이며 심지어 먹어도 해가 없지만 오래되면 불쾌한 냄새를 만들 수도 있으니 평소 샤워할 때 신경 써서 물로 닦아내며 관리하는 것이 좋습니다.

냄새 외에도 세균도 꼭 조심해야 합니다. 그러니 관계 전 몸을 깨끗이 씻는 건 기본이겠죠. 아무리 흥분이 폭풍처럼 몰려오는 순간이라도 반드시 몸을 씻고 관계를 시작하기 바랍니다. 만약 너무 강한 성욕에 부득이하게 바로 성관계를 시작했다면 오럴은 건너뛰는 게 좋습니다.

마지막으로 성기는 무척이나 예민하고 여린 부위라는 걸 명심해주세요. 따라서 어떤 경우에도 이빨은 사용하지 말아야 합니다. 물론 연인이 원하는 때도 있습니다. 그런 경우라면 정말 조심스럽게 사용하기 바랍니다. 만약 연인이 원하는 게 아니라면 아예 사용하지 않는 것을 원칙으로 해주세요.

남성은 오럴 애무에 들어가기 전에 신경 써야 하는 것이 하나더 있습니다. 반드시 오럴 애무 전에 입술 주변을 깔끔하게 면도하는 것입니다. 여성의 외음부는 정말 연약해서 아무리 부드러운 수염이라고 해도 상처를 만들 수 있습니다. 굳이 상처가 아니더라도 부드럽고 좋은 느낌 대신 따가운 느낌을 받는다면 애무가아니라 고통이 될 수도 있습니다. 만약 면도하는 것을 깜빡 잊었다면 입술 애무는 생략하고 입 주변이 외음부의 살에 닿지 않도록 노력하면서 혀로만 애무하기 바랍니다. 물론 여자 친구가 수염이 닿는 느낌을 좋아한다면, 이 모든 게 필요 없는 말이겠죠.

여성 오럴 애무

"왜 제 남자 친구는 오럴을 안 해줄까요? 심지어 해달라고 해도 싫다고 하네요. 저는 많이 해주거든요. 너무 섭섭합니다. 혹시 냄새가 나서 그런가 싶어서 물어보면 그런 건 아니래요. 그럼 나를 사랑하지 않냐고 했더니 그게 어떻게 사랑과 상관이 있냐고 해요. 이 정도면 상관있는 거 아닌가요? 나는 그렇게 많이 해주는데. 자존심이 상하기도 하고, 전 남자 친구가 해주던 그 강렬한 흥분이 그립기도 해요. 그냥 헤어지는 게 답일까요?"

여성의 외음부를 남성이 입이나 혀로 애무하는 것을 여성 오럴 애무 또는 커닐링구스(Cunnilingus)라고 합니다. 오랜 시간 커닐링구스를 통해 성적 쾌감을 주려면 받는 사람도 하는 사람도 우선 자세가 편해야 합니다. 따라서 여자 친구를 반듯이 눕게 한 후 다리가 M자 형태로 벌어질 수 있도록 아주 천천히 두 손으로 다리와 허벅지를 리드하며 자세를 만들어주세요.

또 커닐링구스를 오래 하다 보면 남성의 목이 뒤로 휘어 생각보다 힘들 수 있습니다. 여자 친구의 몸을 침대 끝으로 오게 한 후 침대 밑으로 내려가 편하게 접근하거나 여자 친구의 엉덩이 밑에 베개나 쿠션을 받쳐 고개를 덜 젖히면 편하게 오랫동안 커닐링구스를 진행할 수 있습니다.

모든 애무에 적용되는 가장 바람직한 원칙은 '주변에서 중심으로'입니다. 비록 외음부를 애무하는 것이 커닐링구스의 궁극적인 목적이긴 하지만 바로 질 입구에 입술을 대는 건 자제해주세요. 가슴부터 뽀뽀하며 천천히 내려가도 좋고 배꼽이나 아랫배 전체를 부드럽게 키스한 후 내려가도 좋습니다. 허벅지 안쪽에 키스하는 건 더 말할 필요도 없이 훌륭한 사전 애무고요.

본격적인 커닐링구스는 대음순 부위를 입술로 부드럽게 스치듯 애무하면서 시작합니다. 대음순은 여성의 생식기가 일렬로(클리토리스 머리-요도-질 입구) 위치한 부위의 가장 바깥쪽 두툼한 부위를 말합니다. 이 부위를 입술로 스치거나 뽀뽀하면 강렬하진 않더라도 은근한 쾌감을 경험할 수 있습니다. 물론 아직은 애태우는 단계라고 봐야겠죠?

대음순을 입술로 애무했다면 이제는 소음순 차례입니다. 대음순의 살결은 피부의 다른 부위와 비슷하지만 소음순은 질 내부와 비교해도 좋을 만큼 부드럽습니다. 따라서 대음순을 입술로 뽀뽀하듯 애무했다면 소음순은 입술보다는 혀를 사용하는 게 좋습니다.

소음순을 혀로 애무할 때는 소음순에 있는 다양한 여성의 기관(클리토리스의 머리, 요도, 질 입구)을 찾는다고 생각하면 좋습니다. 스치듯 부드럽게 움직이면서 이곳저곳을 혀로 만져보고, 혀로 가만히 노크하고, 혀로 잠깐씩 들여다보세요. 이때 조심해야 하는 건, 아직 클리토리스의 머리에는 너무 자주 들리거나 오랫동안 머물면 안 된다는 것입니다. 클리토리스의 머리는 커닐링구스 절정의 순간에 정성껏 애무할 수 있도록 남겨둬야 하거든요.

커닐링구스에도 '느리게 천천히, 스치듯 부드럽게'의 원칙이 적용됩니다. 소음순 전체를 혀로 핥는데 5~10초 정도 소요된다는 느낌으로, 어느 때는 직선으로, 어느 때는 곡선으로, 어느 때는 시계 방향으로 원을 돌고, 어느 때는 혀로 살짝 대었다 떼기를 반복하며 진행합니다.

소음순 곳곳을 혀로 애무했다면, 다음은 질 입구를 혀끝으로 조심스럽게 밀고 들어가 보세요. 물론 혀는 깊게 들어갈 수는 없지만, 어차피 질에서 가장 민감한 부위는 입구에서 5센티미터 이내이므로 이 부위를 혀로 빙 둘러가며 마음껏 애무해주면 좋습니다.

특히 더 민감한 부위는 질 상단의 지스팟입니다. 이 부위가 가장 강력한 성감대인 이유는 질과 클리토리스가 맞닿는 부위이기 때문입니다. 조심해야 하는 건 절대 여성의 허락 없이 마음대로 지스팟을 자극한다는 목적으로 연약한 질 내부에 손가락을 넣어서는 안 된다는 것입니다. 굳이 지스팟을 자극해주고 싶다면 혀로 질 입구 상부를 핥아주세요. 혀를 사용하는 것은 받는 사람도 좋은 느낌을 받을 수 있고 상처가 날 일도 없는 가장 안전하고 짜릿한 애무 방법입니다. 아무리 깔끔하게 다듬었다고 해도 단단한 손톱이 있는 손가락과는 차원이 다르죠.

소음순과 질 내부를 혀로 애무하는 것까지 끝났다면 이제는 애무의 종착지 클리토리스 머리를 향합니다. 클리토리스 머리는 요도 바로 위에 있는 좁쌀만 한 부위입니다. 연인이 충분히 흥분한 상태라면 눈으로도, 혀로도 쉽게 찾을 수 있습니다. 평소에는 음경처럼 포피에 덮여 있지만 흥분하면 발기해서 포피 바깥으로 머리를 내밀고 있을 테니까요.

클리토리스 머리에는 반드시 혀를 사용해야 합니다. 클리토리스 머리에는 1만 개 이상의 감각신경 말단이 있어 매우 민감하기 때문입니다. 처음에는 위아래로 다음에는 좌우로 스치듯 미끄러지면 됩니다. 그러다 조금씩 클리토리스의 머리를 중심에 두고 천천히 원을 그리는 애무를 병행합니다. 마치 유두를 혀로 애무하는 것처럼요.

연인이 흥분할수록 강도나 속도에 변화를 주는 것은 좋으나 클리토리스 머리만 집중적으로 애무하면 다소 지루할 수 있습니다. 가끔은 질 입구도 함께 오가며 애무하는 것이 더 큰 쾌감을 선사하는 방법입니다. 반면, 정말 느낌이 좋다면 다른 방법으로 전환하는 것을 싫어하는 여성도 있습니다. 따라서 연인이 하나의 애무 방법에 민감하게 반응한다면 그 방법을 일정 시간 반복하는 것도 흥분을 극대화하는 좋은 방법입니다.

다양한 방식으로 클리토리스 머리와 질 입구를 오가며 애무하다 보면 어느덧 연인은 신음 속에 이런 말을 하게 될 것입니다.

"이제 넣어줘, 어서." 오럴 애무 없이 삽입하는 것과 충분한 오럴 애무 후에 삽입하는 것의 차이를 모두 느껴보세요. 알고 나면 오럴 애무는 선택이 아니라 필수가 될지도 모릅니다.

남성 오럴 애무

"남자 친구가 자꾸 입으로 해달라는데 뭘 어떻게 해야 할지 몰라서 답답합니다. 잘 모르겠다고 했더니 포르노를 보여주는데 봐도 잘 모르겠어요. 입안에서 혀는 어떻게 해야 하는지도 모르겠고요. 저는 그저 입에 넣고 왔다 갔다 하는 것밖에 모르는데 남자 친구가 아쉬워하는 게 느껴집니다. 도와주세요."

남성의 음경을 여성이 입이나 혀로 애무하는 것을 남성 오럴 애무, 다른 표현으로 펠라티오(Fellatio)라고 합니다. 거의 모든 남성은 여성이 해주는 오럴 애무에 환상이 있어 남성 오럴 애무는 남성 애무의 꽃이라고 해도 무방할 것 같습니다.

여성 오럴 애무처럼 '주변에서 중앙으로'의 원칙이 적용되는 것은 같지만 여성 오럴 애무가 가슴이나 배에서 시작하는 것과 달리 남성 오럴 애무는 너무 멀리 가지 말고 성기 주변에서 시작하는 것이 좋습니다. 여성과 달리 남성은 가슴이나 배, 다리 등의 애무에는 크게 감흥을 받지 못하기 때문입니다. 남성은 성기 주변 자극을 더 선호합니다.

'주변에서'의 시작으로 가장 좋은 곳은 회음부입니다. 회음부는 허벅지 사이의 사타구니 중앙 부위를 말하며, 음낭(불알 주머니)의 아랫부분입니다. 남자 친구를 편안하게 눕게 하고 두 다리를 M자 형태로 세우게 한 뒤 손으로 음낭을 가만히 들어 올리면 회음부를 만날 수 있습니다. 한 손으로는 음낭이 다시 처지지 않게 받친 채로 이 회음부를 입술로 뽀뽀하듯 애무하면 됩니다. 특히 내부로 음경의 뿌리 근육이 지나가면서 살이 조금 튀어나와 보이는 곳이 더 민감합니다.

다음 순서는 음경과 조금 더 가까운 음낭입니다. 음낭은 다소 거칠고 음모도 수북한 부위라서 입보다는 손을 사용하는 것이 편합니다. 음경만큼 민감한 신경을 지닌 부위가 아니라서 입 대신 손을 사용해도 크게 느낌이 다르지 않거든요. 음낭은 민감한 기관인 고환을 품고 있는 소중한 부위이기에 절대 타격이나 압력을 사용하면 안 됩니다. 통증이 바로 고환에 전달되거든요. 가장 좋은 건 음낭의 울퉁불퉁한 표면을 손바닥으로 천천히 그리고 부드럽게 스치는 것입니다. 닿을 듯 말 듯 말입니다. 그러다가 아주 약하게 쥐어봐도 좋습니다. 물론 이 역시 세게 쥐면 통증을 호소할 것입니다. 쥔 상태에서 손으로 주물럭주물럭해도 좋은데 꼭 부드럽고 약하게 부탁드립니다. 마지막은 입술 뽀뽀로 마무리하면 됩니다. 충분히 음낭 애무를 해주었다면 이제 남성 오럴 애무의 최종 목적지인 음경으로 향합니다.

음경 역시 처음부터 입술이나 혀를 사용하는 것보다는 우선 손으로 음경 전체를 스치듯 만져주면 좋습니다. 마치 오일을 발라 마사지한다는 느낌으로 부드럽게 만져줍니다. 남자 친구의 음경 몸통이 얼마나 단단한지, 그 표면을 뒤덮고 있는 혈관들은 얼마나 울퉁불퉁 튀어나와 있는지, 귀두는 정말 버섯 모양으로 생겼는지, 그 외곽 라인은 어떻게 흐르는지 등을 아주 천천히, 손에 닿는 모든 감각을 느끼면서 만져주면 좋습니다. 특히 (클리토리스 머리 부분에 해당하는) 귀두는 정말 민감한 부위이니 너무 주물럭주물럭하지 말고 약하게 또 약하게 애무해야 합니다.

본격적인 오럴 애무의 시작은 음경 전체를 혀로 핥아주는 것입니다. 아주 단단하게 발기되어 있더라도 혀로 밀면 음경이 조금씩 흔들릴 수도 있으니 한 손으로 반대편을 살짝 지지하고 진행하면 더 좋습니다. 입술을 사용해도 좋고 혀로 아이스크림을 핥아 먹는 것처럼 위아래로, 또는 전체를 입에 담을 기세로 핥아주면 됩니다. 아직 귀두까지는 가지 마세요. 여성 오럴 애무의 초반에는 가능하면 클리토리스 머리에 닿지 않는 것이 좋은 것과 같은 이치입니다. 가장 민감한 부위는 가장 나중에 하는 게 원칙이니까요. 물론 잠깐씩 스치듯 지나가며 건드리는 건 예외입니다. 그런 자극은 연인을 애태울 수 있거든요.

음경의 몸을 핥아주는 애무가 끝나면 다음은 입안에 귀두를 넣고 막대사탕처럼 빨아주는 단계입니다. 이 역시도 너무 힘을 줘서 빨지 않도록 조심해야 합니다. 귀두에는 무려 4천 개의 신경세포가 분포되어 있기에 성적 자극에 민감하지만 그만큼 통증에도 민감하게 반응합니다.

입술을 살짝 다물어 귀두가 입안으로 들어가고 나올 때 입술이 귀두 모서리를 타고 넘어가며 자극하게 하거나 입안에서 귀두를 이리저리 혀로 굴려주세요. 막대사탕을 빨아 먹는 것처럼 입에 넣었다 뺐다를 반복해도 좋고요. 그러다 보면 어느새 남자 친구의 격한 신음이 시작되고 있을 것입니다. 이때 가장 조심해야 하는 것은 귀두에 이빨이 닿지 않는 것입니다. 남자 친구가 "제발 깨물어줘"라고 하더라도, 아주 살짝만 물기 바랍니다.

마지막은 음경 전체를 귀두부터 뿌리까지 입안 깊숙이 넣었다 빼는 기술입니다. '목구멍 깊숙이(Deep Throat)'라는 별칭으로도 불리는 애무 방법인데, 1972년에 개봉되어 미국을 발칵 뒤집어놓으며 최고의 흥행작이 된 포르노 영화의 제목이기도 합니다. 음경 전체가 여성의 입에 들어가, 음경을 통해 입안 점막의 부드러운 감촉을 한껏 느낄 수 있어서 마치 여성의 질에 삽입한 것과 유사한, 때로는 더 강렬한 자극을 받을 수 있는 최고의 애무 방법이죠. 입안에는 혀가 있어서 더 자극적으로 애무할 수 있거든요. 다만, 너무 깊숙이 넣으면 귀두 끝이 목젖을 자극해 구역질을 유발할 수도 있으니 반드시 조심해야 합니다.

많은 남성이 오럴 애무의 하이라이트를 여성의 입안에서 사정하는 것(=입싸)으로 생각합니다. 음경을 물고 오럴 애무를 해주다가 사정감이 벅차오를 때 입에서 꺼내 손으로 마무리하는 것보다 그대로 입에서 같은 자극을 계속 주면서 사정하는 것이 자극의 관점에서 더 질내 사정과 닮았기 때문입니다.

하지만 약간의 냄새도 있고 물컹한 질감의 정액을 입으로 받아낸다는 게 그리 쉬운 일은 아니니 여성도 무리하지 말고, 남성도 집착하며 요구하지 마세요. 모든 애무는 스스로 기꺼이 해줄 때 가장 서로를 행복하게 합니다. 여자 친구가 기꺼이 입안에서 사정시켜주고 싶다고 생각한다면 귀두를 입에 넣은 채, 혀로는 귀두를 핥아주고, 동시에 손으로는 음경의 몸통을 쥐고 빠르게 위아래로 왕복운동을 해주면 됩니다.

오럴 애무는 성기를 대상으로 하기에 남녀 모두에게 절대 쉬운 애무가 아닙니다. 하지만 이왕 하기로 마음먹었다면 억지로 해주는 게 아니라 정말 이 남자의 음경이, 이 여자의 외음부가 무척이나 예쁘고 사랑스러워서 만지고 쓰다듬고 빨고 핥고 뽀뽀한다는 느낌으로 애무해주면 연인은 당신을 영원히 놓치고 싶지 않을 것입니다. 왜냐하면 그렇게 진심을 담아 연인에게 오럴 애무를 해주는 사람이 안타깝게도 그렇게 많지는 않거든요.

더불어 오럴 애무를 받는 사람은 반드시 연인에게 고마운 마음을 지녀야 합니다. 남들 다 해주는 거 하면서 생색낸다고 생각한다면 오럴 애무를 받을 자격이 없습니다. 연인이 해주는 그 무엇도 당연한 건 없습니다.

이제는,
클리터러시

●

남녀가 만드는 모든 성적 쾌락은
클리토리스로 통한다

남성이 클리토리스를
알아야 하는 이유

"여자 친구가 저보고 클리토리스에 관해 공부하라고 합니다. 찾아보니 쾌락을 느끼기 위해 여성의 몸에 있는 기관이라고 하더군요. 남자인 제가 왜 클리토리스를 공부해야 하는지 모르겠습니다. 자기 몸은 자기가 잘 알면 되는 거 아닌가요? 제가 그걸 배워서 어떻게 하란 말이죠? 가끔은 여자 친구가 이기적이라는 생각이 듭니다. 자기도 남자 몸에 관해 공부할 생각이 있는지 궁금하네요."

요즘 유튜브를 보다 보면 격세지감이 느껴집니다. 제가 성 상담을 시작했던 20년 전만 해도 클리토리스라는 단어를 아는 사람은 거의 없었으니까요. 성 지식의 대중화는 정말 다행스럽고 기쁜 일인데 한편으로는 얼마나 정확하게 인지하고 있을까 하는 걱정도 듭니다.

클리터러시(Cliteracy)는 클리토리스(Clitoris)와 글을 읽고 쓸 줄 아는 능력을 지칭하는 리터러시(Literacy)의 합성어입니다. 다양한 매체를 접하면서 각 매체의 특성을 이해하고 그 매체가 전하는 메시지를 분석하고 평가한 후 이를 바탕으로 사람들과 의사소통할 수 있는 능력을 미디어 리터러시(Media Literacy)라고 하는 것처럼, 클리토리스란 어떤 기관이며 여성의 성생활에 있어서 얼마나 중요한 기관인지를 깨닫고 그것을 활용해 성적 쾌감을 만드는 다양한 방법을 배우고 익혀 활용할 뿐만 아니라 그 결과물을 주변 사람들과 기꺼이 공유하고 전파하는 행위를 클리터러시라고 합니다. 클리터러시는 예술가 소피아 월러스(Sophia Wallace)가 처음 주장했고 저를 포함한 다수의 성학자가 그 의미에 공감하고 있죠.

한번 생각해볼까요? 우리는 살면서 얼마나 행복한 섹스를 고민할까요? 남성이건 여성이건 내가 섹스히면서 얼마나 행복해질 수 있는지, 무엇이 그 아름다운 결과를 만들 수 있는지 진지하게 고민해본 적이 있나요? 우리는 어느 나이가 되면 만족스럽게 섹스하는 법을 배우게 되나요? 아니 살면서 그런 교육을 받아본 적이 있긴 한가요?

이처럼 섹스에 무심한 건지, 아니면 창피한 건지, 그도 아니면 아예 배척이라도 하려는 건지 모르겠는 사회에서 살아가면서 우리가 성적 쾌락에 관하여 터놓고 이야기한다는 건 거의 불가능에 가깝습니다. 그럼에도 아이러니한 건, 대한민국 성인 남녀의 93.9퍼센트는 내 삶에서 성생활이 중요하다고 답변한다는 사실입니다. (출처: 2016 헤이데이&강동우 성의학연구소 공동 조사, 대한민국 성인 남녀 1,090명) 중요하다고는 생각하면서도 공부하거나 더 잘 누리려고 노력하진 않는다? 이 아이러니가 바로 클리터러시가 필요한 이유입니다.

아이를 낳기 위해 섹스하는 시대는 오래전에 끝났습니다. 이제는 임신, 출산, 피임을 성교육의 주인공 자리에서 끌어내려야 합니다. 임신, 출산, 피임에 관한 교육을 하지 말자는 게 아닙니다. 그것만 강조하는 커리큘럼을 보강하자는 겁니다. 어떻게 하면 임신하고, 어떻게 하면 임신을 예방할 수 있는지에 관한 교육과 함께, 어떻게 하면 즐겁고 행복하게 성관계를 할 수 있는지도 가르쳐야 합니다. '조심'만 하면 '쾌감'은 언제 어떻게 경험할 수 있을까요?

'잘하는 법'까지 포함된 제대로 된 성교육을 받아야 성인이 돼서도 모두 자연스럽게 오르가슴에 관하여 이야기할 수 있습니다. 누구나 행복하기 위해 섹스하는데 오르가슴에 관하여 이야기하는 것이 부끄러운 일이 되면 안 되잖아요? 남녀 모두 행복하게 섹스하기 위해 반드시 알아야 하고 활용해야 하는 것이 바로 클리토리스입니다.

"왜 행복한 섹스를 위해 남자가 클리토리스를 알아야 하죠? 그건 여성의 성적 만족만을 위한 거 아닌가요?" 이렇게 생각하는 남성이 있다면, 조루를 이겨내려고 노력하고, 여자 친구를 성적으로 만족시키기 위해 테크닉과 체위를 고민하고 연마한 적은 없는지 묻고 싶습니다. 그런 건 왜 한 걸까요?

남성이 여자 친구를 성적으로 만족시켜주기 위해 노력하는 것은 여성의 성적 만족을 위해서기도 하지만 그것이 곧 남성의 만족과 성적 쾌감을 만들어주기 때문입니다. 사랑하는 여자를 행복하게 만들었다는 뿌듯함과 그런 여자 친구는 다른 남자에게는 눈길도 주지 않을 거라는 자신감이 만족이고, 그렇게 행복해진 여자 친구가 더 자주 섹스하려 하고 평소에도 더 로맨틱하게 나를 대할 거라는 게 성적 쾌감입니다. 일차적으로 상대를 위하는 행위가 이차적으로 나에게 행복을 주는 셈이죠.

마찬가지입니다. 남성이 클리토리스를 자세히 알고 그것을 활용해 여자 친구를 흥분하게 만들어야 하는 이유는 여자 친구에게 오르가슴을 선물할 가능성이 커지고, 오르가슴에 올라 잔뜩 흥분한 여자 친구의 몸에 삽입된 음경은 평생 한 번도 느껴보지 못했던 쾌감을 경험할 수 있기 때문입니다.

연인을 극한의 오르가슴에 오르게 해본 남성은 모두 알 것입니다. 여성이 오르가슴에 오르면 질 근육이 저절로 수축과 이완을 반복하고 동시에 잔뜩 흥분한 클리토리스가 질을 강하게 압박하며 조여온다는 것을 말입니다. 흔히들 말하는 조이는 질은 이런 성적 흥분으로 완성되는 것입니다. 여성에게 헐거운 질은 없습니다. 남성이 흥분시켜주지 못한 질이 있을 뿐이죠.

또 흥분한 여자 친구를 바라보며 격한 신음을 듣다 보면 어느덧 나도 오르가슴으로 치닫게 될 수밖에 없습니다. 흥분한 여자 친구가 의도적으로 혹은 본능적으로 하는 격한 리액션이 담긴 애무 역시 쾌감일 수밖에 없고요. 이처럼 남성이 클리토리스를 자세하게 알고, 그 지식을 반영하며 행동해야 하는 이유는 결국 여성과 남성 모두가 행복해지기 위해서입니다.

"20대 남성입니다. 얼마 전 여자 친구와 관계할 때 갑자기 클리토리스 오르가슴을 느끼고 싶다고 해서 당황했습니다. 클리토리스 오르가슴이라는 게 따로 있나요? 클리토리스는 음핵과 다른 건가요? 여자에게 클리토리스는 정말 중요하고 그곳을 애무하는 것도 중요하다고 들어서 항상 음핵 애무 후에 삽입했었는데 제가 잘못한 걸까요?"

1998년 헬렌 오코넬(Helen O'Connell) 박사에 의하여 그 정체가 세상에 알려지기 전까지 클리토리스가 역사적으로 얼마나 박해를 받아왔기에 사람들이 그 존재 자체도 몰랐었는지에 관한 역사 이야기나 해부학적인 구조에 관한 이야기까지 한다면 자칫 지루해질 수도 있을 것 같아 이 책에서는 생략합니다. 대신 짧은 Q&A로 클리터러시에 조금 더 가까이 가보겠습니다.

Q. 클리토리스는 음핵과 나른가요?

A. 우리가 흔히 음핵이라고 부르는 부위는 몸 밖에서 볼 수 있는 클리토리스의 머리 끝부분에 불과합니다. 클리토리스를 요도

위 작은 돌기 정도라고 생각하면 큰 오해죠. 클리토리스는 머리의 작은 끝부분만을 몸 밖으로 내밀고는 몸 안에 자기 몸의 99퍼센트를 감추고 있습니다. 아니, 감추고 있다기보다는 두 다리와 몸통으로 질을 감싼 채 타고 앉아 온몸으로 음경이 주는 자극을 받아들일 만반의 준비를 하고 있죠. 참고로 발기한 클리토리스는 본인의 손바닥만큼이나 큽니다.

Q. 클리토리스와 질과의 거리가 오르가슴의 강도를 결정한다고 하던데요?

A. 맞습니다. 클리토리스의 크기와 위치는 사람마다 조금씩 다릅니다. 어떤 여성의 클리토리스는 질과 꽤 먼 거리에 있기도 하죠. 그런 신체 구조를 지닌 여성은 안타깝게도 클리토리스가 충분히 발기해도 질로 삽입된 음경의 자극을 받지 못해 평생 불감증이라고 오해하며 살기도 합니다. 그저 질에 삽입된 음경으로는 성적 자극을 느끼지 못할 정도의 거리에 클리토리스가 있는 것뿐인데 말입니다. 이런 사람은 아무리 남자 친구가 질에 음경을 삽입하고 열심히 왕복운동을 해도 아무런 감각이 느껴지지 않으니 다른 방식으로 클리토리스를 자극해야 합니다.

클리토리스와 질의 거리가 먼 신체 구조라면 여자 위 체위가 효과적인 대안이 될 수 있습니다. 여자 위 체위는 단순히 남자 위 체위에서 남자가 했던 왕복운동을 여자가 하는 체위가 아닙니다. 남성의 몸 위에서 여성이 주도적으로 몸을 움직이면서 남성의 몸과 클리토리스를 적절한 방식과 강도로 마찰하며 압박을 주는 체위입니다. 그 마찰과 압박에 중력도 일조하는 거죠.

이렇게 하면 질과 클리토리스의 거리가 멀어서 삽입 성교로는 쾌감을 경험하지 못하는 여성도 얼마든지 자신의 주도적인 움직임으로 클리토리스를 자극해 오르가슴을 만들 수 있습니다. 오르가슴에 오르는 방법을 모르는 여성은 있을지언정 태어나면서부터 불감증인 여성은 없습니다.

Q. 음경과 클리토리스가 상동기관이라는 게 무슨 뜻인가요?

A. 상동기관은 발생학적으로 애초에 같은 기관이었던 것을 말합니다. 즉, 아직 남녀로 분화되지 않은 배아기에는 음경과 클리토리스가 같은 기관이었다는 뜻입니다. 이후 배아가 남성으로 분화하면 이 기관이 음경으로, 여성으로 분화하면 클리토리스로 발달하는 겁니다.

음경과 상동기관이 질이 아닌 클리토리스라는 건 무척 중요합니다. 많은 사람이 질에 음경을 삽입하면서 섹스를 하기에 음경의 상동기관을 질이라고 생각하기 때문입니다. 그렇게 오해하면 질로 무언가를 느끼려 노력하고 질 건강을 개선하려고 노력하며 성적 쾌감을 위해 질을 단련하려고 노력합니다.

하지만 질은 그저 음경이 클리토리스를 자극하기 위해 삽입되는 통로일 뿐입니다. 질이 없었다면 몸속에서 클리토리스를 자극하는 건 불가능했을 겁니다. 심지어 질 내벽에는 감각신경이 적습니다. 감각적으로도 제대로 느낄 수 없는 기관이라는 뜻입니다. 만약 질 내벽에 감각신경이 풍부했다면 여성 대부분은 출산 중 질이 확장할 때 발생하는 통증으로 사망했을 겁니다.

음경과 상동기관이기에 클리토리스도 몸통과 다리 전체가 해면체로 되어 있고 음경처럼 흥분하면 혈액이 유입되면서 커지고 단단해지며 뜨거워지는 발기를 합니다. 남성의 음경이 발기해야 질 삽입 성교도 가능하고 쾌감도 더 강하게 경험하는 것처럼 여성도 클리토리스가 발기해야 비로소 오르가슴에 오를 가능성이 생깁니다.

클리토리스 발기는 음경의 삽입으로 생기는 현상이 아니라는 것을 이해하는 것이 중요합니다. 음경이 질에 삽입되어야 발기하는 게 아닌 것처럼 클리토리스도 음경이 삽입되기 전에 미리 발기해 있어야 합니다. 우선 음경을 충분히 발기하게 해준 후에 삽입해야 성적 쾌감이 높은 것처럼 클리토리스 역시 음경 삽입 전에 충분히 발기하게 해야 성적 쾌감을 강하게 경험할 수 있습니다.

Q. 내 몸의 클리토리스를 더 민감하게 만들 방법이 있나요?

A. 인간 몸의 모든 부위에는 용불용설(用不用說)이 적용됩니다. 사용하면 발달하고 사용하지 않으면 퇴보하는 거죠. 클리토리스도 신체의 다른 부위처럼 반복적으로 활용하면 성감이 개발됩니다. 쓰면 쓸수록 발기도 잘되며 자극에도 더 민감해집니다.

"하도 오랫동안 안 했더니 이제는 섹스가 왜 필요한지도 잘 모르겠어. 그냥 안 하고 살래. 난 이대로도 행복해"라고 말하는 여성이 있다면, 안타깝게도 그분의 클리토리스는 일정 정도 퇴화한 것으로 봐도 무방합니다. 고기도 먹어본 사람이 맛을 알고, 행복도 누려본 사람이 추구하는 것처럼, 성적 쾌락도 경험해본 사람만의 특권이며, 이왕 특권을 누린다면 제대로 알고 잘 누리는 것이 현명할 것입니다.

Q. 클리토리스는 정확히 어디에 있는 건가요?

A. 여성이 반듯하게 천장을 바라보고 누워 있다고 가정하면 여성의 외음부는 지면과 수직일 것입니다. 이때 클리토리스는 마치 말을 타고 있는 것처럼 질의 입구 부위를, 위에서 두 다리와 몸통으로 감싸 안은 채 타고 있는 형상으로, 역시 지면과 수직으로 있습니다. 질의 입구 부분을 타고 앉은 채 질로 들어오는 남성의 음경을 정면으로 바라보고 있다고 생각하면 좀 더 쉽게 이해가

될 것입니다. 이 클리토리스의 위치 때문에, 질 삽입 성교에서 가장 중요한 부위는 질 입구에서 5센티미터까지라고 말하는 것입니다. 더 깊은 질 내부에는 클리토리스와의 접점이 없거든요.

질 입구에서 5센티미터까지의 질 내벽 윗부분을 자극하면 여성에게 큰 성적 쾌감을 줄 수 있는데, 이 부분을 지스팟(G-Spot)이라고 부릅니다. 지스팟은 별도로 기관이나 부위가 존재하는 것이 아니라 질과 질을 타고 앉은 클리토리스의 가랑이가 만나는 접점을 말합니다. 그래서 사람마다 위치가 조금씩 다른 것입니다.

Q. 몸속에 있는 클리토리스를 어떻게 자극할 수 있는 거죠?

A. 가장 쉽게 자극하는 방법은 단단하게 발기된 음경을 질에 삽입해 그 두께감과 마찰로 질벽에 붙은 클리토리스를 자극하는 것입니다. 음경과 클리토리스가 더 크고 단단하게 발기되어 있을수록 자극은 강하게 느껴질 것입니다.

다른 방법은 요도 주변부와 클리토리스 머리 주변부를 남성의 아랫배와 치골 그리고 중력의 힘으로 압박하며 문지르는 것입니다. 이 동작이 가능한 체위가 여자 위 체위와 CAT(Coital Alignment Technique) 체위입니다. 여자 위 체위의 자극 방법은 앞에서 알려드렸으니 CAT 체위를 알아보겠습니다.

CAT 체위는 거의 모든 성학자가 인정하는, 인류가 개발한 체위 중 가장 쉽게 오르가슴에 오를 수 있는 체위입니다. 왜냐하면 체위 자체의 목적이 오직 클리토리스를 어떻게 효과적으로 자극하느냐에 집중되어 있거든요. CAT 체위는 남자 위 체위에서 위에 올라간 남자가 양팔을 곧게 뻗어 손바닥으로 바닥을 지지한 채 가능한 한 상체를 뒤로 젖히듯 높게 들고(이렇게 하면 음경의 각도가 정확하게 클리토리스를 향합니다), 질 입구와 자궁경부를 오가는 왕복운동 대신, 음경이 클리토리스와 맞닿은 질 입구 윗부분의 질벽을 문지르듯 자극하는 상하운동(중력 방향)을 함으로써 강렬한 성적 쾌감을 경험하는 체위입니다. 한번 이 체위에 익숙해진 연인은 여간해서 다른 체위는 눈에 들어오지 않을 것입니다.

Q. 클리토리스는 어떻게 오르가슴을 느끼는 거죠?

A. 클리토리스가 오르가슴을 경험하는 방식은 음경과 같습니다. 남성의 가장 강렬한 오르가슴이라고 불리는 사정은 음경을 둘러싼 구해면체근과 그 주변의 좌골해면체근이 정액을 몸 밖으로 배출하려고 강하게 수축과 이완을 반복할 때, 그 움직임이 음경에 존재하는 다수의 감각신경을 자극하면서 생깁니다. 그래서 남성의 오르가슴이 울컥울컥 1초 전후의 간격으로 여러 차례 반복되는 것입니다.

클리토리스도 오르가슴의 절정에 이르면 클리토리스를 둘러싼 구해면체근과 그 주변의 좌골해면체근이 마치 음경이 정액을 짜내듯 여러 차례의 수축과 이완을 반복하고 그 움직임이 클리토리스에 존재하는 다수의 감각신경을 자극합니다.

남성은 정액을 배출하면 오르가슴 반응이 잦아드는 반면 여성은 정액이 없으니 논리적으로는 몇 번이고 다시 오르가슴을 경험할 수 있습니다. 그게 바로 여성은 마음먹기에 따라 얼마든지 반복적으로 멀티 오르가슴이 가능한 이유입니다.

Q. 왜 역사는 클리토리스의 존재를 숨겨왔을까요?

A. 결론부터 말하면, 여성이 성적으로 마음껏 즐거움을 누리는 건 곧 자유와 권리를 상징하고 그렇게 획득한 여성의 자유와 권리는 곧 남성 권위의 상실이라고 생각했기 때문인 것 같습니다. 일부 남성들은 그저 여성의 성적 쾌락을 인정하고 싶지 않았거나 성적 쾌락을 알게 된 연인이 자기를 떠나 다른 남성을 찾아 떠날까 봐 두려웠을지도 모르죠. 성적 쾌락을 마음껏 누리는 여성의 진보적 성향이 남성 우월 사회의 질서를 무너뜨릴까 봐 걱정했을 수도 있습니다. 어떤 목적이건 일부 보수적인 남성은 여성이 성적 쾌락을 누리는 게 정말 싫었던 것 같습니다. 자위와 성적 쾌락은 온전히 남성의 권리였고 다수의 연인이나 배우자를 선택하고 파트너를 바꿔가며 즐기는 권리도 오로지 남성에게만 허

락됐으니까요.

20세기 초에 해부학 교과서인 《그레이 아나토미(Gray's Anatomy)》를 개정하던 한 의사는 오래된 인체 해부도에 있었던 클리토리스의 흔적을 의도적으로 지워버리기도 합니다. 심지어 20세기 후반, 우주탐사선 파이어니어호에 실린 인류를 소개하는 금속판 속 여성의 이미지에서는 외음부를 표시하는 선 한 줄이 사라지기도 했죠. 지금도 일부 지역에서는 여성의 쾌락을 차단한다는 명분으로 클리토리스를 도려내는 할례가 버젓이 자행되고 있습니다.

여자가 다른 남성과의 성적 쾌락에 눈을 뜨는 순간, 자기를 버리게 될지도 모른다는 공포, 또는 그러다 보면 모든 남성이 여성의 쾌락을 위해 노력하게 되고 그 과정에서 자연스럽게 사회의 주도권이 여성에게 넘어갈지도 모른다고 생각했을지도요.

클리토리스를 이제껏 숨긴 진짜 이유가 무엇이건 분명한 건 여성에게 클리토리스의 존재를 알리고 진정한 성적 쾌감이 무엇인지를 깨닫게 하는 것이 곧 남성도 그만큼 더 행복해지는 길이라는 것입니다.

Q. 클리토리스는 인간에게만 있나요?

A. 클리토리스는 인간만이 받은 신의 축복이 아닙니다. 지구상의 모든 암컷 포유류는 클리토리스를 지니고 있으며 인간이 클

리토리스를 통해 경험하는 성적 쾌감을 생각해볼 때 그 강도와 지속 시간에는 차이가 있더라도 다른 암컷 포유류 역시 클리토리스를 통해 성적 쾌감을 경험할 거라 추론할 수 있습니다. 자연의 법칙에 따르면 수컷과 암컷이 더 오래 그리고 더 자주 교미할수록 임신의 가능성이 커지기 때문에, 클리토리스의 존재 의미는 클리토리스를 통해 쾌감을 경험한 암컷이 좀 더 길고 잦은 교미를 원하게 하는 것이 아니었을까 생각해봅니다.

Q. 내 클리토리스를 어떻게 확인할 수 있을까요?

A. 내 클리토리스를 정확하게 확인하고 싶다면 초음파나 CT, MRI 등 영상 이미징 검진 도구를 활용할 수밖에 없습니다. 하지만 아직 국내 병원 중에서 이런 서비스가 정식으로 진단 항목에 있는 곳은 없을 것입니다.

따라서 일단 인체 해부도 등에서 대강의 클리토리스 위치와 크기를 확인한 후에 내 몸에서 음핵(클리토리스 머리)의 위치나 성적으로 흥분했을 때, 즉 클리토리스가 발기했을 때의 느낌으로 대강 나의 클리토리스가 어디에 어떤 모습으로 있는지 추측해볼 수밖에 없습니다. 눈으로는 불가능하더라도 느낌으로는 확인할 수 있으니 어떻게 자극할지 고민해보기 바랍니다. 그 고민이 구체적일수록 오르가슴에 오를 확률이 높아집니다.

여성이 먼저 확인하고 자극까지 해본 뒤 연인에게 그 위치와 자극 방법을 알려주고 함께 의견을 나누는 게 좋습니다. 아무래도 클리토리스가 없는 남성이 클리토리스를 정확하게 다루는 건 어려운 일이니까요. 이런 방식으로 연인 간에 성적인 이야기를 많이 하면 할수록 남녀 모두 오르가슴에 도달할 가능성은 점차 커집니다.

주체적
오르가슴

●

오르가슴은
내가 만드는 것이다

오르가슴을 주체적으로
만든다고?

"제 여자 친구는 정상위에서는 아무것도 느낄 수가 없대
요. 그래서 제가 여자 친구 위로 올라가 삽입하고 왕복운
동을 할 때는 멀뚱멀뚱 지루한 듯 천장만 바라보고 누워
있습니다. 그러다 제가 지치면 자기 차례라는 듯 눈을 반
짝이며 제 위로 올라가 삽입하고 움직이기 시작합니다.
정말 신기한 건 그때부터 여자 친구가 미친 듯이 신음한
다는 거예요. 제 여자 친구가 좀 이상한 거 맞나요? 혹시

변태인가요?"

　당연히 이상한 것도 아니고 변태도 아닙니다. 생각보다 자기 의지대로, 자기 몸 구조에 맞춰 스스로 오르가슴을 만들어 경험하는 여성은 꽤 많습니다. 누군가는 본능적으로 방법을 찾은 것이고 누군가는 알아보고 배운 후 주체적으로 오르가슴을 만드는 중이죠. 이 내담자는 오히려 여자 친구에게 감사해야 합니다. 만약 여자 친구가 자기 몸을 제대로 몰랐다면 섹스할 때마다 오르가슴을 경험하지 못하는 이유가 남자 친구 때문이라고 생각할 수도 있으니까요.

　오르가슴은 누가 만들어주는 것이 아닙니다. 오르가슴은 직접 만들어야 합니다. 미리미리 내 몸을 오르가슴에 오를 수 있는 몸으로 만들어두고 실전에서도 연인과 협력해 적극적으로 오르가슴을 만들어야 합니다. 그렇지 않아도 항상 경험하기 어려운 게 오르가슴인데, 연인이 해주기만을 기다린다면 오르가슴을 경험할 확률은 엄청나게 낮아질 겁니다.

오르가슴의
발생 원리와 방법

오르가슴을 만들고 싶다면 우선 오르가슴이 어떻게 발생하는지 알아야겠죠. 그래야 만들 수 있을 테니까요. 오르가슴은 성적 자극을 통해 느껴지는 강렬한 쾌감을 말합니다. 누군가는 이 느낌을 정신이 없어진다고 표현하고, 누군가는 엉엉 울게 된다고 표현하며, 누군가는 구름 위에 둥둥 떠 있는 느낌이라고 말하기도 하죠. 오르가슴이 어떤 감정을 만들건, 오르가슴이 만들어지는 원인은 화학적 감정 반응과 물리적 신체 반응으로 나눌 수 있습니다.

-화학적 감정 반응

오르가슴을 위한 화학적 감정 반응을 만드는 첫 번째 호르몬은 옥시토신입니다. 옥시토신은 자궁수축 호르몬으로 분만을 촉진하거나 모유 수유를 할 때 분비되어 자궁 회복을 도와줍니다. 옥시토신은 상대로부터 신뢰감, 애정, 친밀감을 느낄 때 분비되고, 분비된 옥시토신은 다시 상대와의 신뢰, 애정, 친밀감을 증폭시킵니다.

따라서 오르가슴을 만들기 위한 첫 번째 조건은 옥시토신이 분비되는 사람과 성관계를 해야 한다는 것입니다. 보고 싶고, 대화하고 싶고, 눈만 바라보고 있어도 행복하고, 함께하는 것만으로도 가슴이 설렐 때 그 사람이 내 몸을 만지는 촉감 하나하나에도 온몸으로 전율할 수 있습니다. 따라서 오르가슴을 느끼고 싶다면 일회성 관계보다는 사랑하는 연인을 먼저 만드는 게 좋습니다.

다만, 행복과 희열을 경험할 때 활성화되는 뇌 영역은 상상만으로 활성화되는 뇌 영역과 일치합니다. 따라서 진심으로 사랑하는 사람은 아니지만 어쩌다 보니 성욕 때문에 성관계를 하게 됐다면 이왕이면 상대를 진심으로 사랑한다고 최면을 걸기 바랍니다. 이런 상상과 최면만으로도 옥시토신이 분비될 수 있고 오르가슴을 만드는 뇌 영역이 활성화될 수 있습니다.

오르가슴을 위한 화학적 감정 반응을 만드는 두 번째 호르몬은 도파민입니다. 도파민은 성취감과 보상감, 쾌감을 느끼게 하는 호르몬으로 과하면 감각 역치값을 높여 중독에 이르게 하는 단점도 있습니다.

오르가슴을 위해 꼭 필요한 호르몬인 도파민은 안타깝게도 스트레스를 받으면 원천 차단됩니다. 스트레스는 도파민을 차단할 뿐만 아니라 코르티솔이라는 독성 호르몬을 분비해서 아예 오르가슴을 느낄 수 없는 몸으로 만들이버리죠.

따라서 시험에 대한 불안, 경제적인 어려움, 가족과의 갈등 등 스트레스를 주는 요소가 있다면 그것부터 해결하기 바랍니다. 만약 당장 해결할 수 없는 일이라면 적어도 성관계를 앞두고는 그 모든 스트레스를 뇌에서 지우는 연습을 하세요. 뇌는 단순해서 지우려는 의지를 결국 이기지 못합니다. 평소 요가나 명상 등을 경험해두면 유사시 뇌를 통제하는 데 도움이 됩니다.

-물리적 신체 반응

오르가슴을 위한 물리적 신체 반응에 관한 이야기는 앞서 클리터러시에서 언급한 적이 있습니다. 클리토리스를 둘러싼 구해면체근과 좌골해면체근의 수축과 이완이 다수의 감각신경을 자극해서 생기는 쾌감이 바로 오르가슴이라고 말입니다. 따라서 그 근육들을 단련하면 더 강렬하게 오르가슴을 느낄 수 있습니다. 그 단련이 바로 많은 사람이 알고 있는 케겔 운동입니다.

케겔 운동은 골반 기저의 다양한 근육을 모두 단련할 수 있는 좋은 운동으로, 방법은 이미 많이 알려져 있으니 굳이 언급하지는 않겠습니다. 다만 한 가지만 덧붙이자면, 어떤 운동이건 맨몸보다는 기구를 활용하는 게 훨씬 효과적이니 항문 조이기 대신 케겔 운동기구나 필라테스 링을 활용하기 바랍니다. 절대 비싼 거 사지 마세요. 6천 원에서 1만 원 정도 기구면 충분합니다. 기구를 허벅지 사이에 두고 무리가 가지 않는 횟수만큼만 조이기를 반복하면 됩니다.

오르가슴의 필수 도구, 자위

"남자 친구와의 성관계에서 한 번도 오르가슴을 경험해
본 적이 없습니다. 오르가슴은커녕 오히려 피하고 싶었
죠. 그러다가 요즘 자위를 알게 돼서 종종 하는데, 깜짝 놀
랄 정도로 흥분이 되더라고요. 전에는 전혀 몰랐던 경험
이라 너무 놀랐습니다. 더 놀라운 건 남자 친구와도 하고
싶다는 성욕이 생겼다는 거예요. 제가 이상해진 건지 궁
금하고 걱정돼 메일 보내요."

사실 자위는 대한민국에서 무척이나 민감한 소재입니다. 친한
친구들과 성생활에 관해 허심탄회하게 이야기하는 자리에서도
나의 자위 경험을 말하는 일은 거의 드물죠. 나의 자위 이야기를
하기 어려운 만큼 타인의 자위 이야기도 듣기 어렵습니다. 아마
대한민국에서 자위는 바람직하지 않은 행위 또는 중독될 수 있는
행위 또는 잘 모르겠지만 막연하게 하면 안 될 것 같은 나쁜 행위
라는 오명을 뒤집어쓰고 있어서가 아닐까 싶습니다. 그러다 보니
"네? 정말요? 전 여자도 자위하는지 몰랐어요"라고 말하는 내담자
를 자주 만나게 됩니다.

일본의 섹스토이 브랜드 텐가(TENGA)에서는 매년 대한민국 18~54세 성인 남녀 1,000명을 대상으로 '성생활 실태조사'를 실시합니다. 2021년 조사 결과를 보면 "자위 경험이 있다"라고 대답한 비율이 남성은 98퍼센트, 여성은 70퍼센트입니다. 생각보다 많죠?

사실 남성은 청소년 시기부터 친구들과 자위에 관한 정보를 많이 공유합니다. 아무래도 우리 사회가 남성의 성적 표현에 더 관대하기 때문이겠죠. 사춘기 아들의 방에 갑 티슈를 넣어주는 게 건강한 부모라는 말이 있을 정도이니 말입니다. 하지만 제가 강연에서 "그렇다면 사춘기 딸 방에는 바이브레이터라도 넣어줘야 합니다"라고 말한다면 아마 저는 학부모의 항의와 고발로 다시는 강의를 못 할지도 모릅니다. 왜 남자는 그래도 되는데 여자는 그러면 안 되는지 잘 모르겠지만 아직 대한민국에서는 그런 게 현실입니다.

텐가의 조사에서 나온 70퍼센트라는 수치를 보면 정말 많은 여성이 자위를 경험했음에도 서로 그 경험을 공유하지 않는다는 것을 알 수 있습니다. 가장 큰 이유는 아마 무언가 나쁜 행위를 하는 것 같다는 죄책감 때문일 것입니다. 하지만 자위는 절대 나쁘거나 부끄러워해야 할 행위가 아닙니다. 오히려 권장해야 합니다.

텐가의 설문조사를 보면, 그런 죄책감과 편견을 지녔음에도 어쩔 수 없이 자위를 하는 가장 큰 이유는 성욕 해소입니다. 그리고 두 번째가 성적 즐거움이죠. 성욕 해소가 마지못해 성욕을 잠재우기 위해 하는 행위라는 의미를 품고 있다면, 성적 즐거움은 그야말로 내 몸과 마음이 행복해지기 위해서 하는 행위라는 의미를 품고 있습니다. 바로 이 성적 즐거움을 추구하며 자위하는 행위가 오르가슴에 오를 수 있는 훌륭한 몸을 만들어줍니다.

건강한 자위에 관하여

오르가슴에 오를 수 있는 훌륭한 몸을 만들어주는 도구로서의 자위는 건강한 자위여야 합니다. 우리가 흔히 하는 자위는 성욕 해소를 위해 또는 일시적인 쾌감을 얻기 위한 자위라면, 건강한 자위는 내 몸 구석구석을 스스로 만져주는 마사지 같은 자위라고 할 수 있죠.

일반적인 자위와 건강한 자위는 방법과 시간부터 다릅니다. 일반적인 자위는 짧은 시간에 강한 쾌감을 얻기 위해 성기를 향한 자극에 집중합니다. 이 때문에 시간도 5분 전후, 길어도 10분을 넘지 않는 경우가 내부분이고요. 하지민 긴강힌 자위는 시정이나 오르가슴에 집착하지 않고 내 몸을 만지는 데 집중합니다. 따라서 성기뿐만 아니라 만지면 기분 좋아지는 몸의 다양한 부위를 모두 만져주는데 그러다 보면 15분은 기본이고 30분이 훌쩍 지나갈 때도 있습니다.

만지는 방법 역시 사정을 위해 음경을 손에 쥐고 위아래로 빠르게 움직이는 남성의 자위 방식이나 클리토리스 머리 부위를 손가락이나 진동기로 빠르고 강하게 자극하는 여성의 자위 방식과 달리 오일 등을 손에 바르고 천천히 그리고 부드럽게, 만지면 기분 좋은 신체의 다양한 부위를 마사지하듯 만져야 합니다. 이렇게 만지는 방식에서 충분히 은근한 쾌감을 경험할 수 있습니다. 물론 그 쾌감만으로 부족하다면, 마무리는 빠르고 강렬한 기존 방식으로 해도 됩니다.

그렇게 내 몸을 만지는 과정에서 자위의 진짜 목적인 '스스로를 위로하고 힐링하는' 경험을 할 수 있으며, 몸 어느 부위를 어떻게 만지면 쾌감을 경험하는지 알 수 있고, 짧고 허무한 쾌감에만 집착하지 않기에 불필요한 죄책감에서도 벗어날 수 있습니다.

건강한 자위에 익숙하지 않은 처음에는, 기존에 경험하던 강렬한 자위가 낫다고 생각할 수도 있습니다. 하지만 습관이 되면 기존의 자위는 멀리하면서 거의 매일 건강한 자위를 하게 될 것입니다. 건강한 자위는 매일 해도 신체에 나쁜 영향을 주거나 중독될 가능성이 없거든요. 건강한 자위는 하면 할수록 내 몸과 마음이 힐링되고 실제 성관계에서 쾌감을 경험하는 빈도와 오르가슴에 오르는 횟수까지 늘려줍니다. 이것이 몸과 마음을 깨우는 건강한 자위의 축복입니다.

건강한 자위로 성기 부위를 집중적으로 마사지할 때도 기존의 방식과는 다르게 접근하는 것이 좋습니다. 남성은 단순히 손으로 음경을 쥐고 위아래로 움직이는 방식에만 집착하지 말고 음경의 형태와 촉감에 집중하면서 음경 전체를 마사지한다는 느낌으로 진행하면 좋습니다. 겉으로 드러난 음경 외에 음낭부터 회음부까지 모두 마사지합니다.

여성 역시 처음에는 성감대라고 생각되는 모든 부위를 천천히 만져주면 좋습니다. 그렇게 주변부를 충분히 만져주다가 중앙으로 향합니다. 다양한 방식으로 몸속의 클리토리스를 향해 자극을 보낸다고 상상하며 진행하면 좋습니다. 예를 들어, 클리토리스가 위치한 부위의 외음부 바깥쪽 전체를 마사지하듯 쓰다듬으며 압력을 가하면 이 행위가 곧 클리토리스를 간접적으로 자극하게 됩니다. 그런 과정을 거쳐 클리토리스를 자극에 민감한 기관으로 업그레이드하면 오르가슴에 더 가까워질 수 있습니다.

지스팟도 마찬가지입니다. 질 내부의 윗부분을 마찰로 자극한다는 생각보다는 질 외벽과 맞닿아 있는 클리토리스를 자극한다는 느낌으로 지스팟 부위를 지그시 누르거나 자극하면 아마 이전과는 꽤 다른 감각을 느낄 수 있을 겁니다.

여기서 좀 더 신경 써야 할 포인트는 클리토리스와 질이 맞닿은 부위는 모든 사람이 똑같지 않다는 것입니다. 어떤 사람은 더 깊은 곳일 수 있고 어떤 사람은 아예 맞닿지 않는 거리에 있을 수도 있죠. 이 위치는 몸속 클리토리스의 위치를 상상하며 만지거나 자극해보면 알 수 있습니다.

그렇게 사람마다 자기 몸에 맞게 자극을 전달하는 것이 건강한 자위의 목적입니다. 이렇게 경험한 나만의 클리토리스 자극법이 바로 남자 친구가 해주면 오르가슴에 오를 수 있는 공략법이 되는 것입니다.

만지는 방법 외에 자위 자세에도 다양한 변화를 줄 수 있다면 좋습니다. 항상 다리를 벌리고 자위했다면 이번에는 다리를 오므리고 해보세요. 이제까지 오므리고 했다면 한껏 벌리고도 해보고요. 항상 천장을 바라보고 했다면 엎드려서 베개 위에 몸을 누르듯 또는 비비듯 해보고 엎드려서만 했다면 그 상태에서 엉덩이만 하늘로 한껏 들고 해보기 바랍니다. 이런 수많은 시도가 가장 선호하는 자세와 부위, 방법을 결정해줄 것이고 그것이 바로 오르가슴에 오르기 위해 연인에게 알려줘야 할 정보입니다.

그렇게 내 몸을 확인하고, 내 몸에 닿는 다양한 자극에 몸이 단련되면 오래 애무하지 않아도 쉽게 흥분하고, 쉽게 오르가슴에 오르는 몸이 만들어집니다. 평소에 운동으로 근육을 단련해두면 팔굽혀 펴기 몇 번만으로도 가슴 근육이 울퉁불퉁 튀어나오는 것처럼 말입니다. 이것이 바로 자위와 애무 그리고 성관계를 통해 내 몸을 지속적으로 업그레이드해야 하는 이유입니다.

연인이 있어도 자위하라. 함께 자위하라

"남자 친구와 동거 중입니다. 제가 있는데도 남자 친구가 몰래 자위하는 걸 보면 비참한 기분이 들어요. 이제 제가 여자로 보이지 않는 건가 싶어서요. 왜 저랑 할 수 있는데 자위를 하는 거죠?"

물론 이 사연 속 자위는 건강한 자위가 아니기에 무조건 인정하고 이해하라고 말하긴 어렵습니다. 하지만 연인에게 건강한 자위 방법을 가르쳐줄 수만 있다면, 동거나 혼인 관계에서도 더 행복하게 섹스할 수 있는 몸과 감각을 유지하기 위해 자위는 지속하는 것이 좋습니다. 지속할 뿐만 아니라 가끔은 상대의 몸을 직접 건강하게 자위해주기도 한다면 이보다 더 로맨틱하고 건강한 애무 행위는 없겠죠. 자위하면서 서로의 몸에 대해 대화하고, 찾고, 확인하는 연인이라면 아마 서로에게서 멀어질 수 없을 것입니다. 나를 이처럼 잘 아는 연인을 두고 다른 사람을 찾아가는 건 그 자체로 어리석은 행위일 테니까요.

도구는 도구일 뿐,
질투하지 말자

"와이프가 딜도로 가끔 자위를 합니다. 물론 부부관계를 하지 않는 것은 아닙니다. 그런데도 멀쩡한 저를 두고 딜도를 사용하니까 제 음경으로는 만족이 안 되나 싶어 짜증이 납니다. 모른 척하다가 안 되겠다 싶어서 말했는데 바람피우는 것도 아니고 그냥 자위 기구인데 왜 예민하게 그러냐고 하네요. 어찌해야 할까요? 저는 정말 미치겠습니다."

세탁기가 발명된 지 고작 100년이 조금 넘었습니다. 세탁기가 없던 시절에는 빨래는 온전히 여성의 노동이었고 그 노동의 도구는 오직 손과 빨랫방망이였죠. 이제 와 세탁기는 두고 손빨래로 돌아가자고 하면 사람들은 뭐라고 할까요? 버스나 전철이 있지만 걸어서 학교에 가자고 하거나 핸드폰이 있지만 쓰지 말고 집집마다 전화기를 놓자고 하면 뭐라고 할까요? 아마 다들 이렇게 말하겠죠.

"굳이 뭐 하러?"

상담 현장에서, 여성의 자위 기구에 병적인 혐오를 지닌 남성을 가끔 만나곤 합니다. 사실 그분들과 이야기를 나누다 보면 왜 여성의 자위 기구를 싫어하는지 조금은 이해할 수 있습니다. 만약 여자 친구가 나와 즐기는 섹스보다 기구를 활용한 자위를 더 좋아하고, 나와 온전히 몸으로만 즐길 때보다 자위 기구에 더 큰 만족감을 느낀다면 왠지 자위 기구에 진 것 같은 기분일 테니까요.

사랑하는 여성에게 자위 기구를 사용하지 못하게 하는 것은 "이제 당신에게 연인이 생겼으니, 당신이 평소에 만나던 친구와는 모두 절교해"라고 말하는 것과 같습니다. 연인과 나누는 이야기와 시간은 친구와 나누는 이야기와 시간과 비교해 그 내용과 형식에서 완전히 다르며, 각각 그 나름의 존재 이유를 지니고 있거든요. 그걸 모두 무시하는 건 다소 폭력적인 요청입니다. 상담의 경험으로 보면 어느 한 편이 이런 제약을 강력하게 주장하는 커플은 결코 오래가지 못하기노 하고요.

여자 친구가 자위 기구를 사용하는 건 인정해도 나와의 섹스에까지 등장시키는 것은 싫어하는 것 역시도 100미터를 11초에 달리던 선수가 과학적 원리를 바탕으로 완벽하게 제작된 러닝화를 신고 10초라는 기록을 얻었음에도 다시 예전 신발을 신고 달리는 것과 같습니다. 기구를 사용했건 아니건 나와 연인이 섹스하는 시간은 오로지 우리의 사랑으로 충만한 시간이며 그 시간의 가장 중요한 목적은 성적 쾌감을 얻음으로써 서로의 사랑을 확인하는 것입니다. 그 과정에서 나는 주연이고 기구는 도구일 뿐이죠. 도구는 도구일 뿐 질투하지 않는 현명함이 필요합니다.

사실 질투하지 않는 것으로는 부족합니다. 많은 연인이 적극적으로 도구를 활용했으면 좋겠습니다. 물론 둘 다 거부감이 없다는 전제하에서입니다. 한 명이라도 편견이 있거나 좋지 않은 기억이 있다면 억지로 설득하지 말아야 합니다. 그건 이해와 공감의 영역이지 설득의 영역이 아니니까요.

남성의 음경이 여성의 클리토리스를 진동으로 자극할 방법은 없습니다. 남성의 입이 여성의 클리토리스를 흡입형 자위 기구처럼 강력하게 빨아들일 방법도 없고요. 음경이 주는 성적 자극인 마찰이나 압력만으로 여자 친구를 흥분시키기에 부족하다는 게 절대 아닙니다. 남성의 음경에 더 강한 자극을 주고 싶다면 손가락 링을 적극적으로 활용하는 것도 좋은 방법이고요. 많은 커플은 사람과 사람의 신체만으로도 얼마든지 오르가슴, 심지어 멀티 오르가슴을 만들며 사랑합니다. 다만 바이브레이터가 만드는 진동에 의한 빠른 클리토리스 자극은 남자 친구가 주는 성적 흥분과 결이 다른 흥분을 제공합니다. 어느 것이 더 나은 게 아니라 다른 것입니다.

편견이나 선입견을 깨야 하는 건 여성도 마찬가지입니다. 왠지 기구에 내 몸을 맡기는 게 내키지 않다거나 사랑만으로 온전히 흥분을 경험하고 싶지 인위적인 것으로 쾌락을 추구하고 싶지 않다고 생각하는 여성이 뜻밖에 많습니다. 하지만 여성들 역시 한 번 정도는 고정관념을 버렸으면 좋겠습니다. 일단 해보고 판단해도 손해 볼 일은 없습니다. 기존에는 손이나 샤워 물줄기 정도로 만족했던 사람이 기구를 사용하는 자위의 세계를 경험한 후부터는 브랜드별로 기구를 구매해서 서랍에 나열해둘 수도 있는 일이니까요.

종종 자위 기구 사용을 중독과 연관 지어 걱정하는 분도 있습니다. 여성은 자신의 중독을 걱정하지만, 남성은 '여자 친구가 자위 기구에 중독되어 나는 안중에도 없고 자위 기구만 찾으면 자존심 상해서 어떡하지?'라고 걱정하죠. 단호하게 말하지만 그럴 일은 없습니다. 사람이 줄 수 있는 행복과 도구가 줄 수 있는 행복은 엄연히 다르니까요. 사랑하는 사람과 섹스할 때 도구가 필요한 것이지, 도구를 사랑할 때 남자 친구가 필요한 게 아니잖아요. 제발 도구 따위에 아까운 질투심을 낭비하지 마세요. 자위 기구는 그저 사랑을 더 행복하게 만들어주는 효과적인 도구일 뿐입니다.

주체적
피임

●

피임은 내 손으로,
내 의지로

"남자 친구와 만날 때마다 관계를 하는데, 문제는 콘돔입니다. 콘돔을 사용해야 안전하다는 걸 알지만 사용하지 않는 게 느낌이 더 좋아서 자꾸 콘돔 없이 하게 되더라고요. 그렇지만 하고 나면 임신하지는 않았을까 걱정하게 됩니다. 생리 날짜가 늦어지기라도 하면 스트레스도 받고요. 남자 친구도 저도 콘돔은 쓰기 싫은데 어떻게 해야 할까요. 제가 피임약을 먹어야 할까요?"

피임 방법 중 안전하면서도 간단하고 성병 예방 기능도 있으며 피임 성공률도 높아 모든 성학자가 가장 추천하는 방법은 당연히 콘돔입니다. 따라서 성관계를 앞둔 남성은 미리 콘돔을 준비하고 유사시 적극 활용할 수 있는 실행력과 의지를 지녀야 합니다. 관계 전에 남성이 콘돔을 준비하는 건 여자 친구를 향한 가장 기초적인 배려이자 의무죠.

다만 정확하게 말하면, 피임은 어느 한 편의 일방적인 의무가 아니라 두 사람 모두의 의무여야 합니다. 피임의 실패 역시 어느 한 편의 책임이 아닌 둘 다의 책임이죠. 피임을 온전히 상대의 의무로 돌리면 자칫 상대가 의무를 기꺼이 수행하지 않았을 때의 책임을 나 혼자 감당할 수도 있습니다. 그러니 다른 모든 영역처럼 피임 역시 주체적으로 판단하고 실행해야 합니다.

콘돔 가지고 다니는 여자

주체적으로 피임을 준비한다는 건 성관계의 가능성이 있는 여성 모두는 가방에 콘돔 하나쯤은 지니고 다녀야 함을 의미합니다. 성관계는 언제 어디서 어떤 감정으로 몰아치듯 하게 될지도 모르니 상대가 준비하지 못했더라도 가방에서 콘돔을 꺼내는 센스를 보여야 하는 거죠.

이런 주체적 피임을 방해하는 유일한 고정관념은 콘돔을 가지고 다니면 헤픈 여자로 오해받을 수 있다는 생각입니다. 만약 이런 생각을 하는 사람이 있다면 그 사람 자체가 골동품에 꼰대겠죠. 누군가가 나를 보고 그런 생각을 하건 말건 내 몸을 주체적으로 지켜나간다는 건강한 의지가 중요하니까요. 이게 바로 주체적 자존감입니다.

한발 더 나아간다면, 여성도 콘돔 사용 방법을 알고 있는 것이 좋습니다. 에로틱하게 콘돔을 씌워줄 수도 있고 만에 하나 콘돔 착용이 서툰 남성이 있다면 바로잡아줄 수도 있으니까요. 자칫 남성이 콘돔을 올바르게 착용하지 못해 원하지 않는 임신을 했다면 그 피해는 온전히 여성이 받게 될 수 있습니다. 그러니 여성도 바람직한 콘돔 착용 방법을 알고 있는 것이 좋습니다.

우선 콘돔에 상처가 나지 않게 조심해서 포장을 뜯습니다. 그럼 돌돌 말려 있는 콘돔을 볼 수 있습니다. 말려 있는 콘돔을 자세히 보면 중앙에, 사정했을 때 정액이 담기는 작은 돌기가 있는데 이 부분을 엄지와 집게손가락으로 살짝 잡아 공기를 뺍니다. 이후 돌기를 잡은 그 상태 그대로 콘돔을 귀두 위에 얹고 돌돌 말린 부분을 다른 손으로 펴내려가면 됩니다. 삽입 후 왕복운동 중 콘돔이 귀두 방향으로 말려 올라가 벗겨지거나 그 사이로 징액이 새는 참사를 막기 위해서는 반드시 덜 펴진 부분 없이 모두 펴야 한다는 것도 절대 잊지 마세요.

주체적 피임의 마지막 보루,
먹는 피임약

사실 피임 방법 중 가장 피임률이 높은 방법은 먹는 피임약입니다. 피임약의 피임률은 약 98퍼센트로 85퍼센트인 콘돔이나 70퍼센트도 되지 않는 자연주기법과는 비교도 되지 않을 만큼 높은 편이죠. (출처: 대한산부인과의사회의 '피임·생리 이야기' 누리집) 그래서인지 먹는 피임약의 복용률과 임신중절 시행률은 정확하게 반비례합니다. 먹는 피임약 복용률이 가장 높은 네덜란드는 세계에서 임신중절 시행률이 가장 낮은 나라 중 하나입니다. 먹는 피임약 복용률이 50퍼센트에 육박하는 체코나 40퍼센트 정도인 프랑스, 독일, 30퍼센트 전후인 영국 등 서구도 임신중절 시행률이 낮습니다. 반대로 산부인과 진료를 받고 나서야 먹는 피임약을 구매할 수 있는 일본은 임신중절 시행률이 세계에서 가장 높은 나라 중 하나입니다. 먹는 피임약 복용률이 2퍼센트에 불과한 한국 역시 말할 것도 없고요.

하지만 먹는 피임약은 호르몬으로 인한 부작용 때문에 여전히 대한민국에서 기피 대상 1호 피임법입니다. 더군다나 효율적인 콘돔이 있으니, 굳이 먹는 피임약을 강조할 필요가 없긴 하죠. 하지만 아무리 약물이 몸에 좋지 않다고 해도 원하지 않는 임신을 하면 받게 될 신체적, 경제적 해악과는 비교도 할 수 없습니다.

즉, 주체적 여성이라면 콘돔의 대안으로 먹는 피임약도 항상 염두에 둬야 합니다.

피임의 유일한 방법으로 콘돔만을 생각하는 여성은 어떤 상황에서건 피임의 주도권을 남성에게 줄 수밖에 없습니다. "준비하지 않았거나 부정적인 반응을 보이면 아예 섹스하지 않으면 되죠"라고 말할 수도 있고 실제로 그렇게 할 수만 있다면 아무 문제없지만 남녀의 성관계는 준비 없이도 실행되는 일이 비일비재합니다. 그러니 피임의 주도권이 없다는 건 자칫 한 번의 실수가 그대로 불행으로 이어질 수 있다는 뜻이기도 합니다.

혹시 남자 친구가 콘돔 사용에 부정적이라면 우선은 왜 콘돔을 적극적으로 사용해야 하는지, 왜 그걸 사용하는 것이 여자 친구를 배려하고 사랑하는 것인지, 어떤 점이 좋은지 등을 이해시켜 주세요. 그래도 미온적인 태도를 보인다면, 여성이 직접 콘돔을 준비해서 남성의 음경에 씌워주는 것도 방법입니다.

단순히 씌워주는 행위만으로는 상대의 생각과 태도를 바꾸기 어려우니 콘돔을 착용할 때마다 남자 친구의 음경을 충분히 애무해주는 것도 좋은 방법입니다. 그렇게 콘돔 착용 전에 남자 친구의 음경을 정성껏 애무해주다 보면 남자 친구 스스로 콘돔을 준비하고 그 착용을 애타게 기다릴 수도 있습니다. 이것이 바로 상대의 변화를 만드는 주체적 피임입니다.

다만, 그렇게까지 하는데도 남자 친구가 콘돔에 부정적이라면 그때는 피임약을 먹거나 피하이식을 하는 방법도 적극적으로 고려하기 바랍니다.

상대가 피임에 조금이나마 무심하다면, 내가 더 적극적으로 피임을 준비하는 것. 이것이 바로 주체적인 피임의 태도입니다.

갈등 해결도
주체적으로

●

사랑과 질투, 가스라이팅과
데이트 폭력 사이

사랑과 질투

"저는 질투가 심합니다. 남자 친구를 사귀면 전 여자 친구는 말할 것도 없고 현재의 여자 사람 친구나 심지어 그가 몰두하는 학업에도 질투를 느낍니다. 그가 언제나 저만 바라보고 저와만 말했으면 좋겠어요. 그러면 그를 세상에서 가장 행복하게 해줄 자신이 있습니다. 저 역시 제 모든 것을 포기하고 그만 바라볼 수 있으니까요. 그런데 상대는 이런 제 모습을 힘들어합니다. 힘들어하는 모습을 보는 저까지 힘들어지면 곧 헤어지게 되고, 다른 사람을 만나도 같은 패턴이 반복됩니다. 언제까지 이래야 할까요? 저만 바라봐줄 남자는 세상에 없는 걸까요?"

연인 상담에서 가장 많이 등장해 갈등을 만드는 원인 중 하나가 바로 질투입니다. 항상 내 연인이 누구를 만나는지 확인하고, 만나는 사람을 선별하고, 어디서 뭘 하는지 궁금해하고, 행동과 경험을 통제하는 것. 감정을 표현하는 단어는 질투에 가깝고, 행동을 표현하는 단어는 집착에 가까운 이런 모습을 우리는 종종 사랑으로 포장하곤 하죠. 사랑하니까 질투도 하고 집착도 하는 거라고 말입니다.

질투는 그만큼 많은 사람이 경험하는 보편적인 감정이고, 적절하게 발산하고 활용하면 사랑이 깊어지는 계기가 되기도 하지만 대개는 과하거나 잘못 사용되어 연인과 헤어지는 결정적인 이유가 되기도 하는 위험한 감정입니다.

현재 이런 문제를 경험하는 중이라면, 지금부터 말하는 내용을 마음 깊이 그리고 진심으로 받아들일 수 있는지 판단해보기 바랍니다. 받아들이지 못한다고 해서 자책할 필요도 없고 자신에게 문제가 있다고 생각할 필요도 없습니다. 내 인생은 오로지 나의 것이므로 단지 내 가치관과 철학에서 받아들일 수 있는지 냉정하게 판단한 후 그 판단에 따라 행동을 결정하고 실행하면 그만이니까요.

"사랑은 소유가 아닙니다. 내가 어떤 사람을 사랑한다는 것은 그 사람의 그 무엇이라도 가질 수 있다는 뜻이 절대 아닙니다. 나를 만나기 전에 그가 경험했던 삶과 기억뿐만 아니라 현재 그의 몸이나 생각, 행동, 주변 인물 모두 온전히 그 사람의 것입니다. 질투의 감정은 '내가 사랑하는 사람은 나의 것'이라는, 즉 '사랑은 소유'라는 신념에서 비롯됩니다. 상대에 대한 배려나 사랑에서 비롯된 감정이 아니기에 내가 사랑하는 사람은 질투할수록 점점 거짓말이 빈번해지고 결국 멀어지게 됩니다. 사랑하는 만큼 질투의 마음도 크다는 생각에 억울할 수도 있지만, 가만히 생각해보면 질투는 사랑이 아니라는 것을 깨닫게 될 것입니다. 질투는 소유라는 욕망에서 비롯된 감정이니까요. 지금 나를 괴롭게 만드는 범인은 연인의 말이나 행동, 과거가 아니라 바로 나 자신입니다."

만약 이 말에 진심으로 공감하고 앞으로는 누군가를 사랑할 때 소유의 개념을 멀리할 수 있다면, 지금보다 더 쉽게 상대를 믿고 사랑할 수 있습니다. 믿는 만큼 상대는 나에게 솔직해질 테고 그만큼 둘의 관계는 단단해질 것입니다. 하지만 다양한 이유로 이 신념을 버릴 수 없다면 그 결과까지도 기꺼이 인정하는 태도를 장착해야 합니다. 그래야 스스로를 자책하면서 쓸데없이 괴로워하지 않을 수 있습니다.

〈황금알을 낳는 거위〉라는 이솝 우화를 들어본 적이 있나요? 매일 황금알을 하나씩 낳는 거위를 가진 주인이 더 많은 황금알을 갖고 싶은 욕심에 거위의 배를 갈라 죽였고 더는 황금알을 갖지 못하게 되었다는 이야기입니다. 대개의 사람은 이 이야기 속 주인을 어리석다고 욕하지만 주인이 가졌던 감정을 비난할 수는 없습니다. 인간이라면 누구나 경험하는 욕심이니까요. 비록 거위를 죽이면 더는 황금알을 갖지 못하게 될지도 모르는, 대안 없고 전략적이지 못한 판단이지만 그 역시 개인의 신념이므로 누구도 비난할 수 없습니다. 다만 그는 자신의 신념을 고수한 결과로 다시는 황금알을 얻지 못하게 됐다는 사실을 기꺼이 인정해야 합니다. 그렇지 않으면 마음이 힘들고 때로는 주변까지 힘들게 하는 사람이 되고 말 테니까요.

'누군가와 사랑을 시작했다면 상대가 질투로 힘들어하지 않도록 항상 말과 행동을 조심해야 한다'라는 신념을 지닌 사람은 부담스러워하는 연인에게까지 그 신념을 강요하기보다는 그 신념을 이해하고 기꺼이 수행해줄 다른 연인을 찾는 것이 맞습니다. 그렇지 않으면 지금 만나는 연인이 아닌 다른 연인을 만나더라도 이 문제는 나를 괴롭히고 상대에게도 상처와 트라우마를 남기게 되며 결국 두 사람의 사이를 갈라놓게 될 테니까요.

결정하면 됩니다. 내 신념을 고수한 채 기꺼이 이해하고 실행해주는 사람을 만날 것인가, 아니면 내 신념을 지우고 현재 사랑하는 사람을 택할 것인가입니다. 어느 쪽을 선택하는 것이 더 바람직하다는 건 없습니다. 내 인생은 나의 것이고, 내가 선택한 것이 곧 내게는 정답이니까요.

가스라이팅과
데이트 폭력 사이

"남자 친구를 만난 지 1년이 넘어갑니다. 문제는 잘해줄 때 정말 행복하고 좋은데, 한번 틀어지면 몇 날, 심지어 몇 주 동안 연락을 끊을 때도 있다는 것입니다. 제가 뭘 잘못한 건지도 말해주지 않습니다. 나보고 알아서 반성하래요. 그러다가 지칠 때쯤 아무 일도 없었다는 듯 다시 만나고 잘해줍니다. 자기 옆에만 있으면 평생 행복하게 해주겠대요. 그 말을 들을 때는 정말 행복하지만 또 틀어지면 일방적으로 자기 말만 하고 모든 게 제 잘못인 것처럼 말해요. 참고로 남자 친구는 똑똑해서 말을 시작하면 제기 반박할 수가 없습니다. 모두 맞는 말 같거든요. 데이트 비용도 제가 더 많이 내고, 가끔은 여자 사람 친구 이야기를 하면서 걔는 어디가 예쁘고, 밤에 잘할 것 같고, 이런 이야기를 제 앞에서 막 해요. 남자 친구와 결혼까지도 생각해 봤지만 결혼하면 제가 많이 외로울 것 같습니다. 그렇다고 헤어질 수도 없는 게 제가 남자 친구를 많이 사랑합니다. 저는 어떡하면 좋을까요?"

결론부터 말하면, 사연 속 남성은 여성을 가스라이팅하고 있습니다. 아니, 가스라이팅보다 더 잘못된 관계로 보입니다. 왜냐하면 가스라이팅은 사랑을 앞세워 상대를 소유하려고 하는 행위거든요. "난 이런 걸 좋아하니까, 사랑한다면 이렇게 해줬으면 좋겠어." "네가 하는 행동을 나는 원하지 않아. 나를 사랑한다면 그러지 마." 이런 식으로 말입니다. 하지만 사연 속 남성의 모습에서는 사랑조차 보이지 않습니다.

사연 속 여성이 어떤 조건, 어떤 상황이기에, 남자의 말에 맹목적으로 따라야 하는지는 모르지만 남자의 태도에는 사랑이나 배려가 전혀 없습니다. 더 심하게 말하면 둘의 관계는 주종(主從) 관계로까지 보입니다. 남성은 지시, 강요, 명령, 협박하고 여성은 인내, 복종하는 것처럼 보인다는 뜻입니다. 이런 관계는 절대 연인의 모습일 수 없습니다.

사랑이나 연인 관계를 빌미로 상대를 자신에게 유리한 방향으로 생각하고 행동하게 하는 가스라이팅은 데이트 폭력의 일종입니다. 데이트 폭력의 범위는 물리적인 행위나 욕설, 상대를 무시하거나 경멸하는 표현을 넘어 상대에게 자신이 원하는 것을 강요하거나 가스라이팅하는 것까지도 포함합니다. 바꿔 말하면, 가스라이팅하는 사람은 대상이 되는 연인을 '폭력을 행사해도 되는 사람' 또는 '폭력을 행사하고 싶은 사람' 정도로 인지한다는 것입니다. 그러니 사랑일 수 없습니다.

구속과 간섭도
사랑하기 때문에?

사랑하는 연인 사이에서 가장 많이 하는 말 중 하나가 "사랑하니까 그러는 거야"입니다. 심지어 "남자 친구가 이런 건 하지 말래"라며 구속과 통제를 자랑삼아 이야기하는 여성도 있고 "어머, 그건 아직도 둘이 열렬하게 사랑한다는 증거 아닌가요?" 하며 그 경험을 부럽다는 듯이 이야기하는 사람도 있죠. 모두 환각에 빠져 있는 것입니다. 강요와 통제, 구속과 제한은 하는 사람에게도 받는 사람에게도 그저 폭력일 뿐입니다.

"사랑하니까 그러지. 사랑하지 않는 사람에게는 그러지도 않아요." 이 역시 가스라이팅에 익숙한 가해자가 흔하게 하는 자기

변명입니다. 본인도 사랑과 가스라이팅을 착각하고 있다는 고백이죠. 타인의 행동, 시간, 가치관은 결코 내가 소유할 수 없습니다. 사랑한다는 이유로 누군가의 권리를 나의 것으로 만들 수는 없다는 뜻입니다. 나의 것도 아닌 것에 강요와 통제, 구속과 제한을 하면서 그 이유로 사랑을 내미는 것은 스토커와 다르지 않습니다.

"싫으면 떠나라고 하세요. 그게 내가 사랑하는 방식이니까."

가스라이팅의 가해자는 종종 이렇게 말합니다. 마치 현재의 주종 (主從) 관계가 피해자가 원해서 이루어진 것처럼 말입니다. 이때 피해자는 이런 생각을 해봐야 합니다. 그렇게 사람을 쉽게 떠나보낼 수 있다면 그게 정말 사랑일까요?

만약 진심으로 가해자가 자기 사랑의 방식이라고 생각한다면 저는 가해자에게도 사랑의 방식을 바꿔보길 권하겠습니다. 그 가치관을 버리지 않으면 언젠가는 곁에 아무도 남지 않게 될 테니까요. 만에 하나 누군가 남더라도 그 사람은 영원히 내 곁에서 불행할 수밖에 없습니다.

생각을 조금만 바꾸면 행동도 관계도 건강하게 바꿀 수 있습니다. 상대의 행동을 바꾸는 방법은 이렇습니다. 남자 친구의 말과 행동이 나를 얼마나 불행하게 하며, 내가 원하는 것은 무엇인지를 아주 구체적으로 설명해줍니다. 더불어 당신을 그렇게 만드는 나의 행동이 있다면 나 역시 노력할 테니 당신도 앞으로는 내가 싫어하는 말과 행동을 하지 말아달라고 해주세요. 싸우자는 말투가 아니라 부탁하는 말투면 더 좋습니다. 그런 행동이 여자 친구에게 어떤 감정을 주었는지 미처 몰랐다면 이후 노력하고 변화할 것입니다. 하지만 "싫으면 그만이지. 뭔 말이 그렇게 많아"라는 태도를 보인다면 그때는 결정해야 합니다. 자기 행동이 데이트 폭력이라는 사실을 인지하지 못하거나 알면서도 변하려고 하지 않는 사람은 절대 바뀌지 않습니다. 내 인생 전체의 행복을 결정하는 것은 바로 이 순간일지도 모릅니다.

그러다 헤어지려고 할 때가 되어서야 다른 반응을 보이면서 헤어질 수 없다고 한다 해도 절대 다시 받아주면 안 됩니다. 이렇게 쉽게 감정이 변화하는 사람은 연애를 위급하거나 폭력적인 상황으로 만들 수도 있거든요. 일단 이별의 의사를 전달했다면 이후에는 상대의 전화번호도 차단하고 만나지도 않는 것이 바람직하며 혹시 감당하기 어려운 공포나 협박이 반복된다면 반드시 경찰 공권력의 도움을 받기 바랍니다.

아름답지만
슬픈 단어,
오래된 연인

●

"안녕하세요. 저에게는 오래된 연인이 있습니다. 처음에는 우리도 다른 연인들처럼 불타올랐고 관계도 일주일에 서너 번, 하루에 세 번 이상도 했어요. 다만 시간이 흐르면서 남자 친구가 싫어진 것도 아니고 매력이 없는 것도 아닌데 성관계에 있어서는 무덤덤해지더라고요. 저는 이게 자연스럽게 받아들여지는데 남자 친구는 이해가 안 되나 봅니다. 요즘 부쩍 변했다고 서운해하네요. 저는 전혀 아닌데 말이에요. 이런 일로 헤어지기는 싫은데 제가 더 노력해야 할까요?"

누군가를 사랑하게 되면 어느새 나는 사라지고 그 사람만을 위해 항상 무언가를 주고 싶고, 기쁘게 해주고 싶고, 내가 할 수 있는 일이 무엇인지를 고민합니다. 연애가 시작되는 아름다운 순간이죠. 나를 그토록 아껴주고 챙겨주고 배려해준다는 사실에 마음이 움직인 사람은 고마운 마음을 넘어 감동까지 경험하곤 합니다. '내가 이토록 사랑받는 존재였던가?'라는 생각에 커질 대로 커진 자존감은 매사에 행복을 주고 그 사람을 더 사랑하게 만들어주는 에너지가 되죠. '열 번 찍어 안 넘어가는 나무 없다'라는 속담은 스토커처럼 반복해 도전하면 된다는 뜻이 아니라 상대의 오랜 정성에 결국 감동하게 된다는 뜻일 겁니다.

영화 〈봄날은 간다〉에 등장하는 명대사 "사랑이 어떻게 변하니?"처럼, 설렘으로 가득했던 사랑이 점차 익숙해지면 우리는 욕심을 내기 시작합니다. 사랑은 분명히 주고받는 관계이며 그렇게 주고받으면서 아름다워지는 구조인데 어느새 상대에 대한 배려와 생각은 사라지고 그 자리에 나만 남죠. 더 받아야 할 것 같고, 부족하다고 느끼며, 힐끔힐끔 주위를 둘러보다가 그때까지 보이지 않던 다른 커플의 부러운 모습이 눈에 들어오면 나도 모르게 연인을 공격하기도 합니다. 모든 것을 주고 싶었던 마음에서 받고 싶은 마음으로 바뀌는 것, 이것이 오래된 연인이 마주하게 되는 불행의 시작입니다.

"나도 저거 해줘."

"너도 나한테 그때 안 해줬잖아?"

"그 이야기를 왜 지금 해? 마음에 두고 있었어? 그때 난 해줄 수 없는 이유가 있었잖아."

"뭐? 너는 그래도 되고, 나는 안 되고? 너무 이기적인 거 아냐?"

"이기적? 네가 해준 게 뭐 있다고 그런 말을 해?"

"뭐? 해준 게 없다고? 정말 그렇게 생각해?"

아름다운 사랑의 대화는 다툼의 대화로 변하고 무언가 해주고 싶었던 마음은 원하는 걸 받지 못해 서운한 마음으로 바뀌면서 두 사람은 오래된 연인을 향해 나아갑니다.

사랑이 어떻게
변하니?

"운전하다가도 밥을 먹다가도 갑자기 눈물이 나고 여자 친구가 사무치게 그리워요. 정신병에 걸린 것처럼 일상생활도 제대로 못 하면서 다른 여자를 만나려고 노력하는 게 무슨 의미가 있나 싶습니다. 당장에라도 달려가서 다시 한번 잡고 싶기도 합니다. 잡는다고 안 잡힐 수도 있다는 걸 머리로는 잘 알고 있습니다. 가슴이 쪼그라드는 느낌이 들고 숨이 찹니다. 손도 저리고요. 이제 슬슬 몸이 못 버틸 것 같습니다. 왜 우리는 사소한 갈등 하나 해결하지 못하고 헤어진 걸까요?"

오래된 연인에게 갈등이 생겼을 때, 해결을 위해 가장 먼저 해야 할 일은 두 사람의 문제를 둘 다 볼 수 있는 테이블 위에 올려놓는 것입니다. 오래된 연인일수록 굳이 말하지 않아도 자기 마음을 상대가 잘 알고 있다고 생각하고, 굳이 묻지 않아도 상대의 마음을 잘 알고 있다고 오해하기 때문입니다. 전형적인 착각이죠.

우리의 문제는 이거 때문이라고 지레짐작하거나 확신하지만 사실은 그것과 너무 달라 오해하는 상황일 가능성이 훨씬 더 큽니다. 마치 폭탄을 해체하지 않은 채 땅에 묻는 것과 같죠. 이 폭탄은 언젠가 느닷없이 터져서 둘 사이를 해체해버릴 것입니다. 그러니 반드시 둘 다 선명하게 볼 수 있는 테이블 위에 문제를 올려놓고 확인해야 합니다. 말이어도 좋고 행동이어도 좋으니 말입니다. 싸우자는 게 아닙니다. 대화하자는 거죠.

문제가 선명해지고 상대가 잘못한 부분이 보이는 것과 동시에 내가 잘못한 부분도 보인다면 상대의 잘못은 잊고 나부터 사과해야 합니다. 상대의 사과는 기대하지 마세요. 그냥 내가 사과하는 것에만 의미를 두세요. '오래 사귀어서 가족 같은 사이인데 새삼스럽게 무슨 사과냐'라는 태도는 오래된 연인이 가질 수 있는 가장 위험한 태도입니다. 오래된 사이라고 해서 갈등이 저절로 해결되지는 않습니다. 따라서 사과는 무조건 말과 행동으로 선명하게 구현되어야 합니다.

사과하는 과정에서도 조심해야 할 부분이 있습니다. 절대 추상적으로 사과하지 마세요. 그저 "미안해"라고만 하면 "뭐가?"라는 질문이 이어질 수밖에 없습니다. 사과는 구체적이어야 합니다. 내가 한 말이나 행동을 구체적으로 설명하고 사과하면 상대는 이 사람이 잘못을 분명하게 인지하고 있다고 생각해 반갑고 고맙습니다. 진정성을 동반한 사과를 받으면 마음이 풀어질 수밖에 없습니다.

오래된 연인이 갈등의 해결 방법으로 빈번하게 사용하지만 절대 바람직하지 않은 것 중 하나는, 말이나 행동이 아닌 다른 것으로 갈등을 해결하려고 하는 것입니다. 다짜고짜 스킨십을 하거나 섹스하면 화가 풀어질 거라고 생각하거나 선물이나 애교 등으로 갈등을 해결하려고 하는 시도는 임시방편일 뿐입니다.

일단 구체적이고 진심이 담긴 사과를 했다면 그걸로 끝내는 것도 중요합니다. "이런저런 일로 내가 이러저러하게 말하고 행동한 건 정말 미안해. 진심으로 반성하고 있어"라고 사과했다면 반드시 거기서 끝내야 한다는 뜻입니다. 그 말 뒤에 "그런데" "하지만" 등을 붙인 후 핑계를 대거나 상대를 탓하면 사과는 의미가 없어집니다.

"내가 어떻게 네 생일을 잊었지? 정말 미안해. 다시는 그런 일 없을 거야. 사실 요즘 내가 너무 바쁘고 공부 때문에 스트레스받았던 거 알지? 그래서 그랬나 봐. 미안해." 이 말은 사과가 아니라 연인의 생일을 잊은 자기 행동이 얼마나 정당했는지를 말하는 것입니다. 그런 의도가 아니었어도 연인에게는 그렇게 들리죠.

"정말 미안해. 내가 미쳤나 봐. 당신에게 그런 험한 말을 하다니. 절대 진심이 아니야. 미안해. 하지만 당신도 조심해줄 수 있을까? 아무리 그런 말을 듣고 화가 났어도 당신이 한 행동은 너무했다는 생각이 들어. 그러니 우리 같이 조심하자." 언뜻 사과로 들리지만 사과가 아니라 연인의 잘못을 꾸짖는 충고입니다. 이렇게 말하는 순간 사과는 물거품이 되어 사라지죠. 반드시 사과 뒤에는 아무 말도 덧붙이지 말아야 합니다.

주체적으로 해보는
마지막 노력

행복하고 싶은 마음, 사랑받고 싶은 마음은

성욕이나 식욕처럼 인간이 경험하는 가장 원초적인 감정입니다. 더군다나 오래된 연인일수록 '사랑받고 싶다', '행복해지고 싶다'라는 감정을 더 깊이 더 강렬하게 경험하죠. 아예 가능성이 없을 때보다 가능성이 분명히 있는데도 얻지 못할 때가 더 간절하거든요.

이런 감정의 주체에는 남녀의 구별도 없습니다. 그만큼 보편적이라는 말입니다. 오래된 연애 때문에 내 삶이 그다지 행복하지 않다는 판단이 들면 제일 먼저 '나는 연인이 어떻게 해주면 행복하다고 느낄까?'에 구체적인 답을 스스로 찾아보는 것이 중요합니다. 많은 사람이 '행복하지 않다', '외롭다'라는 감정만 소비하고 그 정확한 원인을 고민하는 것에는 인색합니다. 하지만 해결할 의지도 없이 그저 감정만 소비한다면 관계는 더욱 악화될 뿐입니다.

예를 들어, 내가 행복하지 않은 이유로 "남자 친구가 나를 사랑해주지 않아서"를 많이 이야기하는데 이 문장은 너무도 추상적입니다. '사랑해준다'에는 정말 수많은 뜻이 있으니까요. 섹스리스 때문에 힘든 사람에게는 최소한 한 달에 한 번은 섹스해야 하는데 그렇지 않은 것이 사랑받지 못한다고 느끼는 이유일 테고, 선물을 좋아하는 사람에게는 언젠가부터 말로 대충 때우려고 하는 연인의 태도가 사랑받지 못한다고 느끼는 이유일 수 있습니다. 연인에게 자신의 감정을 말하고 그 감정을 공감받는 것에서 사랑받는다고 느끼는 사람에게는 그렇지 않은 상황이 사랑받지 못한다고 느끼는 가장 큰 이유겠죠.

물론, "하나가 아니에요. 여러 가지가 복합적으로 작용해서 사랑받지 못한다는 느낌이 드는 거죠"라고 할 수도 있습니다. 실제로 많이들 그렇고요. 하지만 세상에 모든 조건을 충족해줄 연인은 없습니다. 나 역시 그런 연인일 리 만무하고요. 따라서 한두 개를 특정해야 합니다. 내가 행복하지 않은 이유를 모두 나열하기보다는 적어도 이것만 충족되면 행복하다고 느낄 수 있는 한두 가지만 명확하게 규정하는 것이 더 낫습니다.

그렇게 불행의 원인이 규정되면 다음에 해야 할 일은 그것을 연인에게 구체적으로 요청하는 것이 아니라 규정한 그 과제가 실현될 수 있는 전반적인 환경을 먼저 만드는 것입니다. 예를 들어, 남자 친구와 여행을 자주 다니면 행복할 것 같다면 내가 계획을 세워 여행을 자주 다니고 그 즐거움이 익숙해져 일상이 되는 환경을 만든 후 "나도 당신이 계획하는 여행에 무작정 따라나서는 경험도 해봤으면 좋겠다"라고 말하는 것입니다. 남자 친구와 그날 있었던 사소한 일을 나누면 행복할 것 같다면 술자리나 야구장 가기처럼 남자 친구가 좋아하는 상황에 내가 먼저 들어가 함께하며 대화를 끌어내면 좋습니다. 그런 상황에 익숙해지면 굳이 특정 상황이 아니어도 자주 대화하고 감정을 나누는 연인이 되어 있음을 알게 될 것입니다.

오래된 연인에게 '행복하지 않다'라는 감정이 시작되면 이 감정을 해결하려고 노력하기보다 행복하게 해주지 못하는 상대에게 서운해하며 자연스럽게 이별을 떠올리곤 합니다. 이번 연애는 망했다고 생각하고 리셋하고 싶은 거죠. 하지만 다른 연인을 만난다고 해서 훨씬 나은 사랑을 한다는 보장도 없고 그 사랑이 영원할 거라는 보장도 당연히 없습니다. 불같이 사랑했던 연인을 건조한 연인으로 만드는 가장 큰 원인은 맞지 않는 커플의 잘못된 연결이 아니라, 시간이 지나면 익숙하고 지루해지는 관계의 본질 그 자체니까요.

내 행복은 얼마든지 내가 만들 수 있고, 내 노력으로 연인도 변할 수 있습니다. 사랑해주길 바라지 않고 먼저 사랑하고, 다가와주길 바라지 않고 먼저 다가가면 내가 바라는 행복이 생각보다 쉽게 얻을 수 있는 가치였다는 것을 깨닫게 될 것입니다. 이것이 바로 오래된 연인이 마지막으로 해볼 수 있는 주체적 노력이고, 이 노력으로 오래된 관계를 더 단단하고 행복하게 만들 수 있습니다.

사랑하는 사람과의 관계가 예전 같지 않음을 느낀다면, 과연 시작할 때처럼 나를 잊은 채 그 사람만을 위해 무언가를 준비하고 있는지 생각해보세요. 다음은 조금 억울하고 나만 손해 보는 것 같더라도 내가 받고 싶은 무언가는 잠시만 미뤄두고 상대를 향한 배려만 실행하는 것입니다. 오래된 사랑이 영원한 사랑이 될 수 있도록 말입니다. 하지만 이 모든 노력이 소용없다는 생각이 든다면, 서로의 성장을 위해 이제는 냉정하게 헤어짐을 고민할 필요가 있습니다.

CHAPTER
3

두려움 없이
이별하는 방법

사랑의
유효기한에
관하여

●

영원한 사랑이 있을지도
모른다는 환상

"결혼 문제로 부모님과 다퉜습니다. 저는 생각이 없는데,
부모님은 꼭 해야 한다고 하시네요. 왜냐고 여쭤보면 그
게 가장 잘 사는 거라서, 남들처럼 사는 게 가장 행복한 거
라서래요. 어렸을 때는 무시하고 넘겼는데 서른이 넘어가
니 점점 잔소리가 심해집니다. 하루 이틀도 아니고 정말
힘드네요. 더군다나 제 주변에는 결혼에 찬성하는 사람만
있습니다. 심지어 친구들까지도요. 상담사님의 의견은 어
떤지 궁금합니다."

제도가 가치관을
만든다

　　　　　　　　　대한항공이 항공기에서 금연을 시행한 것은 1999년입니다. 그전만 해도 항공기는 물론 동네 버스에서도 흡연자가 마음껏 담배를 피웠죠. 그때는 아무도 흡연자를 비난하지 않았습니다. 흡연은 하나의 문화였으니까요. 지금 생각하면 말도 안 되는 일이죠. 지금은 공공장소에서 담배를 피우면 벌금을 내야 하는 건 물론이고 사람들의 따가운 시선을 받게 되니까요.

　2015년 2월 이전에 대한민국에서는 배우자가 있는 사람이 다른 사람과 사랑하면 2년 이하의 징역을 선고해 감옥에 가둘 수 있었습니다. 이른바 간통죄였죠. 시간이 더 지나면 사람들은 이렇게 말할지도 모릅니다. "세상에! 나라가 개인의 사생활을 법의 잣대로 평가하고 감옥에도 보냈다고?" 지금은 외도가 개인의 판단 영역이 되어 위자료 소송이라는 민사의 영역만 남은 상황입니다. 모두 제도가 가치관과 철학을 만든 대표적인 사례죠.

　사랑은 서로가 세상에서 가장 소중한 사람이 되는 경험입니다. 나보다 그 사람이 더 소중하고 내가 가진 건 다 주고 싶으며 보고 싶고, 만지고 싶고, 대화하고 싶죠. 누구에게서도 받아보지 못한 정성과 배려를 받고 평생 받아본 칭찬보다 더 많은 칭찬을 받으며 세상이라는 영화의 주인공이 되는 게 바로 사랑입니다.

그래서 사랑은 아름답습니다.

하지만 세상 모든 것이 그렇듯 사랑에도 유효기한이 있습니다. 누군가에게는 그 시기가 빨리 오고, 누군가에게는 그 시기가 늦게 올 뿐입니다. 왜냐하면 누군가는 다른 이에게 가는 관심을 적절하게 통제하며 연인만을 바라보려고 노력하지만, 누군가는 통제할 수 없는 호기심으로 남보다 더 깊게 외로움을 경험하기 때문입니다. 그렇게 사람 간의 차이는 있을지언정 사랑에 유효기한이 있다는 사실을 부정하기는 어려울 것 같습니다.

그럼에도 우리가 한 사람과의 사랑이 영원하길 바라고 또 그것이 올바른 가치관이라고 판단하는 가장 큰 이유는 결혼 제도 때문입니다. 인간사(史)에서 결혼이 얼마나 오래된 제도인지에 관한 정보까지는 없지만 결혼이 꽤 오래된 관습인 건 사실인 것 같습니다. 그만큼 오랜 시간 너무도 당연하게 생각되고 유지된 제도니 많은 사람이 결혼한 상태가 정상적인 모습이라고 생각하는 것역시 너무도 당연합니다.

문제는 결혼이라는 제도에는 단점이 너무 많다는 것입니다. 남녀가 건강하게 사랑하는 데 오히려 걸림돌이 되죠. 우선 결혼은 사랑하는 두 사람을 법과 제도라는 틀 안에 묶어버립니다. 절대 놓치고 싶지 않은 상대를 틀 안에 묶어두어 다른 이로부터 차단하는 게 행복한 시기에는 문제가 되지 않지만 사랑의 유효기한이

지나 그 틀에서 벗어나고 싶어지면 그 즉시 결혼 제도는 나의 욕망을 단죄할 수 있는 근거가 되어버립니다. 정말 죽을 때까지 한 사람만을 사랑하는 게 인간의 본성이고 그게 아름다운 걸까요?

결혼이라는 제도가 문제인 더 큰 이유는 오히려 사랑을 망가뜨린다는 점입니다. 둘만 사랑하며 살았으면 꽤 오래 행복했을 사이도 결혼과 함께 따라오는 가족, 경제, 소유, 습관 등의 갈등을 경험하면 쉽게 지쳐버리니까요. 이 정도면 오래도록 행복하게 사랑하는 데 있어서 결혼은 훼방꾼이 아닐까요.

다행스럽게도 세대를 거듭할수록 결혼의 필요성이 의미를 잃어가고 있습니다. 제 주변의 젊은 분 중에는 결혼 생각이 없는 사람이 꽤 많거든요. 저는 이렇게 인간이 진화한다고 생각합니다. 머지않은 미래에는 '결혼이라는 제도가 한때 인간 사회에 존재했었지' 정도로 화석화될지도 모르죠. 그때는 사랑에 관한 가치관과 철학도 바뀔 것입니다. '두 사람이 영원히 함께하는 사랑이 아름답다'라는 가치관에서 '죽을 때까지 끊임없이 사랑하며 사는 게 아름답다'라는 가치관으로 말입니다.

미디어의 세뇌

우리가 영원한 사랑에 관한 동화적 환상을

지니게 된 또 하나의 이유는 미디어의 세뇌입니다. 저는 항상 의아했습니다. 문학작품, 연극, 영화, 드라마, 심지어 예능에 이르기까지 인간이 지닌 거의 모든 문화에서는 왜들 그리 영원한 사랑을 찬양할까요? 우리가 미디어에서 보는 아름다운 사랑은 어떤 유혹이 있더라도 한 사람만을 바라보며 지켜내는 것이고 그렇게 지켜낸 사랑은 항상 해피엔딩을 맞이합니다.

하지만 현실에서도 그럴까요? 만약 현실에서는 그렇지 않다면 우리는 왜 의미 없는 유토피아를 상정해두고 그렇게 살지 못한다며 스트레스를 받는 걸까요? 종종 영화나 드라마에서 전쟁이나 재난 같은 위기가 펼쳐지고 그 안에서 아름다운 사랑이 피어나는 장면을 보게 됩니다. 두 사람은 처절한 역경 속에서도 애정을 키워가고 마지막에는 깊은 사랑을 확인하죠. 시청자들도 두 사람의 해피엔딩과 영원한 사랑을 의심하지 않습니다. 하지만 조금만 이성적으로 생각해볼까요?

전쟁이나 재난처럼 역경이 가득한 상황에서 피어난 사랑은 과장될 수밖에 없습니다. 우선 사람을 선택할 수 있는 범위가 좁으니 상대가 더 돋보일 수밖에 없고 어려운 상황을 함께 헤쳐나가다 보면 강한 동지애나 믿음, 기대고 싶은 의지가 생깁니다. 그렇기에 둘의 관계가 더 운명적으로 보이고 덕분에 두 사람의 끌림은 더 강렬하게 불타오릅니다.

특히 살아남는 것이 유일한 목표인 극한의 상황이라면 모든 사람이 아군 아니면 적군이라는 이분법으로 구분되며 상대가 아군으로 판명되는 순간 이성적 판단은 무시되고 맹목적인 신뢰만이 그 자리를 차지합니다. 어쩔 수 없는 단순한 선택이 절절한 사랑으로 환원하는 순간입니다.

하지만 전쟁이나 재난이 끝나면 상황이 달라집니다. 전쟁이나 재난 같은 특별한 상황에서 이루어진 사랑이 평범한 인연으로 이어지기는 어렵습니다. 합리적으로 판단할 수 없었던 맹목적인 사랑은 합리적으로 판단할 수 있는 일상으로 돌아오면 어느 한 편이건 또는 양쪽 모두건 그 힘을 잃어버리게 됩니다. 보이지 않던 상대의 조건이 보이고, 거슬리지 않던 단점이 두드러져 보이는 거죠. 사람을 만나는 것이 제한되었던 상황이 해제되었으니 비교 대상이 훨씬 많아진 것도 한몫합니다. 특별했던 관계는 평범한 관계가 되어버립니다.

하지만 미디어에서는 이후의 상황은 절대 보여주지 않습니다. 모든 미디어는 환상을 심어야 팔리니까요. 현실은 이토록 냉정하지만 미디어에서까지 현실을 그대로 보고 싶은 사람은 없죠. 문제는 그렇게 구축된 미디어의 가치관이 올바른 모습인 것처럼 우리의 사랑을 대표한다는 것입니다.

배신 혹은
새로운 행복?

"남자 친구와 동거한 지 3년이 되어갑니다. 언젠가부터 남자 친구와 대화가 없어요. 섹스도 1~2주에 한 번? 그나마 지금은 한 달도 넘었죠. 사랑받고 있다는 느낌이 전혀 없어요. 요즘은 남자 친구 옆에 누워 있어도 외롭다는 생각이 듭니다. 전에는 가장 행복한 순간이었는데 말이에요. 다시 누군가를 사랑하고 사랑받고 싶어요."

"여자 친구가 외롭다고 합니다. 더는 나를 사랑하지 않는다고 하네요. 이제 나 따위는 안중에도 없는 것 같습니다. 어떻게 사랑이 이렇게 쉽게 변할까요? 괴로운 마음만 듭니다. 여자 친구와 헤어지고 싶지 않습니다. 뭔가 방법이 없을까요?"

두 사연 중 어느 쪽에 더 마음이 가나요? 만약 위 사연 속의 여자와 남자가 커플이라면 어떨까요? 과연 어느 한 편을 무조건 나쁘다고 할 수 있을까요? 사랑이 식어서 상대로부터 등을 돌리는 게 절대 좋은 행동은 아니겠죠. 하지만 처음부터 사랑하지 않았던 것이 아니라 진심으로 열정을 다해 서로 사랑했음에도 지금은 사랑이 식어버려 이별을 생각한다면 무조건 비난할 수만은 없습니다. 겉으로 보기에는 사랑이 식은 쪽이 나쁜 것 같지만 그들의 연애사(史)로 깊이 들어가 보면 과연 누가 나쁜 사람인지 확정할 수 없는 경우가 대부분이니까요. 사랑은 그렇게 상처를 주고받으면서 점차 식어가는 게 당연합니다.

서로 존중하며 오랫동안 사랑을 지켜가는 관계는 아름답습니다. 하지만 그 사랑이 아름다운 이유는 두 사람이 늙어 죽을 때까지 함께해서가 아니라 그 사랑이 오래도록 두 사람을 행복하게 만들었기 때문입니다. 사랑은 나를 행복하게 할 때만 의미가 있습니다. 연인 간의 사랑은 헌신이나 희생이 아니기 때문입니다.

세상 모든 만물이 그렇듯 사랑도 언젠가는 식을 수밖에 없습니다. 그러므로 오래 이어지지 못하는 관계를 보고 제삼자가 무조건 비난하는 오류는 범하지 않았으면 좋겠습니다. 또 내가 그렇게 인내력 있게 사랑하지 못했다고 해서 자책할 일도 아닙니다. 사랑의 배신을 비난할 수 있는 유일한 사람은 아직도 변함없이 상대를 사랑하고 있음에도 버림받은 피해자 단 한 사람뿐입니다.

이제 우리 사회에도 결혼이나 독점적 연애를 해체하려는 움직임이 생기고 있습니다. 이 경향을 폴리아모리, 즉 비독점적 다자간 연애라고 부릅니다. 폴리아모리는 내 마음이 끌리는 다수의 사랑을 동시에 인정하는 관계를 말합니다. 제도에 얽매이지 않고

도덕에 연연하지 않으며 그저 나와 사랑만 생각할 때 우리는 가장 솔직해질 수 있으며 행복에 좀 더 가까워질 수 있습니다.

영원한 사랑, 정말 아름답죠. 하지만 조금만 생각해보면 그게 왜 아름다운지 알 수 있습니다. 영원한 사랑이 아름다운 이유는 현실에 존재하지 않기 때문입니다. 그렇다고 슬퍼할 이유도 없고 비관적으로 생각할 필요도 없습니다. 사랑은 원래 유효기한이 정해진 식품 같은 거니까요. 우리 인간은 언제나 꿈을 꾸는 존재이기에 영원한 사랑을 상상하며 시한부 사랑을 해나가는, 상상과 현실의 아이러니 속에서 계속 살아가게 될 것입니다.

사랑은 의무가 아니라, 경험에 의한 결정

"마음이 아프지만 이제 남자 친구를 사랑하지 않는 것 같습니다. 그런데도 헤어지자고 말할 수가 없네요. 3년이라는 긴 시간을 함께한 것도 이유지만 무엇보다 배신하는 것 같아 평생 자책하며 살 것 같습니다. 어떻게 하면 좋을까요? 지금도 남자 친구는 아무것도 모른 채 해맑은 표정으로 저를 바라보고 웃고 있습니다."

앞에서 사랑을 '크게 이가 빠진 동그라미가 덜컥덜컥 구르며 세상을 다니다가 만나는 조각 하나하나를 몸에 끼워본다'라고 표현한 삽화를 언급했습니다. 그때는 이 이야기를 사랑에 관한 의미로 언급했는데 경험에 관한 의미로 다시 언급해보고자 합니다.

언뜻 보기에 '내 몸에 맞는 조각'이라는 설정은 마치 상대의 조건을 말하는 것 같지만 그렇지 않습니다. 그게 조건이라면 동그라미는 조각을 보고 맞지 않을 것 같으면 애초부터 끼워보려는 시도조차 하지 않고 다른 조각을 찾아 나섰겠죠. 하지만 그 삽화 속 동그라미는 만나는 모든 조각을 몸에 끼워보고 나서야 나의 조각이 아님을 확인했습니다. 그 과정이 모두 경험입니다. 실패한 경험 끝에, 동그라미는 비로소 자기에게 맞는 조각을 찾게 되겠죠. 맞는 조각을 끼웠지만 시간이 지나, 낡고 닳아 덜그럭거리면 다른 조각으로 갈아 끼울 수도 있을 테고요.

이처럼 사랑은 하늘이 점지해준 거역할 수 없는 인연도 아니고 한번 맺어지면 절대 부정할 수 없는 규율도 아닙니다. 사랑은 많은 경험 속에서 나에게 가장 잘 맞고, 나를 가장 행복하게 해주는 것을 고르는 경험이며, 정답이 아니라면 언제건 바꿀 수 있어야 합니다. 그게 나를 행복하게 해준다면 말입니다.

사랑은 상대를 세상의 주인공으로 만들어주는 과정입니다. 나 때문에 상대가 주인공이 되고 상대 덕분에 내가 주인공이 되는 거죠. 모든 것이 흑백인 세상에서 사랑하는 단 한 사람만 색깔을 가지는 경험이며, 그 사람만 내 곁에 있다면 지금까지 소중하게 생각했던 나의 모든 것을 송두리째 버려도 기꺼이 행복한 경험입니다. 그런 경험을 할지 말지에 관한 결정 권한은 오직 나에게 있으며 비록 그 경험 뒤에 따라오는 것이 같은 크기의 절망이라고 하더라도 기꺼이 도전해보겠다는 것이 나의 가치관이라면 그 결정은 존중되어야 합니다.

반대로 사랑을 얻기 위해 희생해야 하는 것이 너무도 많아 굳이 해야 하나 싶으면 당연히 사랑하지 않을 명분이 됩니다. 어떤 경험을 할지 말지를 결정하는 권한은 전적으로 나에게 있으니까요. 사랑은 그렇게 개인의 가치관에 따라 수행하거나 하지 않으면 그만입니다. 일단 시작했더라도 틀렸다는 판단이 들면 무를 수도 있어야 합니다.

사랑을 절대 가치로 생각하는 것도, 사랑을 아무짝에도 쓸모없는 시간과 감정 낭비로 생각하는 것도 모두 존중받아야 합니다. 그저 내가 가진 경험에 관한 가치관으로 판단하면 됩니다. 그렇게 사랑을 목적이 아닌 단순한 경험 정도로만 생각할 수 있다면 훨씬 접근이 쉬워집니다. 덩달아 이별의 아픔도 훨씬 적어지겠죠.

주체적
이별

●

사랑만큼 이별도
중요합니다

우리는 대개 사랑에는 관대하면서도 이별에는 엄격합니다. 사랑을 시작하는 사람에게는 진심으로 응원을 보내지만 이별을 생각하는 사람에게는 참아보라며 인내를 요구하죠. 사랑을 향해서는 성큼성큼 다가서면서도 이별을 향해서는 선뜻 나서지 못하고 뒷걸음질만 칩니다. 사랑은 좋은 경험이라고 생각하면서도 이별은 나쁜 경험이라고 생각합니다. 아이러니한 건 그러면서도 학업이나 비즈니스에서는 "실패는 성공의 어머니"라며 실패의 중요성을 강조합니다. 실패는 좋은 거지만 이별은 나쁜 건가요?

성매매한 남자 친구와
헤어지지 못하는 여자

"남자 친구가 성매매를 했습니다. 저를 두고 그런 행동을 했다는 사실에 배신감과 충격을 느껴 이별을 고했는데 일주일도 지나지 않아 버티기가 힘들어서 다시 만날까 하는 미친 생각이 듭니다. 남자 친구는 다시는 그런 일 없을 테니 한 번만 봐달라고 매일 울며 전화하고요. 다른 사람과 다시 시작해도 더 행복할 거라는 보장도 없는데 차라리 다 잊고 남자 친구와 다시 시작하는 게 낫지 않을까요? 정말 다시는 안 그럴까요? 이런 일이 생겨도 잘 극복한 커플도 있나요?"

세상의 모든 고민은 어느 쪽을 선택해도 장점이나 단점이 비슷할 때 생깁니다. 장점이 분명하거나 단점이 명확하다면 고민도 하지 않겠죠. 따라서 그런 선택의 순간이 왔다면, 두 사안을 냉정하게 볼 수 있도록 마음의 저울 위에 올려놓는 작업이 필요합니다. 일단 저울 위에 올려놓으면 각 사안을 객관적으로 볼 수 있어 그 무게만으로도 저울이 어느 한 편으로 조금이나마 기울어집니다. 그리고 기우는 편을 선택하는 것이 결과적으로 나은 선택입니다.

저울에 올려놓고 무게를 재기 위해 적용해야 하는 조건은 첫째 미래가 아닌 현재, 둘째 상대의 감정이 아닌 나의 감정, 셋째 사회적인 기준이 아닌 나의 기준입니다. 앞서 내담자의 사연에 이 세 가지 기준을 대입해보면 "다른 사람과 다시 시작해도 더 행복할 거라는 보장도 없는데"는 미래입니다. 그러니 조건에서 지워야 합니다. "정말 다시는 안 그럴까요?"도 미래니 조건이 될 수 없습니다. 하지만 "버티기가 힘들어서 다시 만날까 하는 미친 생각이 듭니다"는 현재의 감정입니다. 그러니 적용하는 것이 맞습니다.

만약 사연에 "남자 친구가 이별을 너무 힘들어합니다"라는 내용이 있었다면 이건 상대의 감정이니 조건에서 지워야 합니다. 반면 "배신감과 충격을 느꼈습니다"는 내 감정이니 적용해야 하죠. 만약 "남자라면 다들 한 번쯤은 그런 곳에 간다고 하더군요"가 있었다면 이건 사회적인 기준입니다. 그러니 버려야 하죠. 하지만 "어떤 이유에서건 성매매는 절대 용서할 수 없어요"라고 생각한다면 이건 반드시 적용되어야 합니다. 나의 기준이니까요.

이 세 가지를 기준으로 각각의 선택을 판단해서 저울을 한 방향으로 기울이는 작업을 해야 합니다. 큰 차이가 나지 않더라도 무조건 기우는 방향을 선택하면 되고 그것은 지금이 아니라도 미래에는 결국 더 나은 선택이 될 것입니다.

방향을 결정하고 실행한 이후에도 선택하지 않은 방향에 아쉬움이나 미련이 남을 수 있습니다. 내가 한 결정이 힘든 가시밭길로 이어진다면 더 그렇겠죠. 하지만 믿어도 좋습니다. 세 가지 조건을 철저하게 적용했다면 내가 결정한 방향이 가장 올바른 선택입니다. 선택하지 않았던 방향으로 갔다면 더 지옥이었을 거고요. 선택한 이후부터는 무조건 나의 선택을 믿기 바랍니다.

이런 답을 보낸 후 다시 내담자에게 메일을 받았습니다. 저울은 헤어지라는 쪽으로 기울었고 힘들지만 남자 친구와의 이별을 선택했다고요. 얼마 가지 않아 다른 남자 친구를 만났고 지금은 예쁘게 사랑하고 있다고요. 생각해보니 자신은 남자 친구의 성매매를 절대 용서할 수 없다는 가치관을 지녔는데 왜 그렇게 이별을 두려워했는지 모르겠다고 하더군요. 이제 와 생각하면 답이 정해져 있었는데 그때는 하늘이 무너지는 것 같았다고요.

현재의 이별을 두려워하면 그만큼 우리는 미래의 행복을 포기하게 됩니다. 사랑을 시작하는 데 방해가 되는 고정관념의 강박도 약하게 풀어놓아야 하지만, 동시에 이별을 결정하는 데 방해가 되는 고정관념의 강박도 약하게 풀어놓아야 하죠. 그럼으로써 우리가 행복해질 수만 있다면요.

주체적으로 이별하는
구체적인 방법

"10년을 사귄 남자 친구가 있습니다. 결혼을 할 수 없다
는 확신이 든 만큼 이제는 헤어지는 일만 남았는데 헤어
지는 방법을 모르겠습니다. 인생 첫 남자 친구였고 연애
경험은 이 사람이 뭐든 처음이었어요. 너무 오래 사귀었
고 모든 것에 실망한 상태입니다. 10년의 시간을 어떻게
정리하고 어떻게 헤어져야 할까요? 엄두가 나지 않습니
다. 도와주세요."

주체적 이별이란, 서로에게 도움이 되는 이별을 결정하고 실행
하는 데 주저함이 없는 것을 말합니다. 여기서 '도움이 되는'은 당
장 얻게 될 이익을 말하는 것이 아닙니다. 오히려 '지금은 아프더
라도 궁극적으로는 서로의 인생에 도움이 되는'에 가깝습니다.

사랑을 이어가는 동안 상대 때문에 힘들었다면 이별은 분명히
서로에게 도움이 됩니다. 새로운 연인이 생기면서 동시에 사랑
했던 누군가로부터 등을 돌려야 한다면, 적어도 나에게는 도움이
되는 이별일 가능성이 큽니다. 사랑했던 사람에게는 상처겠지만
내 인생의 관점에서만 본다면 이후 새로운 사람과 마음껏 사랑할

수 있는 선물 같은 이별이니까요. 아직 둘 다 사랑하는 마음이 가득하지만 서로의 인생을 위해서 희생하는 사랑도 결국 두 사람의 미래에 도움이 되는 이별일 가능성이 큽니다.

다만, 아무리 단호한 주체적 이별이라고 해도 이별에는 격식과 예의가 필요합니다. 그럼으로써 조금이나마 이별의 상처를 줄이고 사랑했던 기억을 따뜻한 추억으로 남게 해줍니다.

주체적 이별의 첫 번째 방법은, 헤어짐의 원인을 상대에게 두지 않는 것입니다. 인간은 자기 보호 본능을 지니고 있어 자신이 나쁜 쪽이라는 걸 인정하기가 쉽지 않습니다. 그래서 헤어질 때도 무의식적으로 가해자가 아닌 피해자가 되려고 노력하죠. 못된 행동으로 상대를 더 지치게 해 먼저 헤어지자는 말을 하게 한다거나, 싸우거나 상처를 준 원인은 분명히 두 사람에게 있는데 상대의 잘못만을 언급하며 이별을 통보하는 것이 대표적인 사례입니다. 이별을 위한 가스라이팅이죠.

먼저 이별을 통보하는 것은 죄가 아닙니다. 만약 이별을 고민하고 있다면 떳떳하게 만나서 본인이 먼저 이별을 통보하고 그 이유를 분명하게 말하기 바랍니다. 당당하고 명쾌한 이 방법이 주체적 이별의 첫 번째 조건입니다.

주체적 이별의 두 번째 방법은, 직접 만나서 이별을 통보하는 것입니다. 카톡, 이메일, 문자, 편지, 제삼자를 메신저로 쓰는 것

등 간접적인 방법은 그간의 사랑을 허망한 신기루로 만들어버립니다. 자신은 진심으로 사랑했는데 마지막 이별에서 눈동자조차 마주할 수 없다면 이별의 상처보다 더 아픈 상처 하나를 얹어주는 셈이니까요. 직접 대면하고 이별을 통보하는 것은 먼 훗날의 나에게도 훨씬 바람직합니다. 다른 방법에 비해 미련이 덜 남거든요.

하지만 이 방법이 바람직하기 위해서는 눈을 보고 상대와 대화하는 과정에서 마음이 약해지지 않아야 한다는 전제가 필요합니다. 누구보다 나를 잘 아는 것은 나이니 만약 그럴 가능성이 있다면 자연스럽게 연락이 끊어지는 방법을 택하는 것이 더 나을 수도 있습니다.

주체적 이별의 마지막 방법은 미련을 두지 않는 것입니다. 일단 이별했다면 절대 그 사람의 흔적을 쫓지 않아야 합니다. 근황이 궁금해도, 보고 싶어도, SNS를 뒤지거나 그 사람이 있는 곳 근처를 배회하면 안 됩니다. 반대로 보고 싶다고 연락이 와도, "네가 아니면 안 될 것 같다"라는 말을 들어도 다시 만나면 안 됩니다. 지금은 절실한 마음에 다시 만나는 것이 운명 같을 수도 있고 '그래, 어디서 이런 사람을 또 만나겠어'라는 생각에 다시 시작하고 싶을 수도 있지만, 실제로는 일주일이면 끝났을 이별의 시간을 몇 달, 몇 년으로 늘리는 것뿐입니다. 헤어질 연인은 결국 언젠가는 헤어지게 되어 있거든요.

그렇게 이별까지의 시간이 길어진 만큼 나도 상대도 더 지치고 더 실망하며 더 심하게 상처받을 수 있습니다. 그만큼 더 나은 사랑을 만날 기회를 놓칠 수도 있고요. 단호한 이별은 오히려 관계를 추억으로 간직하는 데 도움이 됩니다.

안전하게 이별하는 구체적인 방법

"남자 친구가 헤어지면 자살하겠다고 합니다. 정말 실행할 것 같아 무서워서 헤어지고 싶어도 헤어질 수가 없어요. 또 헤어지자고 하면 정말 어떻게 할까 봐 두렵습니다. 이별을 얘기하기조차 쉽지 않은데 어떻게 하면 안전하게 이별을 할 수 있을까요?"

주체적으로 헤어지는 것만큼이나 안전하게 헤어지는 것 역시 무척 중요합니다. 이별이라는 행위는 사람의 감정을 극한으로 몰아가는 경향이 있어서 이 감정이 행동으로 전이되면 자칫 돌이킬 수 없는 신체적인 상처나 물리적인 피해가 발생하기도 하니까요.

사실 일반적인 연인과의 이별이라면 주체적 이별 방법만으로도 위험한 상황이 되지는 않습니다. 하지만 세상에는 우리가 생각하지도 못하는 위험한 말과 행동을 서슴없이 하는 사람도 있고 전혀 그런 사람이 아니었는데도 감정의 지배를 받아 폭력적인 말과 행동을 하는 사람도 있습니다. 그러니 상대가 조금이라도 위험한 모습을 보인다면 그에 대한 대응을 준비해야 합니다.

사용하지 않기를 바라지만 알아두면 든든하고 실제로 상황을 마주했을 때 도움이 되는 생활 상식이 하나 있습니다. 바로 '싸움에서 이기고 싶다면 먼저 기선을 제압하라'입니다. 너무도 당연해 보이는 이 상식을 우리는 생활 속에서 실천하지 못하며 살아갑니다. 몰라서일 수도 있고 겁이 많아서일 수도 있으며 익숙하지 않아서일 수도 있습니다.

연인에게 이별을 말했는데도 내 경고를 무시한 채 싫어하는 행동을 계속 이어간다면 그는 내가 얼마나 단호하고 확실한 사람인지 모르고 있거나 내 용기의 강도를 무시하고 있다는 뜻입니다. 내가 할 수 있는 행동의 최고치를 경험하지 못했으며 실행하지 못할 거라고 생각한다는 뜻이기도 하죠. 이런 사람은 자신이 상상한 이상의 거부반응과 마주치지 않으면 연인의 거절쯤은 얼마든지 무시합니다. 그렇게 되면 이별은 점점 쉽지 않게 전개되면서 위험한 형태로 나아가게 됩니다.

따라서 주체적 이별을 하려고 노력했음에도 나의 뜻을 무시하고, 내 의사를 일방적으로 받아들이지 않으며, 심지어 말로 설득하는 것을 넘어 협박이나 집착, 위협적인 행동까지 보인다면 그때는 진짜 내 모습을 보여줄 필요가 있습니다. 내가 할 수 있는 최고 수준의 대응을 보여주면서 분명하게 기선을 제압해야 합니다.

안전 이별을 위해서 제일 먼저 필요한 것은 이별에 대한 확고한 의지입니다. 여전히 보고 싶은 마음이 있거나 연민에 휘둘리거나 외로워질 내 모습이 두렵다거나 하는 생각이 있으면 절대 안전 이별을 할 수 없습니다. 상대 역시 그 감정의 틈을 정확하게 알고 파고들기에 방어도 쉽지 않습니다.

의지가 강하다면 그만큼 이별의 통보도 단호해야 합니다. 아무 감정도 섞지 말고, 특히 상대에 대한 연민이나 배려는 절대 금물입니다. 건조하고 차갑게 이별을 통보하되 이유를 분명하게 이야기해주세요. 나의 의지가 얼마나 확고한지 분명하게 알려줘야 하며 상대가 보이는 애원이나 집착, 협박 등에도 절대 당황하거나 두려워하는 감정의 변화를 보이지 않아야 합니다.

'건조하고 차갑게'라는 말은 감정이 담기지 않은 상태를 말하는 것이지 공격적인 모습을 말하는 것은 아닙니다. '건조하고 차갑게'가 공격적인 모습이 되면 오히려 상대의 감정을 들쑤시는 이유가 될 수도 있거든요. 차분히 조용하게, 천천히 나지막하게 말하더라도 얼마든지 그 안에서 감정을 뺄 수 있습니다. 바늘로 찔러도 피 한 방울 나지 않을 것 같은 차가운 냉혈한이나 슬픔이나 기쁨 등의 감정을 전혀 모르는 것처럼 보이는 어리숙한 캐릭터는 그렇게 상대의 감정을 무력화할 수 있습니다.

대화가 과도한 애원이나 집착, 협박 등으로 흐른다면, 더는 대화를 이어가지 않는 것이 좋습니다. 군이 만나야 한다면 어두운 시간이나 사적인 공간을 피하고 대낮의 공공장소를 활용하기 바랍니다. 만약 전화로 대화하는 상황이라면 모든 통화를 녹음하고 문자나 카톡은 화면캡처를 해두세요. 나중에 뜻하지 않게 큰 도움이 되는 증거가 될 수 있습니다.

혹시 전화기 너머에서나 눈앞에서 상대가 자해를 하더라도 그건 내 잘못이 아니라는 것을 명심해야 합니다. 성인에게는 자기 행동과 자기 인생을 책임져야 하는 의무가 있으며 그것을 포기하는 것 역시 본인의 자유의지입니다. 따라서 나는 그 사람의 자해에 조금의 책임도 없습니다. 이 사실을 명심해야 상대에게 감정적 약점을 들키지 않습니다. 상대의 자해가 의도적이 아니라 우발적이었다 하더라도 상대는 본능적으로 나의 반응을 참고하게 되니까요.

상대의 자해나 협박을 이겨낼 자신이 없다면 이별의 과정을 오래 끄는 전략을 사용하기 바랍니다. 그 기간 동안 서서히 상대가

정이 떨어지게 하는 전략이죠. 주기적으로 돈을 빌리고 갚지 않거나 사치와 낭비, 도박, 외도 등의 실망스러운 모습을 보여주거나 무심하게 남처럼 행동하면 됩니다. 천천히 강도를 높여가다 보면 어느 순간 상대에게도 깨달음이 오게 됩니다. "이런 사람을 내가 왜 만나고 있는 거지?" 하고 말입니다. 사실 이런 방법은 앞에서 언급한 피해자 코스프레에 해당하기에 주체적인 이별 방법으로는 바람직하지 않습니다. 하지만 상대가 스토커에 준하는 인간이라면 주저할 이유가 없습니다.

안전하게 이별하려면, 이별 선언 이후에도 단호하게 생각하고 행동해야 합니다. 일단 이별 의사를 전달했다면 이후에는 상대의 전화번호를 차단하고 만나지도 않는 것이 좋습니다. 상대의 반응을 보다 보면 마음이 흔들리거나 협박 때문에 이별을 포기할 수도 있기 때문입니다.

공공연하게 나와 가족을 협박하고 엄포를 놓는 사람의 대부분은 실행할 용기가 없는 사람입니다. 그러니 "경찰에 신고하면 어떻게 하겠다"라고 협박하더라도 감당하기 어려운 공포나 위협이 반복된다면 반드시 경찰 공권력의 도움을 받기 바랍니다.

가능하다면 공권력에 의존하기 전에 그 사실을 사전 경고해 알리는 것이 좋습니다. 어느 날 갑자기 개입된 공권력은 상대에게 더 큰 앙심을 품게 만들 수도 있으니까요. 경찰에 신고하겠다는 사전 경고를 명확하게 한 후에도 상대의 행동에 변화가 없다면 단호하게 행동해주세요. '에이, 이런 일로 무슨 경찰까지'라는 생각은 버리세요. 내가 언제라도 경찰에 연락할 수 있는 사람이라는 사실이나 언제든 경찰이 나타날 수 있다는 사실만으로도 상대는 겁을 먹게 되므로 우발적인 행동을 예방할 수 있습니다.

테러 전문가들은 절대 테러범의 요구를 들어주지 않습니다. 인질은 테러범이 데리고 있지만 사실 마음이 조급하고 안달 난 쪽은 무언가가 필요한 테러범이거든요. 테러범이 훨씬 불리한 게임입니다. 안전하지 않은 이별이지만 주도권을 쥐고 있는 건 협박하는 상대가 아닌 협박받는 사람입니다. 그러니 절대 밀리지 않기를 바랍니다. 안전 이별에는 단호함이 필수입니다. 언제까지나 끌려다니는 불행한 이별은 오직 나만이 끊어낼 수 있습니다.

이별 후
스트레스 장애

•

헤어진 자리에 남은 슬픈 기억과
상처 그리고 미련

정신건강의학 진단 중에는 외상 후 스트레스 장애(PTSD, Post-Traumatic Stress Disorder)라는 단어가 있습니다. 심각한 사건을 경험한 후 그 사건에서 느낀 공포나 불안을 이후에도 재경험하거나, 그 경험이 만든 부정적인 감정을 같은 계기가 없어도 반복해서 경험하거나, 그 사건이 만든 정신적 장애를 지속적으로 경험하는 상태를 말하죠.

실제로 존재하는 진단명은 아니지만, 저는 비슷한 개념으로 이별 후 스트레스 장애(PBSD, Post-Breakup Stress Disorder)를 이야기합니다. 자의 또는 타의로 이별을 경험한 후 정신적 스트레스를 지속적으로 경험하거나, 이별이 만든 특정 행동이나 감정의 패턴이 이후 연애에도 부정적인 영향을 주는 것을 뜻합니다. PTSD가 적절히 다루어져 치료되어야 하는 영역인 것처럼 PBSD 역시 그 의미와 원인을 깨닫고 해결 방법을 적극적으로 모색해야 합니다. 굳이 의사나 상담사를 찾지 않더라도 혼자 힘으로 얼마든지 해낼 수 있고요.

실연의 상처

"아직도 남자 친구와 헤어진 게 실감 나지 않습니다. 헤어진 이후 거의 매일, 매시간 그를 생각하고 추억을 곱씹고 있습니다. 그의 주변을 맴돌며 다른 여자와 데이트하는 것을 보면서 아파하고, 그의 SNS에 내 사진이 하나쯤은 남아 있을 거라는 기대감으로 뒤지고 또 뒤지다가 우울해져서 자살을 생각해본 적도 있습니다. 저는 앞으로 남은 인생을 어떻게 살아야 할까요? 아무런 희망도 기대도 없습니다."

사랑하는 사람과의 이별은 정말 힘든 경험입니다. 아프고 괴로운 것은 몸이나 마음이나 마찬가지인데 몸이 아프면 병원이라도 가고 약이라도 먹겠지만 마음이 아픈 것은 손을 쓸 방법조차 없죠. 이별의 상처 때문에 생긴 마음의 통증은 그 사람과 함께하던 공간과 시간을 온전히 혼자 견뎌야 하기에 만들어지는 것입니다. 보고 싶은 마음보다는 상실감과 외로움 때문에 더 큰 통증을 경험하는 셈이죠.

하지만 그 사람을 만나기 전에도 나는 존재했고, 앞으로도 많은 사람을 만나고 또 다양한 경험을 하게 될 것입니다. 그러니 이건 긴 인생에서 경험하게 되는 하나의 사건일 가능성이 큽니다. 앞으로 만나게 될 더 좋은 인연과는 같은 실수를 하지 말라는 모의고사 같은 교훈일 수도 있고 말입니다.

단순한 찰과상도 아무는 데 일주일 이상의 시간이 필요하고, 뼈가 부러지거나 금이 갔다면 아무는 데 한 달에서 석 달까지도 걸리는 것처럼, 마음의 상처 역시 아물 때까지는 시간이 필요합니다. 그러니 헤어진 지 얼마 안 된 시점에는 아플 수밖에 없습니다. 그저 시간이 지나 저절로 아물기를 기다릴 수밖에 없습니다.

희망적이면서 확실한 건, 어떤 상처든 반드시 낫는다는 것입니다. 다만 몸의 상처에도 덧나지 않게 하는 소독약과 빨리 낫게 하는 연고가 있는 것처럼 마음의 상처에도 이별의 아픔을 덜어줄 약이 있습니다.

사실 헤어진 이후에 힘들고 외롭다는 생각에 사로잡히는 건 시간표가 바뀌었기 때문입니다. 그 사람을 알기 전에는 분명히 나만의 시간표가 있었는데 그 사람을 만나고 나서 일정의 대부분이 그 사람을 기준으로 수정될 수밖에 없었을 테니까요. 그렇게 수정된 시간표로 살아오다 보니 어느새 그것에 익숙해졌고, 그 시간표가 엉망이 되어버린 지금은 당연히 공허할 수밖에 없습니다.

시간표대로 살 수 없으니 나만 있는 시간, 즉 생각할 시간이 많아졌고 생각할 시간이 많아지는 만큼 그 사람과의 추억이 스며들 가능성이 커집니다. 그러다 '내가 이별을 견딜 수 있을까'라는 두려움이 생기고 다시 그 사람이 보고 싶어지고 그 사람 곁으로 돌아가고 싶다는 생각이 듭니다. 마음이 더 힘들 수밖에 없죠.

헤어짐의 아픔을 치유하는 가장 좋은 방법의 하나는 비어버린 시간표에 다른 일정을 채워 넣는 것입니다. 그 사람이 차지하고 있던 내 삶의 시간적, 장소적, 심리적 공간이 텅 비어버렸으니 이제는 다른 것으로 그 빈 곳을 잔뜩 채워 넣는 것입니다. 우리가 흔히 그리움으로 착각하는 헤어짐 후의 공허함과 무력감은 이 비어버린 시간표 때문에 발생하는 감정일 가능성이 큽니다.

그 사람을 만나기 전, 나만의 시간표를 기억해주세요. 다시 그 패턴으로 돌아가는 겁니다. 기억나지 않는다면 현재 버전으로 새롭게 시간표를 짜면 됩니다. 하루의 시간표만이 아니라 일주일 시간표, 한 달 시간표를 미리 만듭니다. 그 시간표는 잠시의 쉬는 시간도 허용하지 않을 만큼 일정으로 빽빽해야 하고, 일정을 모두 소화하고 나면 몸이 녹초가 되어야 합니다. 그렇게 내 시간의 모든 공간을 나를 위한 일정으로 채워 넣고 바쁘게 생활하면 상처가 더 빠르게 회복되는 게 느껴질 것입니다.

시간표에 들어갈 일정은 사람마다 다르겠지만 반드시 들어가야 하는 일정이 하나 있습니다. 바로 운동입니다. 이때의 운동은 강렬하고 격정적일수록 좋습니다. 멍때리면서도 할 수 있는 운동 말고 계속 집중하고 매 순간 긴장을 놓칠 수 없는 운동 말입니다. 이런 방식의 운동은 심적으로나 육체적으로나 모든 것을 제자리로 돌려놓는 커다란 원동력이 되어줄 것입니다.

처음에는 어렵고 힘들고 종종 의지가 꺾일 수도 있지만 곧 새로운 시간표에 익숙해질 것입니다. 지금 PBSD를 경험하고 있다면 '이런다고 가능할까?'라는 생각 대신 묵묵히 해내는 실천이 필요합니다. 효과에 관한 의심은 실천해보고 해도 늦지 않습니다. 상처는 누구나 날 수 있습니다. 하지만 그 상처를 덧나지 않게 관리하는 건 나만 할 수 있습니다.

"유부남과 불륜을 하다가 버림받았습니다. 입에 발린 달콤한 말을 믿고 우리는 진짜 사랑이라고 속고 속였는데 와이프가 우리 사이를 눈치챘다는 말과 함께 잠수를 탔습니다. 들키면 끝이라고 수없이 생각했지만 한순간에 아무 것도 아닌 존재가 되니 감당이 안 됩니다. 이대로 연락이 안 와도, 헤어지자고 연락이 와도, 너 없이는 못 살겠다고 계속 만나자고 해도 너무 힘들 것 같습니다. 하루하루가 괴롭습니다."

사람들은 사랑하는 사람과 헤어진 이에게 "그까짓 거 다 훌훌 털어버리고 빨리 잊어. 더 좋은 사람 만나면 되지"라고 말합니다. 물론 진심으로 걱정돼서 하는 말이지만 이만큼 무의미한 조언도 없습니다. 그게 그렇게 훌훌 털어버릴 수 있는 감정인가요?

만약 시간표 채우기를 적극적으로 실행했음에도 무언가 부족하다고 느껴진다면 그때는 중독을 의심해야 합니다. 진심으로 사랑하던 사람을 잃은 경험은 담배나 술, 마약에 중독된 사람이 한순간 그것을 끊은 후 발생하는 금단증상과 같은 메커니즘의 신체 반응을 가져옵니다. 그토록 강력하게 내 생각과 생활을 지배해온 사랑이기에 한순간에 끊어낸다는 것은 거의 불가능에 가깝죠.

설사 중독 물질을 강한 의지로 끊어냈다고 해도 정신만으로는 감당하기 어려운 신체 반응이 연쇄적으로 일어나면서 그 물질을 다시 찾아 헤매게 됩니다. 사랑하는 사람과의 추억을 떠올리고, 함께 다니던 장소를 방문하며, 그 사람의 SNS를 훔쳐보고, 그 사람 곁을 배회하는 것은 바로 이러한 신체 반응을 혼자 견디기 어려워 다시 마약을 찾는 행위와 같습니다. 객관적인 신체 반응이 너무 괴로워서 어쩔 수 없이 하게 되는 자기방어 기제의 일종이죠.

이러한 중독 상태에서 벗어나는 유일한 방법은 수단과 방법을 가리지 않고 그 물질을 피하는 것입니다. 당장은 중독된 물질을 찾아 헤매는 행동이 마음의 위안이 될지 모르지만 결국 실연의 아픔을 더 길고 힘들게 만들 뿐입니다. 괴롭고 아프더라도 냉정하고 단호하게 끊어내는 의지가 필요합니다. 다음의 세 가지 방법이 중독된 물질을 끊는 데 도움을 줄 것입니다.

첫 번째 방법은 연상입니다. 중독된 것에 가장 싫어하는 이미지를 결합해 반복하며 상상하는 것이죠. 그가 내게 했던 나쁜 행동, 내가 싫어하던 단점, 막말, 나쁜 냄새 등을 결합해도 좋고 새를 싫어한다면 그의 얼굴을 새의 머리로 바꾸어도 좋으며 벌레를 싫어한다면 팔다리를 바퀴벌레의 팔다리로 상상해도 좋습니다.

무엇이건 온몸이 소스라칠 만큼 생생하게 상상해야 합니다. 그래야 꼴도 보기 싫어집니다.

두 번째 방법은 상황 피하기입니다. 그와 관련된 모든 장소, SNS, 물건, 행동, 메일, 사진, 전화 등은 모두 피하고 버려야 합니다. 그를 떠올리게 하는 모든 것을 주변에서 없애 실수로라도 중독 상황으로 다시 돌아가는 것을 방지해야 하죠.

마지막 방법은 관계 맺기입니다. 가능한 한 혼자 있는 시간을 줄이고 더 많은 사람과 만나거나 새로운 모임을 시작하고 미루었던 도전과제를 실행합니다. 사회적 관계 회복은 중독의 극복에 좋은 영향을 주는 바람직한 전략입니다.

무엇보다 헤어진 그 사람은 나를 중독시킨 나쁜 물질이라는 개념을 항상 인식하는 것이 중요합니다. 그 사람은 나쁜 중독 물질이고 나는 그 중독에서 벗어나야 하는 환자일 뿐입니다. 그렇게 한다고 해도 절대 그와의 추억이 망가지거나 오염되지 않습니다. 추억은 상처가 아물고 나면 있는 그대로, 아니 원래의 모습보다 더 아름답게 미화되어 기억에 남을 테니 아무 걱정하지 말고 지금은 중독에서 벗어나는 것에만 집중해주세요.

기억 속에만 존재하는
그 사람

"몰래 양다리를 걸치던 남자 친구와 헤어졌습니다. 찌질하고 비겁하고 너무 밉습니다. 아예 미운 마음도 싫은 마음도 없어지고 무관심한 상태가 되면 좋겠습니다. 그게 진정한 복수 같아서요. 그런데 그 남자와의 관계가 계속 생각납니다. 항상 짜릿하고 좋았던 것도 아닌데 말이에요. 나에게 잘해주었던 추억도 자꾸 떠올라 너무 슬퍼요. 이런 마음을 어떻게 다스려야 할까요?"

기억에 관한 인간의 자기 치유 능력은 놀라울 정도입니다. 시간이 지나 기억회로에서 사라지면서 점차 잊히는 망각은 어지간한 정신적 아픔은 모두 아물게 해주죠. 아마 망각이라는 정신작용이 없었다면 인간의 수명은 지금보다 훨씬 짧았을 겁니다.

그런 망각의 과정에서 발생하는 놀라운 자기 치유 능력이 바로 선별과 미화입니다. 과거의 기억 중 좋은 기억만 추려내어 남기는 것이 선별이고 그렇지 않았던 기억을 아름다운 모습으로 포장해 남기는 것이 미화죠. 뇌의 이런 자정작용 덕분에 인간은 힘든 일을 겪으면서도 상담이나 정신건강의학과 전문의의 치료 없이도 건강하게 살아갈 수 있는 것입니다.

　상담하다 보면 종종 헤어진 연인과 다시 만나고 싶은데 방법이 없느냐는 내담자를 만납니다. 소위 재회 상담이죠. 이때 내담자 분들이 주로 하는 이야기는 "이제는 그 사람을 이해할 수 있을 것 같아요", "다시 시작하면 같은 실수는 하지 않고 잘할 수 있을 것 같아요", "아무리 생각해도 그런 사람은 만날 수 없을 것 같아요" 등입니다. 이런 이야기를 하는 내담자에게 저는 "그분과의 기억을 이야기해주시겠어요?"라고 묻습니다.

　이어지는 내담자의 이야기 속 두 사람은 정말 행복하고 아름답습니다. 제가 다시 "그런 기억 말고, 그분이 당신을 아프게 했던 기억이나 상처 같은 건 없나요?" 하고 물으면 잠시 당황하다가 창고에서 아주 오래된 물건을 꺼내듯 오래 고민한 후에야 몇 가지 이야기를 합니다. 단, 그런 이야기의 뒤에는 반드시 "그렇지만 이제는 이해할 수 있어요", "다시 생각해보니 그건 제 잘못이었던 것 같아요" 같은 말이 붙죠. 제가 행여나 그 남자를 나쁘게 인식하게 될까 봐 노심초사하는 모습으로 말입니다.

　그렇게 그 내담자의 기억 속은 온통 헤어진 연인과의 아름답고 애틋한 이야기로 가득합니다. 하지만 안타깝게도 내담자의 기억 속 연인은 현실에는 없는, 기억 속에서만 존재하는 사람입니다. 좋은 기억과 장점만을 가진, 심지어 내담자의 희망 사항까지 장착한,

그야말로 내담자의 이상형으로 재창조된 캐릭터라는 뜻입니다.

만약 헤어진 연인을 다시 만나고 싶어졌고 그 이유가 기억 속 그 사람의 모습과 기억 속 두 사람의 사랑이 너무 아름답고 그리워 서라면 냉정하게 말하지만 의지를 접는 것이 좋습니다. 그 사람은 이 세상에 존재하지 않으니까요. 심지어 내가 전 연인과 갈등했던 일을 모두 안아줄 수 있을 만큼 충분히 성숙했다는 생각이 들어도 포기하기 바랍니다. 그런 극복은 내 상상 속에서나 가능합니다.

만약 당신이 이별의 가해자이고 생각해보니 연인에게 못된 짓을 한 것 같고 아무리 생각해도 그 사람만큼 나를 사랑해줄 사람이 없는 것 같다는 깨달음이 왔다고 해도 결론은 같습니다. 내 기억에 있는 그 사람과의 시간은 헤어진 순간에 멈췄지만, 현실의 그 사람은 그 이후에도 계속 변화했기에 다시 만난다 한들 더는 내가 알던 연인이 아닐 가능성이 훨씬 큽니다.

재회를 향한 미련

"전 남자 친구를 다시 만나고 싶습니다. 다시 잘해보려면 언제쯤 연락해서 어떻게 대화를 이어가야 할지, 어떤 말로 설득해야 할지, 어떤 말은 해야 하고 어떤 말은 피해야 할지 그리고 다시 만났을 때 어떤 노력을 해야 할지, 지금 저는 어떻게 해야 더 나아질지 등등 구체적인 실천에 대한 방안이 필요합니다.”

처음에 재회 상담이라는 것이 있고, 꽤 많으며, 심지어 돈도 많이 내야 하는데도 상담을 신청하는 사람이 많다는 말을 들었을 때 솔직히 믿지 않았습니다. 요즘 같은 시대에 굳이 나를 버린 연인을 다시 만나기 위해 돈까지 지불한다고?

“우리는 내담자가 지닌 가치를 다시 높여 재회의 가능성을 높입니다.”

대표적인 재회 상담 사이트의 슬로건입니다. 여기서 내담자가 높이게 될 가치는 과연 무엇일까요? 사람들 앞에서 좀 더 자신감 있게 말하는 법? 상대의 마음이 움직일 수 있도록 논리적이면서도 감동적으로 글 쓰는 법? 아니라면 원활한 인간관계를 이어가기 위한 전략적인 태도? 이런 것이라면 저 역시 찬성입니다. 재회에 실패하더라도 어쨌건 자신을 업그레이드할 수 있으니까요.

하지만 가치를 높인다는 포인트가 전 남자 친구가 화장한 여자를 좋아했으니 화장 예쁘게 하는 법, 전 남자 친구가 미니스커트 입는 걸 싫어했으니 긴 치마 섹시하게 입는 법처럼 나를 전 남자 친구의 취향에 맞춰 바꾸는 것이라면 동의할 수 없습니다. 마치 전 남자 친구가 가슴 큰 여자를 좋아했으니 재회하려면 가슴 성형부터 하라는 조언을 하는 것처럼 말입니다.

"상대가 좋아할 만한 나만의 가치가 있었기에 상대가 나를 사랑한 것입니다. 지금은 그 가치가 희석되었기에 사랑이 식고 이별한 것이고요. 우리는 바로 그 가치를 회복할 수 있도록 도와드립니다."

무슨 말도 안 되는 소리를! 상대가 좋아하건 말건 나만의 소중한 가치는 연애를 시작하던 그 시점에도 있었고 지금도 있으며 앞으로도 계속 있을 것입니다. 연인이 떠난 진짜 이유는 나에게서 그 가치가 희석되었기 때문이 아니라, 여전히 나에게 존재하는 그 가치의 소중함을 더 이상 알아보지 못했기 때문입니다. 만약 재회를 위해 누군가의 가치가 회복되어야 한다면 그건 내가 아니라 나에게 이별을 통보한 전 연인이겠죠. 이전에는 알아보고 느낄 수 있었던 나의 장점을 지금은 보지 못하니까요.

"이별의 원인이 무엇인지 확실하게 분석하고 개선해 다시 다가가야 합니다."

맞습니다. 이별했다면 이별의 원인이 무엇인지 확실히 분석하는 과정은 아프더라도 꼭 필요합니다. 특히 그 원인이 내가 다른 사람과 관계를 맺을 때도 걸림돌이 될 가능성이 크다면 원인을 분석하고 대안을 세워 노력하는 과정은 성장하는 데 큰 의미가 있습니다. 예를 들어, 내가 상대에게 집착해 서로를 힘들게 했다면 집착을 줄이는 노력은 이후 관계에도 도움이 되니까요.

다만 그렇게 힘들게 노력해서 훨씬 나아진 모습은 내가 사랑하고, 나를 사랑해줄 새로운 사람에게 보여주었으면 좋겠습니다. 새 술은 새 부대에. 역동적이고 행복한 인생을 살도록 도와주는 또 하나의 철칙입니다.

술 마시고 전화하는
전 남자 친구

"남자 친구와 헤어진 지 몇 개월이 지났습니다. 엄청 괴로웠고 상처를 많이 받았어요. 사실 지금도 힘들어요. 그런데 남자 친구가 종종 연락을 합니다. 술에 취한 목소리로 전화해서 보고 싶다고 하고, 다시 시작하면 안 되겠느냐고 하고. 솔직히 전화받을 때마다 마음이 많이 흔들립니다. 저는 여전히 남자 친구를 사랑하거든요. 왜 계속 연락하는 걸까요? 정말 그 사람도 아직 미련이 있는 걸까요? 아니면 섹스가 필요한 걸까요?"

늦은 밤 헤어진 남자 친구로부터 갑자기 전화가 왔는데 상대가 많건 적건 술을 마신 상태로 보고 싶다고 말하는 상황은 많은 여성이 겪어봤을 경험입니다. 그때 대부분의 여성은 마음이 흔들립니다. 특히 헤어진 지 얼마 되지 않은 상황이고 심지어 나의 의지로 헤어진 게 아니라 이별을 당했다면 더욱 그러합니다. 이별을 후회하는 건가? 이제야 나 같은 사람이 없다는 걸 깨달았나? 이 마음을 다시 받아줘도 되나? 같은 경험을 또 하면 어떡하지?

안타깝게도 술 마시고 전화하는 전 연인은 진심으로 이별을 후회하거나 새삼 사랑이 샘솟아서 그런 행동을 하는 것이 아닙니다. 내가 싫다고 이별을 통보하고 떠난 남자가 술 먹고 전화하는 이유는 사랑이나 미련이 남아서가 아니라 그저 자존심을 회복하고 싶어서입니다.

"한때 나는 열정적인 사랑을 주었고 동시에 받았던 남자였습니다. 한 여자를 열렬히 사랑했고 또 그 여자의 열정적인 사랑을 받았죠. 정말 행복했습니다. 사랑하는 그 순간만은 내가 세상의 주인공 같았으니까요. 그때는 내가 매력이 있다는 자신감이 있었습니다. 그러니 그 여자가 나를 그토록 사랑했던 거겠죠? 내가 원하면 섹스도 얼마든지 할 수 있었고, 내가 싫어하는 일은 하지 않으려고 노력했으며, 자주 선물을 주고, 일상을 내 기준으로 맞추기도 한 여자입니다. 나는 이 정도로 가치 있는 사람이었어요."

이렇게 존중받고 대우받으며 자신을 가치 있는 남자라고 느끼게 해주던 연인과 헤어진 남자는, 다른 여자와의 만남에서 초라해진 자신을 경험하곤 합니다. 헤어진 연인에게는 내가 전부였는데 새롭게 만나는 여자는 무언가를 받거나 챙겨주길 바랄 뿐만 아니라 나의 조건까지 따지니까요. 심지어 나의 대시에 반응하지 않는 여자도 있습니다.

"내가? 이렇게 멋진 내가? 한때는 한 여자의 죽고 못 사는 연인이었던 내가 이런 취급을 받는다고?"

자존심이 상할 겁니다. 비록 새로운 사랑이 무르익지 않은 초기 단계라서 그렇다는 것도 알고, 지금 연인이 이전 연인만큼 자신에게 빠지려면 시간과 노력이 필요하다는 것도 알지만 한 여자가 주었던 행복한 기억과 자꾸 비교되니 성에 차지 않고 마음이 조급해집니다. 그런 마음에 술까지 더해지면 용기가 생깁니다. 언제건 그 자리에서 변함없이 나를 받아주는 고향으로 귀향하는 탕아의 마음으로 헤어진 여자에게 전화를 겁니다. 그녀는 내 마음을 이해해줄 것 같고, 망가진 자존심을 회복시켜줄 것 같으며, 어떤 행동을 해도 포근하게 안아줄 것 같거든요. 내 한마디에 좌우되던 그 모습이 그립기도 하고요.

그런데 전화기 너머 그녀의 목소리가 차갑다면? 남자는 현실을 직시하게 됩니다. 지금 그녀와 나는 이별한 상태라는 사실과 내가 상상하던 그 여자는 이제 기억 속에만 있는 허상에 불과하다는 사실을 말입니다. 그렇게 깨달음이 온 남자는 다시는 그녀에게 전화하지 않습니다. 전화한 목적이 연인 그 자체가 아니라 나의 만족이었으니까요.

반대로 따뜻하게 대해주면 어떻게 될까요? 남자의 전화를 미련이라고 오해한 그녀가 남자를 따뜻하게 품어주면 남자는 이내 자기 뜻대로 움직이는 여자를 보며 자존심을 회복합니다. 그렇게 자신감을 회복하고 전화를 끊은 남자는 회복의 경험을 단단하게 딛고 일어서서 다른 여자에게 다시 대시합니다. 그 남자에게 필요했던 건 그녀가 아니라 자존심의 회복이었으니까요.

만에 하나, 그 통화로 마음이 연결되어 두 사람이 다시 만난다고 해도 달라질 건 없습니다. 그의 태도는 이전과 다름이 없을 테고 그녀는 두 번 상처받게 될 테니까요. 이래도 헤어진 전 남자 친구의 전화를 따뜻하게 받아줄 건가요?

저런 전화를 받았을 때 제일 먼저 생각해야 하는 건 전 남자 친구의 심리가 아니라 나의 심리입니다. 그가 먼저 연락하건 말건 간절히 원한다면 그가 전화하기 전에라도 내가 먼저 찾아야 하고, 필요 없다고 생각한다면 어떤 모습을 보여주더라도 깨끗하게 무시하는 것이 원칙입니다. 내 진심을 확인하는 게 그 무엇보다 중요합니다. 이게 바로 주체적 사랑의 원칙이죠.

혹시라도 그 사람이 아니면 정말 죽을 것 같다는 감정이 순간이 아니라 오랫동안 지속된다면 내 소원을 들어주는 것이 곧 내의무이기도 하니 다시 만나도 됩니다. 왜냐하면 인생의 주인공인 내가 원하는 것이니까요. 하지만 그에 따른 결과 역시 기꺼이 감당해야 한다는 것을 절대 잊지 마세요.

디지털 성범죄

"남자 친구와 헤어졌는데, 자꾸 다시 만나자고 합니다. 싫다고 했더니 저와 찍은 사진을 유포하겠대요. 남자 친구 자취방에서 벌거벗고 찍은 사진이 많거든요. 그때는 나 없을 때 보고 싶다고 해서 허락했던 건데…. 불안해서 잠도 잘 수 없습니다. 가슴이 벌렁거려서 아무것도 할 수 없어요. 정말 유포할까요? 어떻게 하죠? 인생이 끝났다는 생각이 들어서 죽고만 싶어요."

최근 급격하게 증가하고 있는 범죄 중 하나가 디지털 성범죄입니다. 기본적으로 디지털 성범죄는 타인의 신체나 성관계 모습을 사진으로 찍거나 동영상으로 촬영해 습득하여 즐기고 유포하는 행위를 말하지만 사랑하던 연인과 헤어진 후 연애의 기록을 온라인 등에 유포하는 행위 또한 디지털 성범죄의 한 종류입니다. 사랑의 기록이 디지털 성범죄의 도구로 활용되는 이유는 크게 두 가지입니다.

하나는 복수의 의지입니다. 어느 한 편이 일방적으로 이별을 통보받고 그 과정에서 주체적이고도 안전한 이별의 과정이 없었다면 상대를 향한 복수심에 사진이나 동영상, 개인정보 등을 유포해서 복수하고 싶다는 충동을 받습니다. 그 결과로 자기가 어떤 처벌을 받게 될지를 돌아볼 감정적 여유 같은 건 이미 없죠. 그저 복수하고 싶은 마음만 가득하니까요.

또 다른 이유는 상업적인 목적으로 활용하거나 유포하기 위해서입니다. 처음부터 상업적인 목적이었을 수도 있고, 헤어진 이후 협박의 도구로 활용된 것일 수도 있지만, 어느 쪽이든 가장 악질적인 경우입니다.

모든 나쁜 상황은 미리 예방하는 것이 좋으므로 디지털 성범죄 역시 예방이 가장 바람직한 대응입니다. 디지털 성범죄를 예방하는 가장 좋은 방법은 범죄의 대상이 될 만한 사진이나 동영상 촬영을 절대 하지 않는 것이죠. 사랑하는 중에는 이런 행동 하나하나가 서로의 사랑을 확인하고 공유하는 행위라고 생각할 수도 있지만 시대가 바뀌었습니다. 혹시 모를 위험을 감안한다면 반드시 다른 방식으로 사랑을 확인하기 바랍니다.

디지털 성범죄를 예방하는 또 하나의 방법은 디지털 성범죄에 활용될지도 모를 개인정보, 즉 SNS나 온라인 개인 공간의 비밀번호 등을 헤어진 직후 바로 바꾸는 것입니다. 설사 연인에게 비밀번호를 알려준 적이 없다고 해도 연인 사이에서 공유될 수 있는 다른 정보로 유추해낼 수도 있으니 반드시 변경하는 것이 좋습니다.

마지막으로, 디지털 성범죄가 시작될 것처럼 보이거나 이미 시작되었다면 상대방이 보낸 협박 메시지, 온라인 성범죄 현장, 이메일, SNS 스토킹 등 모든 증거를 수집하고 보관한 후 즉시 경찰 등 공권력의 도움을 받아야 합니다. 한국사이버성폭력대응센터와 상담한 후 대응하는 것도 좋은 대안이고요. 이곳에서는 디지털 성범죄에 대한 올바른 대처법과 수사 및 법률 지원, 심리상담 지원까지 받을 수 있거든요. 주체적이고 적극적인 대응이 피해를 최소화하는 가장 현명한 방법입니다. 결코 혼자 무서워하며 숨지 마세요. 숨는 건 죄를 지은 그들이 해야 할 행동입니다.

연애 끝, 성장
그리고 다시 사랑

·

"갑자기 남자 친구가 헤어지자고 통보했습니다. 그간 이런 일이 계속되었기에 이번에는 저도 지쳐서 알았다고 했는데 연락하더니 미안하다면서 다시 만나자고 하네요. 냉정하게 헤어지자고 해놓고는 또 울며 매달리고…. 저를 사랑한다면서 같은 짓을 반복합니다. 단호하게 놓지 못하는 저도 문제겠죠. 이런 관계가 저를 정말 너무나 힘들게 합니다."

만남이 있다면 이별은 피할 수 없는 현실입니다. 인생은 만남과 이별의 연속이라고 할 수 있으니까요. 실패가 성공의 어머니

이듯 우리는 이별을 통해 성장하고 더 나은 사랑을 만날 기회를 얻게 됩니다.

"얻으려 하면 잃을 것이요, 잃으려 하면 얻을 것이다"라는 말이 있습니다. 노자(老子)의 경전인 《도덕경(道德經)》에 담긴 문장이죠. 욕망과 소유에 집착하지 않고 무한한 가능성을 향해 마음을 열어놓아야 함을 강조하는 말입니다. 이 말을 이별에 대입하면, 이별을 두려워하고 피하려고 하지 말고 자연스러운 과정으로 받아들이면 오히려 성장의 계기로 활용할 수 있다는 뜻이 됩니다.

이별이 성장의 계기가 되려면 이별의 필요성을 적극적으로 인정하는 동시에 이별 후의 모습도 긍정적으로 받아들이는 자세가 필요합니다. 우리는 종종 내가 무언가 부족해서 이별을 당했다거나 누군가를 사랑하는 능력이 부족해서 이별을 했다고 생각하는 경향이 있습니다. 이별의 원인을 자신에게로 돌리는 거죠.

하지만 이별을 인생에서 얼마든지 생길 수 있는 하나의 경험으로 받아들인다면, 나의 행동과 무관하게 언제건 찾아올 수 있는 주기적인 이벤트 정도로 생각한다면, 그때부터 이별을 자책이나 비난의 대상이 아니라 성장할 기회로 바라볼 수 있게 됩니다.

물론 당장은 사랑하는 연인과 헤어졌기 때문에 힘들 수 있습니다. 그때는 충분히 그 감정에 몰입해도 됩니다. 힘든 게 맞고, 충분히 힘들어해야 더 쉽게 털어낼 수 있으니까요. 중요한 건 그 힘든 감정이 잦아드는 시점에 어떤 마음으로 어떻게 행동하느냐입니다. 조금 아프더라도 지금까지의 연애를 돌아보고 내 모습과 행동을 분석해 어떻게 하면 더 나은 사랑을 할 수 있을지 계획을 세우는 것이 바람직합니다. 대단하고 어려운 일을 하라는 게 아닙니다. '너는 너무 타인에게 의존해', '너는 집착이 너무 심해. 앞으로는 그러지 마'처럼 그저 단어 하나, 문장 하나로도 얼마든지 성공적으로 수행할 수 있습니다. 이런 자기 분석과 수용, 이어지는 자기 존중을 통해 이별의 상처를 치유하고 더욱 건강해진 자신을 만날 수 있습니다. 이별은 비록 아픔을 주지만 동시에 새로운 시작과 성장을 위한 기회를 제공하거든요.

이별을 통해 어떤 부분에서 개선이 필요한지 깨닫게 되면 더 나은 사람이 되기 위해 무엇을 해야 하는지도 함께 배웁니다. 나에게 어떤 사람이 더 어울리며 어떤 상황에서 더 행복해하는지도 배우게 되죠. 그렇게 이별에서 배운 교훈을 새로운 인생의 동반자를 만나는 데 적용할 수 있습니다. 그리고 그로부터 더 큰 행복과 만족을 찾을 수 있죠. 그렇게 이별은 인생의 새로운 문이 열리는 시작이자 성장을 위한 발판이 됩니다.

헤어진 연인이
더 아름답다

"친구 결혼식에서 3년 전 헤어진 여자 친구를 만났습니다. 제가 양다리를 했다가 들켜서 헤어졌거든요. 그런데 제가 알던 여자 친구의 모습이 아니었습니다. 뭐랄까. 더 예뻐지고 자신감이 넘쳐 보였어요. 말을 걸어보고 싶었는데 남자 친구랑 온 거 같더라고요. 왠지 내 걸 뺏긴 것 같아서 하루 종일 기분이 우울했습니다. 제가 바보 같은 건 아는데, 어떻게 해야 이 감정을 극복할 수 있을까요?"

연인과 헤어진 후배에게 "잘됐네"라고 말했다가 벌컥 화를 내는 바람에 다시 관계를 회복하느라 애먹은 적이 있습니다. 헤어진 사실 자체가 잘됐다고 말한 게 아니었거든요. 저는 서로의 감정과 행복을 갉아먹기 시작한 오래된 연인은 서로를 위해 가능한 한 빨리 헤어지는 것도 좋은 대안이라고 생각합니다. 사귄 지 5년이 넘었던 그 후배 커플은 하루가 멀다 하고 싸우고 화해하는 과정을 반복했죠. 당사자들도 정말 힘들었겠지만 그 과정을 곁에서 지켜보는 저도 나름 힘들었나 봅니다. "이번에는 진짜 헤어졌어"라는 말에 "잘됐네"라고 성큼 말해버린 걸 보니 말입니다.

한 사람과의 오랜 연애는 그 사람의 코드와 내 코드를 일치시킴으로써 내 안의 다양성을 희석하는 어둠의 힘이 있습니다. 좋게 말하면 상대 안에서 더 편안할 수 있도록 닮아가는 것이고 나쁘게 말하면 점차 자신을 잃어가는 것이죠. 그렇게 자신을 잃어버려도 평생 함께할 수만 있다면 큰 문제는 없습니다. 하지만 헤어지게 된다면 오랫동안 나를 잊고 살아왔기에 나만의 정체성과 매력을 다시 찾기가 쉽지 않습니다.

하지만 그렇게 헤어진 후, 어렵고 힘들더라도 실연을 극복하고 잃어버린 나를 되찾고 다시 홀로서기에 성공하게 되면 대개는 멋지게 변신합니다. 헤어진 연인을 우연히 만났는데 이전과는 완전히 다른 사람이 되었거나 이전에는 몰랐던 매력이 보이거나 더 예뻐졌거나 더 멋있어졌다면 단순히 남의 떡이 되어버린 연인이 내단해 보이는 현상이 아니라, 실제로 그 사람이 새로운 자아를 찾았기 때문입니다. 오래된 연인이었던 상황에서는 상대에게 맞추느라 또는 연인의 무심함에 가려져서 발휘되지 못했던 매력이 이별을 통해 비로소 빛을 발하게 된 거죠.

"만약 오랜 연애를 하고 있다면 하루라도 빨리 헤어지고 당신의 정체성을 찾으세요!"라고 말하는 것이 아닙니다. 만약 오랜 연애를 하다가 부득이하게 헤어졌다면 당신의 매력과 정체성을 찾아 업그레이드할 소중한 기회를 얻은 것이라는 말입니다. 일부러 헤어질 필요는 없지만 헤어졌다면 이제는 성장해야죠.

만약 한 사람과 너무 오래 사귀어서 아직도 사랑하는 건지 잘 모르겠고 심지어 말과 행동에서 서로에게 가학적이기까지 한 사랑을 하고 있다면, 잠시 그 사람을 놓아주거나 떨어져 있기만 해도 변화가 시작될 수 있습니다. 떨어져 있는 그 시간에 지금의 연인을 만나기 전의 나를 기억하고 되살려보세요. 이런 시도는 오래된 연애를 하는 두 사람 모두에게 새로운 경험이 될 수 있습니다. 이별을 긍정적으로 해석할 수도 있고 오히려 상대의 매력을 재발견해 관계를 단단하게 하는 계기가 될 수도 있으니 말입니다.

두 사람에게 주어진 시간과 거리는, 관계의 정체성에 관한 새로운 깨달음을 주고, 나름의 힐링도 주며, 무엇보다 나를 돌아보고 회복할 뿐만 아니라 이전과는 완전히 다른 사람으로 포장하는 계기가 됩니다. 그렇게 나를 회복하면 연인을 더 멀리서 바라보고 더욱 객관적으로 평가할 수 있는 마음의 여유도 생기죠. 헤어지지 않고도 연인을 더 아름답게 바라보게 된다는 뜻이며 헤어진 이후의 내 모습에도 긍정적으로 적응할 수 있다는 뜻입니다.

사람은 누구나 자신만의 독특한 성향이나 성격을 지니고 있습니다. 그리고 이런 성향과 성격이 모여 그 사람만의 정체성을 만듭니다. 하지만 오래 사귀면 그 정체성이 상대의 취향과 철학으로 변질되는 오류를 경험하게 되죠. 그렇게 연인에게 맞는 정체성으로 변화해버리면 더는 그 사람만의 정체성을 볼 수 없습니다. 자신만의 정체성이 사라진 연인은 그 사랑 안에서는 불편함이 없을 수 있지만 영역 밖으로 나오는 즉시 혼자 힘으로는 여간해서 뭘 할 수 없는 사람이 되어버립니다. 주체적인 생각과 행동 대신 의존적인 생각과 행동을 장착하게 된 거죠.

오래된 커플 중에는, 두 사람 모두 이런 변화를 경험하고 그런 상대에게 만족하거나 행복함을 느끼는 대신 힘들다고 생각하고, 우리 커플이 행복해지려면 상대가 변화해야 한다고 생각하는 커플이 훨씬 더 많습니다. 내가 만든 변화거나 나 때문에 만들어진 변화임에도 온전히 상대의 탓으로만 보이는 거죠.

하지만 너무 걱정하지 않아도 됩니다. 우리는 헤어진 이후도 대비하고 있으니까요. 말했잖아요. 헤어진 연인이 더 아름다워진다고요. 헤어진 연인이 더 아름다워지는 이유는 연인보다 자신에게 더 집중하게 되고 그만큼 자신을 개발하는 데 진심이기 때문입니다. 슬픈 현실이지만 오래 사랑하는 기간에는 더는 누군가에게 매력적으로 보일 필요가 없기에 자기의 아름다움을 돋보이게 하는 데 게으를 수 있고 외모뿐만 아니라 모든 면에서 서로의 성장을 가로막을 수도 있거든요.

만약 오래된 사랑을 끝냈다면 아주 잠깐 추모 의식을 가진 후 본격적으로 나를 가꾸기 시작하세요. 외모뿐만 아니라, 갖고 싶었던 것, 가고 싶었던 곳, 경험하고 싶었던 것까지 모두 다 내 것으로 만들면서 달리는 우리에게는, 앞으로 오직 성장할 일만 남았답니다.

그래도 다시, 사랑

2022년에 JTBC에서 방영한 드라마 〈나의 해방일지〉에서 여주인공 염미정(김지원 분)은 술 마시는 구 씨(손석구 분)에게 자신을 사랑하는 것이 아니라, 추앙하라고 말합니다. 미정은 자신은 한 번도 채워진 적이 없으며 만났던 사람은 모두 개새끼였다고, 그러니까 자신을 추앙하라고 하죠. 자신이 가득 채워질 수 있도록이요. 구 씨에게 낮부터 술이나 마시면서 쓰레기 같은 기분을 견디지 말고 무슨 일이든 하라며 자신을 추앙하라고, 사랑으로는 부족하다며 자신을 추앙하라고 재차 말합니다.

슬픈 장면이 아님에도 눈물이 맺히더군요. 미정의 외로움이,

사랑받고 싶은 절박함이 절절하게 느껴져서요. 사랑은 그런 것입니다. 없을 때는 없어도 얼마든지 씩씩하게 살 수 있을 것 같다가도 어느 순간 필요해지면 사람을 감정의 가장 밑바닥까지 끌고 들어가 비참하게 만들죠. 아름다우면서도 무서운 게 사랑인 것 같습니다.

그렇게 시간이 좀 지난 뒤 구 씨와 다소 친해진 미정은 구 씨를 좋아하기로 마음먹으면서 상대방이 이랬다저랬다 하는 거에 덩달아 이랬다저랬다 하지 않고 그냥 쭉 좋아해보겠다고 다짐합니다. 방향 없이 사람을 상대하는 것보다 낫겠다며, 이제는 다르게 살아보겠다고 말합니다.

대가를 바라지 않고 맹목적으로 달려드는 이런 원초적인 사랑을 접하게 되면 우리는 어떻게 반응하게 될까요? 아니, 우리는 이런 사랑을 죽기 전에 한번은 해보게 될까요?

2016년에 tvN에서 방영한 드라마 〈또 오해영〉에서도 비슷한 대사가 등장합니다. 해영은, 자기는 원 없이 사랑한 적이 한 번도 없었다며 항상 재고, 마음 졸이고, 자신만 너무 좋아하는 거 아닌가 걱정했다며, 이제는 그러지 않겠다고 합니다. 정말 마음에 드는 사람을 만난다면 발로 차일 때까지 사랑하겠다며, 꺼지라는 말에 겁먹어서 눈물 뚝뚝 흘리면서 조용히 돌아서지 않고 꽉 물고 두들겨 맞아도 놓지 않겠다며 다음 사랑을 다짐합니다. 인생에 한 번쯤은 그런 사랑해봐야 하지 않겠냐고 하면서요.

그런 사랑을 할 수 있다니 듣기만 해도 행복해집니다. 사실 그런 사랑이 세상에서 가장 힘든 사랑이기도 합니다. 상대의 반응과 무관하게 일방적으로 주는 사랑. 내가 이런 사랑을 받는다는 건 상상만 해도 행복하지만, 누군가에게 이런 사랑을 줘야 한다면 행복하면서도 사랑받을 가능성은 희미한 그 불확정성에 숨이 막혀옵니다.

〈나의 해방일지〉에서 창희의 친구인 현아는 미정에게 사람들은 똑같은 인간을 놓고도 사랑하지 못하는 이유 천 가지를 대라면 대고, 사랑하는 이유 천 가지를 대라면 또 댈 수 있다고 말합니다. 서클 렌즈를 꼈다는 게 누군가를 사랑하는 이유도 될 수 있지만, 누군가를 싫어하는 이유도 될 수 있다고 하면서요. 그렇기에 사랑하지 못하는 이유와 사랑하는 이유는 따로 없다고 합니다. 그냥 좋아하기로 작정하고 미워하기로 작정한 것일 뿐이라고요.

도대체 사랑에 이유가 어디 있을까요? "내가 어디가 좋아?" 세상에서 가장 난감한 이 질문에 "그냥, 다 좋아"라고 진심으로 말하면, 이내 연인은 "정확하게 어디가 좋은 건지 모른다는 거네" 하며 삐치곤 하죠. 하지만 진심인걸요. 어느 하나가 좋다고 말하면 내가 좋아하는 다른 장점이 퇴색할 것만 같은 마음에 "전부"라고 말하는 건데 이 마음을 왜 몰라주는지. 어쩌면 내가 당신을 좋아하는 다양한 이유는 다 겉으로 보이는 것에 불과하고 진짜 우리가 사랑하는 이유는 전생부터 내려오는 운명적인 인연 때문이 아닐까요? 그러니 사랑할 수밖에 없고 그러니 내 인생에서 당신이 사라지면 죽을 만큼 그리운 게 아닐까요?

〈또 오해영〉에 등장하는 이야기로 마무리하려고 합니다. 먹는 것보다 사랑하는 게 훨씬 재미있고, 백만 배는 행복하다는 이야기 말입니다. 사랑에 빠지면 안 먹어도 행복하니, 사랑에 빠진 사람들은 맛있는 것에 그렇게 열광하지도 않고, 맛없는 것에 광분하지도 않는다고요. 이미 재미있고 행복하니까요.

주체적으로 시작했고, 주체적으로 사랑했으며, 주체적으로 이별까지 했다면, 이제 주체적으로 다시 사랑을 시작해봅시다. 이전과는 다른 마음가짐으로, 이전과는 다른 가치를 추구하며, 이전과는 다른 사랑을 말입니다. 그렇게 우리 평생 사랑만 하며 살자고요.

"날씨가 덥습니다."

"사랑하는 사람이 많이 생겼으면 좋겠어요."

인과관계가 전혀 없어 보일 뿐만 아니라 어울리지도 않는 이 두 문장은 제가 좋아하는 영화의 남녀 주인공이 처음 만났을 때 나누는 대사입니다. 그 둘은 적어도 제가 보기에는 '주체적으로' 영화 속에서 사랑을 나누었죠.

사랑도 그렇습니다. 이 두 문장처럼 전혀 어울리지 않는 두 사람 사이에 덜컥 생겨버리거나 아예 못할 것 같았거나 바라지도 않았는데 어느 날 불쑥 찾아와 설레게 하죠.

서운하고, 밉고, 아프고, 괴롭기도 하지만 사랑의 본질은 역시 아름다움이 아닐까 생각해봅니다. 혹시 지금 연인과 잠시 소강상 태라면 당장 만나 다짜고짜 세게 안아주세요. 퉁명스럽게 "왜 이래?" 하면 "쉿, 잠깐만 이대로 있자"라고 닭살 돋는 말도 해보고요.

혹시 지금 연인이 없다면 연인으로 만들고 싶은 사람에게 바로 연락해 술 한잔 살 테니 얼른 나오라고 해보세요. 오늘이 아니면 내일도 좋고, 내일이 아니면 다음 주도 좋으니 만나만 달라고 말입니다. 그렇게 세상이 온통 다짜고짜 덤비는 주체적 사랑으로 가득하기를 바랍니다.

밤의 안부를 묻습니다

1판 1쇄 인쇄   2024년 8월 19일
1판 1쇄 발행   2024년 8월 27일

—

지은이   상담사 치아

—

펴낸이   김봉기
출판총괄   임형준
편집   안진숙, 김민정
외부편집   김민영
디자인   유어텍스트
마케팅   선민영, 조혜연, 임정재

—

펴낸곳   FIKA[피카]
주소   서울시 서초구 서초대로 77길 55, 9층
전화   02-3476-6656
팩스   02-6203-0551
홈페이지   https://fikabook.io
이메일   book@fikabook.io
등록   2018년 7월 6일(제2018-000216호)

—

ISBN   979-11-93866-16-0 03190

• 책값은 뒤표지에 있습니다.
• 파본은 구입하신 서점에서 교환해드립니다.
• 이 책은 저작권법에 의하여 보호를 받는 저작물이므로 무단 전재와 복제를 금합니다.

피카 출판사는 독자 여러분의 아이디어와 원고 투고를 기다리고 있습니다.
책으로 펴내고 싶은 아이디어나 원고가 있으신 분은 이메일 book@fikabook.io로 보내주세요